面對挑戰

台灣與香港之比較

主編—楊文山　尹寶珊

中央研究院
社会学研究所
Institute of Sociology, Academia Sinica

2013.7

目次

編　序

　　《面對挑戰：台灣與香港之比較》一書收錄 2011 年 3 月，在台灣中央研究院社會學研究所「2011 台灣—香港社會學與社會意向研討會」中所發表的學術論文。歷時兩年，與會學者依據會議中討論的意見與觀點修改後，經雙向匿名審查通過，集結成此一學術專著。全書共計十一篇論文，分別就台灣、香港兩地的「文化與社會」、「婚姻與家庭」、「經濟與社會」等面向，以及兩地目前所面臨的重要社會議題、未來的發展方向等等，提出了重要的見地與研究結果。

　　社會學者 C. W. Mills 提出「社會學想像」的概念，認為面對社會問題，不該只有冰冷的統計數據而已。社會學者必須將所有與問題相涉的個人置於歷史發展的潮流與社會脈絡之中，進而審視每個個體在社會中的境遇與結果。千禧年之時，網際網路科技的勃興，帶動經濟發展過熱與泡沫經濟，對此全球先進國家已做出了大幅度修正；跨入千禧年後，社會大眾對於科技的進展，尤其是網際網路的前景，仍舊相當樂觀。隨之而來的金融風暴與歐債危機，對全球造成了嚴重的衝擊，進而給不同社會中的民眾帶來了深遠的影響。台灣與香港兩地在邁入千禧年後，皆面臨全球急遽的社會變遷，必須重新調整與適應。這些改變包括全球化下的金融風暴危機，科技快速發展所造成的社會價值變遷、家庭與個人福祉的改變及影響等等。此外，中國大陸的崛起與逐步改革開放，也將對兩地社會帶來可預見的衝擊與影響。

　　本書共收錄了十一篇論文，其中三篇聚焦於台灣、四篇聚焦於香港，另外四篇則進行台港兩地的比較研究。這些研究論文的題目分別為：(1)台灣人保守嗎？世界價值調查的國際比較、(2)宗教信仰與主觀心理福祉：台港比較、(3)越出社會化：學校脈絡性壓力與青少年的自我控制力、(4)變遷中的擇偶與家庭價值觀：台灣和香港的比較、(5)香港華人家庭功能在親職壓力和管教方式間的中介效果：社會工作的啟

示、(6)香港夫妻的性別觀念與感情關係、(7)因應經濟危機與評估政府效能：2009年台港民意比較、(8)台灣兩岸政策態度的世代差異、(9)香港與台灣民眾的主觀貧富差距及政治後果：2003至2009年、(10)香港「發展型」社會模式的終結和社會政策的發展、(11)ECFA之後的中國效應：兩岸貿易對台灣貧富差距與階級政治的影響。上述論文對台港兩地的社會現況有相當豐富的討論，不僅涵蓋了當今發展中的重要現象，以及兩地的比較研究，同時也觸及不少台港目前面對中國大陸崛起的新興研究課題。

本書也牽涉到台灣與香港兩地的跨時空比較，特別是在經濟與社會方面，皆論及兩地的社會差異及中國效應對兩地的影響等等。台港共享華人社會的傳統，卻歷經不同類型的殖民統治與文化遺產；且特別的是，今日台灣依舊處在中國統治之外，但香港已被納入中國國家體系內，受中國大陸的影響更為直接。歷史脈絡的異同使得兩地的社會與經濟發展，更具有比較研究的意義。近年來中國在國際金融體系與國際政治中的勢力大幅崛起，台港兩地分別受到程度不等的政經衝擊，民眾該如何面對這些劇烈的改變，也是當前台灣與香港必須深究的重要經濟社會學課題。

「文化與社會」、「婚姻與家庭」以及「經濟與社會」乃本書所著重的三個主題，它們彼此之間有因果關係與前後順序的重要意涵。由於本書資料來源取自台灣與香港兩地歷年來所進行的「社會意向調查」與「台灣社會變遷基本調查」等資料庫，並透過原始調查數據進行實證分析，獲得相當寶貴的研究結果，因此成為一大特色。本書的出版不僅具有重要學術貢獻，對於了解台港兩地在千禧年後，個人如何面對社會的變遷與適應，亦提供政策建議價值。

中央研究院社會學研究所「社會意向」電話調查於1999年開始執行，並於2000年在台灣進行社會意向的定期調查。除此之外，1999至2003年間社會學研究所另外辦理了十次的「社會意向」專題調查，針

對台灣當前所面臨的重要社會議題，進行及時性的訪調工作。截至2011 年 3 月底止，「社會意向調查」（包含專題調查）共進行了 29次；當中特別的是，2000 年「社會意向調查」是與香港中文大學香港亞太研究所的合作計畫，以台灣所發展的問卷內容做為綱本，針對台灣、香港兩地相同的社會議題進行研議，並於每年 12 月開始同步調查。隨後又根據調查的內容，邀請兩地的社會學者共同舉辦「社會意向與社會指標調查研討會」，並於會中發表論文。

　　歷次的「社會意向調查」主題涵蓋台灣與香港兩地的社會現況、婚姻與家庭、經濟與社會、性別角色、社會各面向評價、個人生活狀況評價等。這些研究議題由參與調查的台港兩地學者所提出，不僅成為「社會意向」會議的特色，亦是了解台灣、香港以及中國政經關係對兩地社會影響的重要原始資訊，是為兩岸比較的共同基礎。由於「社會意向」乃台港定期實施的固定調查，這有利於兩地社會變動的長期性觀察，據此所得的分析結果，具有不容忽視的重要貢獻。其次，基於台港的地域特殊性，使調查資料極具學術研究價值。因此，歷次會議所發表的論文，都在會後集結出版。目前已出版《香港社會政治的延續與變遷》(2004)、《台灣民眾的社會意向 2004》(2005)、《社會發展的趨勢與挑戰：香港與台灣的經驗》(2006)、《新世紀台港社會風貌》(2008)、《解讀台港社會意向》(2011)等專書。

　　本書之得以面世，首先要感謝參與「2011 台灣—香港社會學與社會意向研討會」的諸位先進。他們不僅參與會議論文的發表，同時還根據會議討論的結果，進行大幅修改，後又經編輯排版、反覆校對，才有最後的研究成果與大家分享。其次，則要感謝諸位論文審查人所提出的修正意見。雖然作者與審查人在辯論過程中，偶因意見紛歧而有所爭論，但也因此激盪出學術火花，使本書字字珠璣，內容更顯豐富而具可讀性。在編撰過程中，也要感謝中央研究院社會學研究所王甫昌教授的參與。王教授對本書所收論文及相關審查意見，提出精闢

而專業的學術見解，使本書增輝不少。另外，中央研究院社會學研究所編輯謝麗玲小姐和研究助理張碩庭小姐，是本書出版的重要推手。謝小姐在修訂與排版方面提供專業素養並付出極大心力，實乃本書能夠順利付梓的主要原因。

在此感謝香港中文大學香港亞太研究所、台灣中央研究院社會學研究所在財務上的資助，使歷次「社會意向」會議能夠順利召開，促進台港兩地社會學者的學術交流。會議論文不論在質量或數量上，皆能向上提升，會議的內容也歷年益發精彩。最後，特別感謝中央研究院社會學研究所蕭新煌所長對於「社會意向」的支持，每次親身參與，並發表研究論文。本書之命名為《面對挑戰：台灣與香港之比較》，便是由蕭新煌所長所發想，對於千禧年後的新世紀，台灣、香港兩地所面對的問題與挑戰提出了嶄新的視野，也對本書內容提供了最適當的註解。

楊文山　尹寶珊

1

台灣人保守嗎？世界價值調查的國際比較

瞿海源

中央研究院社會學研究所
國立台灣大學社會學系

　　本研究利用 1995 年和 2005 年兩波世界價值調查的國際資料，檢視了台灣人在政治上和社會議題上的保守與開放性。在實際進行國際比較時，本研究發展了一項國際保守係數，即就各個國家在各個題目上的平均或特定選項上所占比例加以排序，再以排序所得序號除以調查國家數。就兩波世界價值調查四組有關政治社會保守性的題目，即自我認定的政治位置、對社會變遷迎拒的態度、政治行動諸如請願遊行等，以及對同性戀、墮胎、離婚和安樂死的態度，來檢驗台灣人的保守性，大體發現相對於所有受調查國家，台灣人在政治行動上是很保守的，但在社會議題的態度上卻相當開放。為檢驗研究指標的效度，本研究進一步在 2005 年的世界價值調查中找出 19 項可顯示保守性程度的社會政治態度的題目，研究分析之後，也得到了上述類似的結果。

關鍵詞：保守性、世界價值調查、政治行動、社會態度

Are Taiwanese Conservative? An International Comparison

Hei-yuan Chiu

Institute of Sociology, Academia Sinica
Department of Sociology, National Taiwan University

In this study, two waves of international data regarding the conservativeness of people's political and social actions from the World Values Survey in 1995 and 2005 were analyzed. For international comparison, a measurement of conservativeness was formulated as the relative position of each country for each political and social action. Four groups of questionnaire items of political actions, including self-identified political positions, attitude toward political change, political action (such as petition), and attitudes toward social issues regarding homosexuality, abortion, divorce and euthanasia, were identified to test Taiwanese conservativeness relative to all the countries surveyed. Findings indicated that Taiwanese political action is very conservative, but attitudes regarding social issues are quite open. To test the validity of the indicators, 19 items measuring the conservativeness of social attitudes from the World Value Survey of 2005 were analyzed, and similar results were found.

Keywords: conservativeness, World Values Survey, political action, social attitude

　　參與和推動各種大小改革，總是不順利，推究起來，主要在於台灣保守勢力太強大，台灣人民還是保守的居多。也許改革本來就是少數人的事業。

　　保守(conservative)主要就在於反對改革，因為保守者就是要保守傳統的。牛津字典(*Oxford English Dictionary* 1991)定義保守為「保守(conserve)或保存(preserve)什麼東西的人；（現在通常是指）傳統價值、觀念和制度的信仰者；是（社會和政治）變遷(change)的反對者」。牛津字典的另一條定義是「即保守(conserves)，或支持保守一個既存的結構或系統；（現在特別指）厭惡變遷和創新，保持傳統觀念和價值，尤其是在社會和政治議題上有這種傾向的個人、運動、意向等」。

　　相對的，liberal是指「免於(free from)偏頗(bias)、偏見(prejudice)、偏執(bigotry)；思想開明(open-minded)、寬容的(tolerant)；以放鬆(relaxed)而不是嚴格的(strict)原理原則來治理(governing)或被治理(governed)」。（在翻譯這段文字時，不得不逐字標出原文，覺得每一個英文字都沒有真正適切的中文字詞可以等同，可以來表達。）

　　牛津字典對liberal一字的另一條定義是「支持或主張個人的權利、民權、和政治及社會改革以取得個人自由(individual freedom)或民主；進步的(progressive)、激進的(radical)、左翼的(left-wing)。在早期的用法上意指主張限制政府控制和支持自由交易(free trade)；後來則經常指稱支持國家介入經濟和社會正義有關事務」。

　　在中文辭典，我們可以找到保守一詞，定義顯然是來自西方，但是很難去找和 liberal 對應的字詞。在日常用語中，很多人就直接用liberal這個英文字。講保守時就很少借用英文，都是直接用中文指稱。如果我們列出conservative和liberal中文詞的對照，就可以發現兩個特點，即在相對應「保守派」時有許多不同的中文詞可以來指稱liberal，如開明派、自由派、改革派、民主派、反對派；保守人士相對於開明

人士、民主人士、改革人士、自由人士等等。但是在指稱個人時，相對於「保守的」或「保守」，在日常用語中，幾乎找不到一個完全可以對應的詞，說某人很保守，相對的，很久以前，或許有人會說某人很開明，或很開放，但現在已不通用。於是一般就會說那個人很保守，或某個政黨很保守，但會直接說那個人或那個黨很 liberal。

在許多字典和百科全書中都會有 conservatism 和 liberalism 的條目，大都是介紹哲學或政治思想上的保守主義和自由主義，和一般社會上指稱辨認的 conservative-liberal 還是有些距離。雖然一般的指稱辨認都和哲學和政治上的保守主義與自由主義有密切關聯，但究竟是不同的。在 Borgatta (1992) 所編的社會學辭典中，將 liberalism/ conservatism 列爲一個辭條，除了說明自由主義和保守主義兩個重要哲學和思想傳統外，特別就 conservative 和 liberal 兩個詞在一般社會指稱和辨認上，頗有社會學意義。

這個辭條的撰寫人是社會學者 Robert Boguslaw。他除了追溯自由主義和保守主義歷史傳統外，也論及社會學對保守主義和自由主義相關的研究，更就 liberal 和 conservative 在美國和英國實際社會政治上的演變做了分析，其間也就民意調查有關的調查研究做了一些討論。Boguslaw 指出，到了 1980 年代末 1990 年代初，東歐共產黨堅持掌握國家權力者被稱爲保守派，而致力建立自由企業和其他資本主義的勢力則被稱爲自由改革者(liberal reformers)。西方保守派多年以來以共產主義爲終極敵人，而他們也把自由派看成是僞裝的赤色份子。美國 50 年代極端保守主義麥卡錫主義迫害左派，以及台灣保守政權殘害左派乃至自由主義者。很戲劇性地乃至很諷刺地顛倒過來，把史達林主義者敍述成「保守派」。

在西方社會常常指稱保守者是右翼狂熱份子、極右派、右派、供應方者、libertarian、骯髒的富人(filthy rich)，以及共和黨者。當代美國保守派不只是在經濟上，在很多社會議題上，諸如色情、墮胎、平

權法案(affirmative action) 都有強烈的意見。

Boguslaw 依據調查研究，指稱 liberals 強調社會進步和改進人類(human betterment)的偏好，尤其是強調改善窮人和弱勢者的狀況，他們相信個人幸福和成功特別倚重在制度性的改革安排。大部分的liberals是堅定的改革者(inveterate reformer)，不斷尋求經由重塑社會、經濟和政治制度來改善人類的狀況。在這種追求變遷、社會改革和善(benevolence)的深層，乃是對人類潛在完美性(perfectibility)和有能力以負責的態度和理性的方式處理自己的事務深具信心。

相對的，保守者對如何成就一個良善(good)社會有不同的觀念。調查研究資料顯示他們對人性(human nature)和人類的完美性比較悲觀，覺得人們需要強有力的領導者、堅固的法律和制度，以及嚴格的道德規律，來讓人類的慾望受到控制。堅定支持遵從既有規範(conventional norms)對人類的福祉(human well-being)是極為緊要的。他們相信那些在生活中失敗的人必須為自己負責，他們反對解救貧窮和改善對被壓迫的弱者的處遇。他們認為改變既有制度只會造成更大的傷害而不是改善。

撰寫這篇論文，本來是計畫在 2011 年 1 月發表的論文「宗教、政治態度與社會政治保守性」的基礎上，擴大宗教變項以外的各變項進行台灣人保守性的研究分析。依原先規劃，分析了「台灣社會變遷基本調查」和「社會意向調查」相關資料，準備開始撰寫論文，突然想起來在參與 1995 年世界價值調查(World Values Survey, WVS)時，問卷中有問及保守性—開明性的題目。查閱2004年版WVS調查報告 Human Beliefs and Values，果然找到四組有關的題目，即自我認定的政治位置、對社會變遷迎拒的態度、政治行動諸如請願遊行等，以及對同性戀、墮胎、離婚和安樂死的態度。於是利用這個調查報告每一變項、每一國家的次數分配表，進行排序分析，發現台灣人與其他六、七十個國家的人民來說，算是比較保守的。但是 1995 年距今已有 16 年，

資料太舊了。就想應該再找到 2005 年的調查資料來分析。詢問 2005
年WVS台灣調查的計畫主持人杜素豪，得知在網上即可直接下載，即
下載了 2005 年 WVS 的資料，原來 1995 年調查過的四組題目，只有對
「社會變遷迎拒」的態度一組未再調查，其餘三組都還在調查問卷裡。
最後，就分析三組 2005 年的題目和一組 1995 年的題目來探究：就國
際比較而言，台灣人是否保守？有多保守？

　　利用 WVS 的資料進行國際比較研究探究台灣人「是不是保守？有
多保守？」是本研究的重點。最後選擇這個研究策略，主要是因為
conservative 和 liberal 並沒有絕對的標準，透過國際比較研究，可以看
出相對於四、五十個國家的人民，台灣人到底算是保守還是開明。2005
年完成 WVS 調查的國家多達四十七個，有各種地區和類型的國家，很
適合做本研究所需的比較分析。在比較中，也特別拿台灣和歐美「先
進」國家進行比較，看看台灣人相對於世界上最「進步」的國家的人
民是否還是很保守？或是已變得和歐美先進國家差不多？

台灣人在政治行動上的保守性

　　本研究利用世界價值調查大規模資料庫就 conservative-liberal 程度
進行國際比較時，選出 1995 年一組題目，2005 年三組題目，就各個
國家在各個題目上的平均或特定選項上所占比例加以排序，再以排序
所得序號除以調查國家數，就得到國際保守係數。這個係數是位於
1/N 到 N/N 之間，N 是調查國家數，係數最低是 1/N，不會是零，如果
調查國家數是 50，則係數最小是 0.2，最大是 1。

　　1995 年世界價值調查資料顯示台灣人有 22%認為「必須堅決維護
我們目前這個社會，阻止任何顛覆勢力」，高過於國際平均的 17%；
台灣人只有 3%贊成「必須採取激烈革命的行動來改變社會的組織結
構」，國際的平均是 10%；台灣人有 75%主張「必須通過改革來逐步

改善我們的社會」，和國際平均的 73%接近。如果再進一步來觀察台灣人在以上三種對社會變遷態度上和其他國家人民的相對位置，就又發現在 54 個國家中，有 7 個國家的人民贊成強有力護衛社會既有體制的比例比台灣高，絕大部分國家，即有 46 個國家都比台灣低，台灣人相對來說是很強調護衛既有制度的。在革命方面，台灣人更是反對得厲害，只有兩個國家比台灣還不贊成以革命手段來改變社會，有 51 國比台灣有更強的革命意圖主張。在主張溫和漸近改革上，台灣大約是在所有國家的中央傾向於改革的位置。再來和歐美「先進」國家做比較，台灣就顯得更為保守，有七個歐美國家比台灣更不贊成護衛既有價值，只有一個比台灣強，有六個國家的人民比台灣人民贊成採取革命手段，而有兩個比台灣弱；在溫和漸近改革上，則台灣比七個歐美國家強，而只比一國弱。

如果我們把「維護目前社會」視為保守的一端，「革命」當做是保守的另一個極端，而改革看做是兩端的中間，給予 3、1、2 的分數，建構一個保守量表，即高分代表保守，低分是革命傾向或不保守。於是台灣人得分的平均是 2.1908，國際平均為 2.067，歐美先進國家則為 2.169。台灣高於國際平均和歐美先進國家。在單一的保守量表上，台灣得分 0.14，顯示台灣人是比較保守。但是中國的得分為 2.1942，幾乎和台灣一樣，若取小數點後兩位數，則台灣和中國同分。說台灣人在維護目前社會和改革的態度上和中國人一樣，是很難想像的，即使是維護目前社會，台灣人要維護的是民主化以後的社會，要護衛民主的社會制度，中國人要維護的則是共產黨控制的社會。同樣是維護現有社會，台灣人和中國人想的和講的，顯然是不一樣的。再看最低分的國家，是捷克、巴基斯坦、斯洛伐克、亞塞拜然、奈及利亞、拉脫維亞、立陶宛、坦波夫、亞美尼亞等，大部分是當初脫離蘇聯出來的國家。得分最高的國家，是挪威、西德、祕魯、荷蘭、委內瑞拉、日本和丹麥，除了祕魯和委內瑞拉，其他國家都是民主制度穩定的國家。

表 1　台灣人在政治行動和重要社會議題上保守性的國際比較結果

	台灣		國際		國際保守係數[a]	
	1995	2005	1995	2005	1995	2005
對社會變遷的態度						
護衛目前社會	22		17		.85	
革命	3		10		.94	
漸近改革	75		73		.44	
綜合					.14	
政治立場自我定位						
左	6	13	27	26		
中	52	51	45	40		
右	42	36	28	34		
綜合					.91	.85
參加政治行動意向（不會參加的比例）						
請願	51	69	37	43	.83	.88
抵制	64	79	61	63	.52	.69
遊行	62	73	46	50	.93	.89
綜合					.76	.82
近五年有沒有參加（從未參加的比例）						
請願		89		74		.68
抵制		97		92		.75
遊行		92		84		.81
綜合						.75
對社會議題的態度（認為根本沒道理的比例）						
同性戀	65	40	51	48	.72	.44
墮胎	46	34	33	45	.78	.43
離婚	33	22	20	27	.39	.43
安樂死	27	13	33	43	.38	.13

[a] 國際保守係數計算方式：就各個國家在各個題目上的平均或特定選項上所占比例加以排序，再以排序所得序號除以調查國家數，就得到國際保守係數。這個係數是位於 1/N 到 N/N 之間，N 是調查國家數，係數最低是 1/N，不會是零，如果調查國家數是 50，則係數最小是 0.2，最大是 1。

台灣人和這些國家人民的主張的意義比較接近。

於是就對社會變遷的主張而言，WVS這一組題目並不能做為測度保守程度的有意義的指標。因為大部分有穩定民主制度的國家，人們維護目前社會並不是保守的表現，相對的，那些剛脫離極權統治的東歐國家繼續強調革命，卻也不表示不保守，雖然他們革命的對象是極權的傳統。

或許以改革做為單一指標應該更能有效顯示人民的保守性，即設計一個問卷題目，只問是否贊成以改革手段來逐步改善社會。

在 1995 年和 2005 年的世界價值調查都要受訪者自己標示(self positioning)自己的政治位置，是左，還是中間，或是右。原來的問卷題目是「在政治事務中，人們談論『左派』和『右派』。如果 1 代表極端左派，10 代表極端右派，一般來說，您會把自己放在 1 到 10 的哪一個點上？」在分析中，將 1-4 定義為「左」，5、6 是「中間」，7-10 是「右」。結果發現在 1995 年時，有 6%的台灣人自我認定是「左」，有 42%自我認定是「右」，認定是「中間」的最多，約占半數稍多，即 52%。十年後，自我認定是「左」的增加了 7%，認定是「右」的減少了 6%，「中間」的減少了 1%。若以平均數來推估，台灣從 6.5 下降到 6.2，在保守量表上則從 0.91 下降到 0.85。總的來說，在政治立場左右之間，台灣人相對於 46 個國家人民的自我認定是非常右的，2005 年比 1995 年稍稍左了一點點，但基本上還是很右的。

在政治行動上，WVS 詢問是否傾向參與請願、抵制、遊行。在 1995 年自稱「從不會參加請願、抵制和遊行」的分別有 51%、64%和 62%，到了 2005 年表示都不會參加這三種積極的抗議行動者顯著地增加了，表示不會簽署請願的增加了 18%，不會參加抵制的也增加了 15%，不會參加遊行的增加得少一點，但也有 11%。台灣人在 2005 年表示都不會參加抗議行動的明顯地比 1995 年多，這是很特別的。若以台灣政治的重大變化來看，1987 年解嚴、1991 年廢除憲法臨時條款終

止動員戡亂時期，1996 年總統直選、台海飛彈危機，2000 年民進黨執政，2004 年民進黨繼續執政，2000 年和 2004 年總統大選之後，泛藍都長期聚集群眾抗議。在 1995 年之前，尤其是在 1991 年動員戡亂時期終止之前，抗爭運動最為強烈，2000 年以後，或說 1995 年以後的抗爭，除了中國在台灣第一次直接民選總統時在台海發射飛彈示威導致台灣民間抗議行動，以及在後來兩次大選後，泛藍發動抗爭外，基本上沒有什麼大規模或情勢緊張的抗議運動。再檢核 1995 年和 2005 年各國的民眾政治抗議行動的增減情況，則發現台灣和墨西哥、迦納、烏克蘭「從未參加抗議行動」的調查結果都有增加的趨勢。相對的，西班牙、美國、塞爾維亞和祕魯則不參加者在減少。這兩組不同國家是否有什麼特殊重大的國內政治變遷狀況影響民眾參加抗議行動的意願，值得推敲。

就國際比較而言，1995 年時台灣人在遊行和簽署請願方面的保守係數都大於 0.80，表示台灣在這方面是很保守的，也比絕大部分的國家少。倒是在參加抵制行動上居於中間，保守係數為 0.52，表示比較不是那麼保守。到了十年後，除遊行的係數略降以外，其他兩項都呈上升的趨勢，不過遊行的係數也還是趨向於保守，甚至比其他兩項還保守。總之，2005 年台灣人在參加政治抗議行動上確實比 1995 年保守，也比絕大部分的國家保守。

在 2005 年的調查中，WVS 又加問了一組題目，詢問受訪者近五年來參加抗議性政治行動的狀況。大體上，比前一組詢問意向的題目顯示了台灣人更為保守的特徵。在簽署請願方面，有 89%表示沒有參加過請願的簽署，比同年同一調查中表示不會參加的要多了 20%。也就是實際不參加請願的比在意向上表示不會參加的更多，要真正實際親身參與顯然有更多的顧慮。在抵制行動上相差也達 18%，在遊行上的意向和行動之間的差距也有 19%。就國際比較而言，不參加抗議行動的比例也都比國際平均要高許多。相對的保守係數在 0.68 至 0.81 之

間，在行動上則又顯示比意向上較不保守的情形，不過仍然是比較保守。

如果這種對政府施政表達不滿的激烈活動太多，就顯示政治社會有太多太嚴重的問題，也顯示政治社會局勢的不穩定，所以太多也不是好事。但是這些行動都是校正政府施政的重要力量，也沒有一個政府施政是完全沒有問題的，所以「完全沒有」或「非常少有」，也是一個顯示保守性的指標。

台灣在戒嚴時期，這類的抗議行動受到嚴格的控制，幾乎不允許發生。到了戒嚴末期，緊張的政治社會抗議行動層出不窮，也是促成台灣自由化、民主化的主要力量。在 1991 年〈憲法臨時條款〉取消後，動員戡亂時期正式結束，台灣的民主制度大體確立了，也允許種種政治社會抗議行動，但是相對於戒嚴末期，這些公開的抗議行動大體就沒有什麼影響力。因為一方面，台灣的這類政治抗議行動大都是很溫和的，在最近十年幾乎沒有發生暴力的事件，也沒有發生什麼嚴重衝突。最嚴重的也只有 2006 年的紅衫軍運動和 2008 年中國陳雲林來台引發的抗議，然而除了少數民眾被警方攻擊外，參與民眾都沒有什麼暴力行為。2011 年陳雲林在高雄等地遭受抗議，「高雄市警局認為並沒有嚴重脫序，陳菊市長也認為，整個過程可以看出高雄市民的理性自制。至於抗議民眾對參訪團的車隊丟雞蛋，高雄市警察局說明那些雞蛋都是砸在地上，沒有丟到人，因此並未追究。高雄市警局對於這次的任務表現感到滿意」。在另外一方面，這種溫和的抗議也就起不了什麼作用，政府當局大多不會有積極的回應或改變。大約是示威民眾瀟灑走一回，政府官員輕鬆看一回，船過水無痕！

台灣人在重要社會議題上的保守性

在保守和自由派之間，同性戀和墮胎一向是最大的爭議，保守派

也特別重視家庭價值，於是對離婚採取比較反對的態度，自由派人士也多贊成安樂死。在世界價值調查中，有一組題目是在詢問各種行為有沒有道理，其中「同性戀」、「墮胎」、「離婚」和「安樂死」可以拿來做為保守性的社會指標。原來還有其他項目，例如不付公共交通的費用、一有機會就逃稅、在職務中接受賄賂、賣淫、自殺、向政府要求自己無權享受的福利，這些都和道德比較有關，和保守與否沒什麼關係。

在同性戀方面，在 1995 年時，有三分之二（即 65%）的台灣人認為根本沒道理，即在 1 至 10 分，選了 1 分。但到了 2005 年，這個比例大幅下降到 40%。與其他國家相比較，1995 年台灣人在保守量度上為 0.72，算是很保守的，但在十年後，台灣在這個係數上降到 0.44，算是比較開明的。這個變化非常地大。在國際上，各國都普遍呈下降的趨勢。其間，有三種變遷的型態，第一種是歐美許多國家從 1980 年代起長期持續下降，幅度達百分之二、三十，如澳大利亞、比利時、英國、芬蘭、法國、德國、加拿大、愛爾蘭、挪威、西班牙、瑞典、瑞士、美國等都是，日本也是這樣。第二種型態是原來的共產國家在 1990 年自由化之後也大幅下降，幅度也達百分之二、三十，如波蘭、俄羅斯、塞爾維亞、愛沙尼亞、斯洛伐克、斯洛文尼亞、捷克，甚至有國家下降超過 40%，如保加利亞。第三種型態則發生在阿根廷、巴西、墨西哥幾個拉丁美洲國家，智利甚至下降了 52%。只有回教國家變化小而絕大多數人都反對同性戀，例如土耳其、印尼、約旦、沙烏地阿拉伯都一直維持八、九成以上，約旦達 99%，埃及更是百分之百完全反對。

雖然除了回教國家，對同性戀的反對都有大幅下降的趨勢，但是台灣晚近在十年間突然下降了 25%，也還是少見，大約只有烏拉圭、塞爾維亞和台灣比較類似。對那兩個遙遠的國家，我們所知極少。就台灣本身而言，這樣在最近十多年對同性戀態度的大幅改變，除了社

會整體的自由化以外，應該和同性戀者在台灣長期爭取權益和認同有關，媒體較無敵意甚至還有些同情地報導，也有推波助瀾的作用。

在墮胎方面，在 1995 年時，有 46%台灣人認為根本沒道理，到 2005 年下降到 34%，從原先高於國際平均到後來低於國際平均，在國際保守指標上，則從 0.78 下降到 0.43。不過，台灣變遷的走向卻和整個國際的趨勢相反，台灣在下降，國際平均卻在上升。再探究各國變遷趨勢，可以發現在同一個時期，原共產國家，如俄羅斯、波蘭、羅馬尼亞、喬治亞都呈大幅上升趨勢，中國上升得更厲害，增加高達 37%，這個上升趨勢和這些共產國家在 1980 年底的大轉變有關，從 1990 年就開始明顯上升。在歐美社會則大多呈下降趨勢，如澳大利亞、西班牙、瑞士、美國和挪威。也有些國家若從 1980 或 1990 年算起也呈明顯下降，但在 1995 至 2005 年下降減緩或略增的狀況，如英國、加拿大、瑞典。台灣的情況和歐美相似，更和日本與南韓接近。影響對墮胎的態度和行為的因素，除了個人保守與否的觀念外，應該和國家的人口及人口政策有關。台灣、日本和南韓，人口增長率持續下降，年輕人口婚育意願低落，可能使人們對墮胎採取比較開放的態度。倒是原共產國家人們越來越反對墮胎，在那麼多後共產國家中趨勢那麼明顯，很有意思，是否和國家人口和人口政策有關，值得推敲。就中國來說，一胎化政策必然和避孕及墮胎有關，不過這個政策已經很老了，是否因此造成人民對墮胎態度的改變？

2005 年台灣人認為離婚根本沒道理的比例已經低到 22%，在國際保守指標上是 0.43，算是相當開放的。即使在 1995 年，持反對態度者比例是 33%，相對當時各國而言也算是相當開放的，在國際保守指標上是 0.39，比十年後還低。就整體趨勢而言，人們越來越不反對離婚，而離婚率也持續上升。但是在某些國家，人們對離婚主要還是抱持反對的態度，尤其是若干後共產國家，如塞爾維亞、羅馬尼亞、俄羅斯、烏克蘭，以及中國。中國人認為離婚根本沒道理的增加了 43%。倒是

一些天主教國家，如阿根廷、巴西、智利、西班牙都有明顯的下降趨勢，義大利、菲律賓和哥倫比亞改變則很小。對離婚接受的程度，台灣大約是與歐美先進國家接近，如果再持續發展下去，台灣人對離婚可能更能接受，因為歐美先進國家人民認為離婚根本沒道理的平均只有 5%，台灣目前還是 22%，應該還會繼續下降。

最後，台灣人對於安樂死的開放態度令人相當吃驚，只有 13%的人認為安樂死根本沒道理，是所有國家中最低的五國之一，在國際保守指標上的係數是 0.13，意即極為開放。台灣人在十多年前對安樂死就已經很能接受，認為安樂死根本沒道理的也只有 27%，在國際保守指標上的係數只有 0.38。台灣人對安樂死如此開放，似乎很難解釋，暫時找不到什麼來由。就國際趨勢而論，歐美先進國家的平均是14%，台灣比之還低了一個百分點。在十一年間大部分國家都有下降的情形，只有少數國家，如中國、哥倫比亞、喬治亞、羅馬尼亞有明顯的上升趨勢。

探究台灣人對社會議題的態度在 1995 年至 2005 年間的變化時，是拿同個時期各國的狀況進行比較，結果發現台灣認為同性戀完全沒道理的趨勢有急速下降的現象，下降達 25%。國際的整合趨勢卻是小幅度地下降，只降了 3%，似乎顯示台灣人對同性戀等態度有巨大的變化，而這個變化遠大於國際整個變遷的趨勢。再檢視其他三個議題的狀況，更發現台灣越來越開放的趨勢竟然是和國際趨勢對立的或相反的，也就是說整個國際趨勢是趨向於保守的。在墮胎方面，台灣下降了12%，國際整體則恰恰相反，上升了 12%；台灣在離婚方面下降了11%，國際整體則上升了 7%；在安樂死的態度上，台灣下降14%，國際則上升了 10%。這是就在各題十點量表上選「1」的，即「根本沒道理」的來計算，或許因此造成了測量的誤差。以十點量表來計算平均數，確實也發現在同性戀一題上台灣的平均是 3.62，比國際平均（實際上是各國所有樣本，包括台灣的樣本的平均）3.67 低。而在墮胎、

離婚和安樂死三方面，台灣的平均分別是 4.33、5.36、4.80，都比國際的平均 3.53、4.85、3.85 高出許多，其間差距在 0.51 至 0.95 之間，比同性戀的 0.05 也高了許多。因此，台灣下降而國際卻相對上升並不是計算方式不同所造成。

　　於是問題就成了：為什麼台灣在社會議題上的態度變遷趨勢會和國際趨勢相反？依目前檢驗過的資料來看，比較可以明顯看出來的原因是原共產國家在「改革」或「開放」後，在社會議題上有越來越保守的趨向，例如在墮胎方面，好幾個東歐國家和從前蘇聯獨立出來的國家，還有中國都有大幅度上升的情形。在離婚和安樂死方面也有類似的趨向。看來原來的共產政權還是比較左，比較激進，而後共產的社會卻是越來越保守。

　　一般而論，現代教育多有啟蒙的作用，會讓人比較開放一些，教育程度越高就越開明、越不保守。年齡則和教育的作用相反，年紀越大就越保守。再就性別而言，女性則要比男性保守。本文利用 1995 年和 2005 年兩波世界價值調查的資料來檢驗這三個假設，結果果然發現教育確實有消減政治和社會保守性的作用，在兩波調查中，教育對於三項政治行動和四種社會議題態度都有顯著的影響，p 值都小於 .001。只有在自我政治定位上，1995 年時教育並沒有影響；在對同性戀的態度上，1995 年教育的影響顯著度比較低一些(.05)。至於在年齡上，也都符合一般的預期，年齡越大在政治和社會方面都比較保守，只是年齡影響並沒有教育那麼大、那麼一致。性別的差異大體上來說就不很明顯也很不一致（詳見本文附錄）。

　　即便是現代教育有消減保守性的作用，但是在華人社會裡，教育也常常是執政者用來強化傳統價值的重要手段，教育的啟蒙作用也會被減弱。再加上，教育以外因素的影響，諸如保守傳統的家庭和社會制度，也會強化個人政治和社會方面的保守性。於是，我們可以發現，即使教育程度越高保守性就越弱，然而在大學教育程度的受訪者當中，

仍然有相當高比例在政治和社會各方面是很保守的。其實在政治社會改革過程中，實際上這些高教育程度的保守份子是阻擾改革最重要的力量，因為他們常常是當權者，而大部分低教育程度者則深受他們的掌控與影響，對改革比較採取抵制的態度。

台灣人政治保守、社會開放？再探究

前文的分析和討論，大體上指出台灣人在政治行動上保守而在社會議題上卻比較不保守，或是說比較開放。審視本文已分析過的問卷題目，在政治上比較偏重政治行動，社會議題也限於墮胎、同性戀、離婚和安樂死，似乎都有相當的侷限性，於是再仔細搜尋世界價值調查的題目，希望再找到更多有關政治和社會，乃至於其他可測度個人保守性的題目，結果就找到了其他 19 個題目。其中包括政治五個題目、環境兩個題目、兩性地位四個題目、個人性格傾向五個題目、對子女特質學習的期待兩個題目，另外有零星的單一題目詢問對收入均等和差異問題的看法。再依前述相同的方法建構國際保守指標，計算台灣、中國、日本和美國在 19 個題目上所表現的保守性，並做比較，分析結果如表 2。由於本文主要是在探究台灣人的保守性，在表 2 列入中國、日本和美國各項目在國際保守指標的資料，只是提供比較參考，必要時會加以比較論述，但限於篇幅與主題，對中、日、美的情況多存而不論。

就政治方面而論，世界價值調查詢問：「一個不會受到立法院與選舉所干擾，且強而有力的領導者」是好的還是壞的政治體制？結果有 58% 的台灣受訪者認為這種強有力的領導者是好的政治體制，而國際的平均只有 38%。如果以國際保守指標來測度，台灣在國際保守指標上的係數是 0.80，日本和美國只有 0.37 和 0.39，更特別的是，中國也只有 0.63。台灣不僅遠遠高出國際平均水準，甚至比中國還高。台

表 2　台灣人政治、環境、兩性、個人性格傾向等所顯示的保守性

	平均			國際保守性指標			
	台灣	世界	n	台灣	中國	日本	美國
不受到立法院與選舉所干擾且強而有力的領導者	58%	38%	46	.80	.63	.37	.39
人們可藉由公民投票來更改法律	8.15	7.96	46	.46	.59	.50	.76
有公民權來保護人們的自由，免於被壓迫	8.57	7.99	46	.22	.17	.85	.48
我國現在尊重人權的程度	2.24	2.30	46	.43	.83	.37	.59
嚴厲懲罰罪犯	8.09	7.64	46	.74	.93	.76	.20
重視環境保護；關心大自然	2.55	2.43	46	.65	.50	1.00	.91
即使會減緩經濟成長，還是要優先做好環境保護	50%	54%	48	.71	.21	.65	.60
收入均等 vs 擴大收入的差距	6.85	6.04	48	.77	.42	.60	.63
當就業機會很少時，男人應比女人更有權利工作	41%	34%	48	.69	.77	.75	.15
男人比女人更適合當企業高階主管	30%	39%	47	.53	.62	.55	.19
男人比女人更適合當政治領導者	44%	45%	48	.52	.75	.50	.33
女人擁有跟男人一樣的權力	9.05	8.58	46	.30	.33	.74	.59
重視新點子和創造力；用自己的方式做事	3.14	2.69	46	.85	.89	1.00	.65
重視冒險；過刺激的生活	4.69	3.87	46	.98	.91	1.00	.61
重視居住安全；避免任何可能的危險	2.08	2.42	46	.76	.46	.07	.30
重視傳統；會遵循宗教與家庭傳下來的習俗	2.71	2.48	46	.41	.24	.02	.20
不可能跳脫 vs 掌握自己命運	6.94	6.22	46	.28	.43	.41	.24
選擇和控制自己生活的自由程度	7.40	7.04	46	.22	.17	.85	.48
鼓勵孩子在家中學到獨立	80%	53%	48	.10	.25	.08	.52
鼓勵孩子在家中學到服從	16%	42%	48	.08	.06	.02	.31

灣朝野現在都以民主自豪，然而在骨子裡卻希望有不受立法院和選舉干擾的強而有力領導。這不只顯示了台灣人政治保守的本性，也顯示台灣在民主政治發展過程中領導階層面臨高度不被信任的窘境。在戒嚴時期，政治領導者是威權的，也正是強而有力不受立法院節制，甚至也完全不受選舉影響，兩蔣都是御用的國民大會「選舉」出來的，李登輝在 1990 年也是國大「選」出來的。約有接近六成的多數民眾，還是覺得需要「非」民主的強有力的領導者。

世界價值調查列出十個項目，詢問受訪者這些項目對民主國家來說是不是必要的基本特質，本研究選取了其中三個項目來檢驗台灣人的保守性。這三個項目分別是公投、嚴懲罪犯以及女權。關於女權一項將在下面兩性平等問題時再來討論。就公投，也就是「人們可藉由公民投票來更改法律」，在十點量表上台灣的平均是 8.15，國際的平均是 7.96，兩者是很接近的，因此在這方面台灣的國際保守指標值是 0.46，和日本的 0.50 都接近國際的平均，奇怪的是美國在這個指標上卻高達 0.76，算是很保守的，反而中國(0.59)比美國更不保守。其實，台灣雖然進行過公投，卻是和總統選舉合併舉行。由於國民黨非常害怕台獨搞公投，公民投票受到很大的限制，幾乎不比沒有公投好到哪裡去。至於美國人很不支持公投和中國人比較支持公投，這似乎很難解釋，尤其是中國。在檢視一些其他的指標上，可能中國的調查信度和效度都有問題。也就是說在許多有關政治的抽樣問卷調查中，中國人不太能據實以報，或是他們不很了解類似公投這樣的政治制度。

至於在嚴厲懲罰罪犯方面，台灣(8.09)高於國際平均(7.64)，在國際保守指標上和日本相近，台灣是 0.74，日本是 0.76，都是主張要嚴厲懲罰罪犯。相對的，美國人卻在這個指標上非常低(0.20)。若再看到中國人極保守(0.93)，則顯示東方社會對罪犯多嚴厲以對，仍然保有傳統的極端保守性。中國政府大量執行死刑顯然不是沒有傳統和人民的支持。在台灣和日本雖沒有中國那樣嚴厲，但也是很保守的。對罪犯

本來就應依法懲處，不應該說嚴厲不嚴厲。這還是受到長期不尊重人權傳統的影響。

在人權方面，在概念上台灣人很強調人權。但在實際上，台灣的人權狀況只在國際平均的水準。在中國，在概念上非常強調，但對實際狀況卻非常不滿。在問到「有公民權來保護人們的自由，免於被壓迫」、「對民主國家來說是不是必要的基本特質」時，台灣人在十點量表上，得分是8.57，在國際保守指標上是0.22，是在不保守的一端，但在問到「我國現在尊重人權的程度」時，在十點量表上，台灣人得分是2.24，略低於國際平均2.30，在保守指標上則上升到0.43，接近國際平均。在長期威權戒嚴體制下，在台灣人權，甚至基本人權都很不受尊重。在民主化過程中才有逐步改善的趨勢，民眾也逐漸有了人權的概念，但也都還是比較浮面的，台灣實際人權的狀況雖然有了很大的改善，但還是很不充分。這種情況在中國更為嚴重，表面上，中國人都認為保護人民的自由免於被壓迫是民主社會的條件，但中國政權本身就不是民主的，在實質上也非常不尊重人權，甚至不斷有迫害基本人權的情形。因此在理念上，中國在國際保守指標上相當進步(0.17)，但在實際保障人權上卻極為保守，是國際上最保守、最不尊重人權的幾個國家之一(0.83)。日本的情形正好與台灣和中國相反，在概念上，日本人並不認為保護人民自由免於被壓迫是民主國家的基本特質，保守指標係數高達 0.85，但日本人多數都認為人權已受到尊重(0.37)。在美國，理念上和國際水平差不多(0.48)，但實際上對人權保障的情況卻比較是負面的(0.59)。在美、日兩個民主國家，人民對人權的概念和實際的評價和台、中兩國很不一樣，實際的意義還需要進一步推敲。不過，總的來說，在台灣和中國，人權的概念開始普及，但實際人權狀況還不理想，尤其在中國可說是相當惡劣，這是人民實在的感受。

在環境保護方面，強調環境保護，尤其是認為環境保護應優先於

經濟成長是一種進步的態度，相對的就是保守。在這一方面，台灣人還是相當保守。認為自己重視環境保護關心大自然的平均得分 2.55，高於國際平均 2.43，保守係數是 0.65。假如要優先做好環保而犧牲經濟成長，只有一半的台灣人表示贊成，而國際平均是 54%，在保守指標上則更高達 0.71。如果拿中國人來做比較，中國人在環境保護上似乎比台灣人開明許多，在自認是重視環境保護上，國際保守係數是 0.50，接近國際平均，在與經濟成長衝突時，中國人很強調環境保護的優先性，在國際保守指標上是 0.21。證諸中國正積極追求經濟成長，對環境大加破壞之際，中國人在環保意識上竟如此前進，是令人難以置信的。再度讓人對在中國進行調查所獲資料的信度與效度高度懷疑。暫時不管中國調查結果的問題，回到台灣人環保意識來省思，台灣長期以來著重經濟發展，疏忽環境保護和生態保育。直到近年國光石化、中科三期計畫、苗栗灣寶、台北巨蛋，乃至屏東阿朗壹的爭議中，主政者大多還是重開發而輕環保。雖然環保勢力成功地阻擋了國光石化計畫，但也擋不住中科三期和台北巨蛋，而阿朗壹也岌岌可危。或許，主政者輕忽環境也有台灣人保守的環保意識做為民意基礎，而台灣人在環境意識的保守基本上就是政府透過教育、媒體，乃至於政策上長期堅持經濟發展重於環境保護所孕成的結果。

關於兩性地位，一共有四個題目。在「女人擁有跟男人一樣的權力」上，台灣人相當開明進步，在國際保守係數上是 0.30；在「男人更適合擔任主管，不論是政治領導者，還是企業高階主管」，台灣人則略顯保守，係數分別是 0.53 和 0.52。在就業機會很少時，台灣人則相當保守地主張男人應比女人更有權利工作(0.69)。相對來說，台灣人兩性地位平等的概念上比中國人開放些，在每一個相關的國際保守係數都低於中國人。在擔任領導人或部門主管方面，台灣人略顯保守的傾向和日本人差不多，但在男女基本平等和就業困難時先給男性工作機會方面，台灣人比日本人開放許多。不過，除了男女基本平等一項

外，台灣人的保守性遠遠高於美國人，但在男女基本平等概念上，台灣人(0.30)比美國人(0.59)更開放。

依定義，一個人重視創新、重視冒險，應該算是 liberal，若重視傳統、重視穩定安全則應該是保守的。WVS正好有兩組計四個題目在測度這種保守／開明的性格。結果發現，在創新和冒險這兩個題目上，台灣人顯得極為保守（國際保守係數高達 0.85 和 0.98）。中國人在這方面也很保守(0.89, 0.91)，更奇怪的是日本最不重視創新和冒險(1.00, 1.00)，甚至美國人也都不重視這些。這樣的調查結果似乎和一般認知極為不同。這裡所謂的創新和冒險究竟是什麼意思，從調查結果來看很難理解。這兩個項目到底在測度什麼，是很大的問題，似乎不能做為保守與否的指標。

在另一方面，「重視居住安全：避免任何可能的危險」、「重視傳統：會遵循宗教與家庭傳下來的習俗」，以及「不可能跳脫命運」三個項目是很好的保守性指標。結果發現，台灣人很重視居住安全，在國際保守指標係數上是 0.76，比中國人保守許多(0.46)。在重視傳統上，台灣人比較不那麼保守(0.41)，中國人更不保守(0.24)。倒是在相信命運方面，台灣人比較傾向於自己可以掌握(0.28)，而中國人比較保守些(0.43)。在前兩個項目上，日本人和美國人都遠比台灣人和中國人開明許多，日本人對命運的看法和中國人相近。總的來說，台灣人在居住安全上很保守，對傳統的重視已不算保守，對命運則較為開明，不太相信不可能跳脫命運。

最後，本研究發現台灣人、中國人和日本人都很強調鼓勵孩子在家中學到獨立，而很不鼓勵孩子在家中學到服從。前者的國際保守指標係數分別是 0.1、0.25 和 0.08，倒是美國人竟高達 0.52。後者台、中、日的係數是 0.08、0.06 和 0.02，美國人也高達 0.31。這又是一組和一般認知不同的結果。這三個東方國家的人一向被認為強調服從而不重視獨立，何以對孩童的期待卻正好相反。是現代東方人對孩童的

要求改變了？

結論

　　本研究利用兩波世界價值調查的國際資料，檢視了台灣人在政治上和社會議題上的保守與開放性，大體發現台灣人至今在政治行動上是很保守的，但在社會議題的態度上卻相當開放。這些發現都是國際比較的結果，這裡所指稱的保守或開放是指台灣相對於所有受調查國家的情況而論，也就是在保守指標上所占的位置。為檢驗研究指標的效度，在這裡進一步對台灣、香港、新加坡和中國四個華人社會的情形進行比較分析，也藉此可以做一些初步的跨華人社會的比較。

　　WVS在台灣和中國進行過兩次調查，即1995和2005年的調查。在中國的調查中有些題目被刪掉了。在兩波的調查資料庫裡可以找到台灣和中國的資料，但是沒查到香港和新加坡的調查資料。在 *Changing Human Beliefs and Values 1981-2007* 專書的附表中，有香港和新加坡本研究所用的政治行動和社會議題態度的數據（感謝專書作者之一 Alejandro Moreno 3月1日寄到這本新書，正好用上，正文中許多國際比較資料，有部分直接引自該書）。將四地的相關資料，依本研究的國際保守係數計算方式，計算出各地在各項目上的國際保守序位。其中，新加坡的資料是2000年的，就把新加坡插入2005年國際序位表中來計算，結果如表3。

　　正如一般預期，所有係數都顯示中國最保守、新加坡次之，香港和台灣接近，但在離婚和安樂死兩項上台灣又比香港更開放。因此本研究所編製的國際保守係數效度應該是很高的。

　　不過，台灣和中國在政治行動的參與上，WVS的數據也還是有點問題。例如表示絕不參加簽署請願的，台灣有 69%，中國居然只有49%。在抵制行動上，中國不參加的比例也比台灣低許多(54%、

表3 台、港、新、中四個華人社會在政治行動和社會議題態度的比較

	簽署請願	抵制行動	遊行示威	同性戀	墮胎	離婚	安樂死
台灣	.71	.69	.83	.44	.43	.43	.13
香港				.43	.42	.48	.24
新加坡	.81	.90	.98	.68	.56	.76	.59
中國	.92	.73		.91	.93	.98	.76

78%)。因此在上一個表，採用「參加」的數據，看起來稍微符合「事實」。但是，從這裡我們可以看出 WVS 的調查可能在效度上有問題。根據參與 1995 年調查的經驗，在馬德里、維也納和安娜堡參加計畫研討時，發現許多國家的參與者，包括中國和一些「小」國或非洲東歐一些國家，調查者都不是專業的學者，調查資料的品質可能有問題。

最後，以三項政治行動來做為測試政治保守性的指標也是不夠的。因為這三種政治行動都是比較積極乃至激烈的，各國參與的人就都不多，甚至很少。雖說相對比較上來說還是有意義的，但若能利用其他分布不是那麼極端的變項來測量保守—開放性應該會比較好。

於是，本研究再從世界價值調查 2005，查詢出 19 個題目和政治與社會保守性有關。在本文第三節就這些題目做了分析和討論，大體還是發現台灣人在政治上的保守性，但卻也發現在社會議題上也有一些保守的傾向，和本文第二節的發現有些差異。綜合本研究所有的發現，將國際保守量表的係數區分為五段來檢視台灣人的保守性。也就是，以 0 至 0.19 標示為極不保守，0.2-0.39 為不保守，0.4-0.59 為中間，0.6-0.79 為保守，0.8-1.00 為極保守，表 4 就是以這個保守性的五個區段來摘述台灣人在 29 個指標上所顯示的保守和不保守的程度。在表 4 中，左邊一組 15 個指標是在測度政治保守性，右邊一組 14 個指標則在量度台灣人社會保守性。如果將這兩組指標各自予以平均，則得到台灣人總體的政治保守平均是 0.7，以五個保守性區段來看，落在

表 4　台灣人政治和社會保守性量度的綜合摘述

政治議題	指標	保守／不保守	社會議題	指標	保守／不保守
護衛現況	.85	極為保守	同性戀	.44	中間
革命	.94	極為保守	墮胎	.43	中間
漸近改革	.44	中間	離婚	.43	中間
左中右	.85	極為保守	安樂死	.13	極不保守
請願意向	.88	極為保守	重視環保	.65	保守
抵制意向	.69	保守	環保優於成長	.71	保守
遊行意向	.89	極為保守	收入均等	.77	保守
請願行動	.68	保守	就業難女讓男	.69	保守
抵制行動	.75	保守	男更適做企業主管	.53	中間
遊行行動	.81	極為保守	男更適做政治領導	.53	中間
政治強領導	.80	很保守	女男平權	.30	不保守
公投修法	.46	中間	居住安全	.76	保守
保護自由	.22	不保守	重視傳統	.41	中間
尊重人權	.43	中間	不可能跳脫命運	.28	不保守
嚴懲罪犯	.74	保守			

保守區段的中間。相對的，台灣人總體的社會保守性平均是 0.5，落在保守性區段的中間。若再取政治和社會保守性的總平均，則得到 0.6 的結果，是保守區段的下沿。

　　本研究是以台灣人和所有其他四十多個國家的人民來進行比較，所以將表 4 的結果放到國際比較相對的位置來看，台灣人在政治上是屬於保守的，若換算回排名，則大約在全球 46 個國家當中，在保守性上排名第 14。台灣人在社會議題上則正好在所有國家的中間，排名在 23 左右。綜合來算，則台灣人總體的保守性，大體上是偏向於保守的，國際保守排名在第 18。

　　本研究嘗試檢視台灣人到底有多保守，根據世界價值調查的國際比較結果，我們發現在政治上台灣人是保守的，在社會議題上較為開

明，但在國際排序上排在中間，綜合政治和社會，台灣人大致上是保守的。由於利用既有的世界價值調查的國際資料進行研究，本研究選來做為保守性測度的題目為數不多，可以說還不充分，同時問卷題目原來的設計也不是在測量保守性。因此，所得結論雖然頗有意義，但是所有的指標還不充分。由於世界價值調查的題目大體上多已定型，而且全球四、五十個國家卻採用同一份問卷，想要做一些改變納入完整或重新規劃有關政治和社會保守性的測量是不可能的。關於這個議題，國際性比較的探討可能很難再有進一步的發展。

參考文獻

杜素豪(2007)世界價值觀調查推動計畫執行報告。台北：中央研究院調查研究專題中心。

郭承天(2010)台灣宗教與政治保守主義。台灣宗教研究 9(2): 5-26。

新浪網(2011) http://dailynews.sina.com/bg/tw/twchn/bcc/20110224/20072253076.html

瞿海源(2011)宗教信仰、民主態度與社會政治保守性。宗教信仰：台灣社會變遷基本調查第十五次研討會論文。台北：中央研究院社會學研究所。

Borgatta, Edgar F., ed. (1992) *Encyclopedia of Sociology*. New York: Macmillan.

Inglehart, Ronald, Miguel Basáñez, Jaime Díez-Medrano, Loek Halman and Rund Luijkx, eds. (2004) *Human Beliefs and Values: A Cross-Cultural Sourcebook Based on the 1999-2002 Values Surveys*. Mexico: Siglo XXI Editores.

Inglehart, Ronald, Miguel Basanez, Gabriela Catterberg, Jaime Diez-Medrano, Alejandro Moreno, Pippa Norris, Renata Siemienska, and Ignacio Zuasnabar, eds. (2010) *Changing Human Beliefs and Values 1981-2007: A Cross-Cultural Sourcebook Based on the World Values Surveys and European Values Studies*. Mexico: Siglo XXI Editores.

附錄　台灣人政治行動與對社會重要議題態度複迴歸分析結果

	自我政治定位		簽署請願		抵制行動		遊行示威	
	b	s.e.	b	s.e.	b	s.e.	b	s.e.
1995								
性別	-0.55***	0.11	-0.07	0.04	-0.11**	0.03	-0.10**	0.03
年齡	0.03***	0.00	0.01***	0.00	0.00**	0.00	0.01***	0.00
教育	-0.03	0.03	-0.06***	0.01	-0.03**	0.01	-0.03**	0.01
2005								
性別	0.345**	0.120	-0.021	0.038	0.070*	0.028	0.040	0.033
年齡	0.014**	0.004	0.003*	0.001	0.003*	0.001	0.004**	0.001
教育	-0.105***	0.028	-0.091***	0.009	-0.050***	0.007	-0.053***	0.008

	簽署請願		抵制行動		遊行示威	
	b	s.e.	b	s.e.	b	s.e.
2005						
性別	1.238	0.233	0.587	0.206	1.112	0.244
年齡	0.984*	0.007	0.967**	0.011	0.967***	0.008
教育	1.481***	0.078	1.401***	0.119	1.280***	0.660

	同性戀		墮胎		離婚		安樂死	
	b	s.e.	b	s.e.	b	s.e.	b	s.e.
1995								
性別	-0.06	0.11	0.01	0.14	0.12	0.15	0.22	0.19
年齡	-0.02***	0.00	-0.01*	0.01	-0.03***	0.01	-0.03***	0.01
教育	0.08*	0.03	0.15***	0.04	0.19***	0.04	0.28***	0.06
2005								
性別	0.382**	0.142	-0.099	0.133	0.303*	0.144	0.055	0.168
年齡	-0.037***	0.005	-0.011*	0.005	-0.031***	0.005	-0.011*	0.006
教育	0.229***	0.033	0.112***	0.031	0.231***	0.033	0.179***	0.039

$* p < .05, ** p < .01, *** p < .001$

2

宗教信仰與主觀心理福祉：台港比較

范綱華
世新大學社會心理學系

蕭新煌
中央研究院社會學研究所

　　歐美社會的研究發現，宗教信仰能增進個人主觀心理福祉。但既有文獻多以基督宗教及歐美社會為研究對象，鮮少探索東方傳統宗教在亞洲華人社會是否也有相同影響。為此，本研究使用 2006 年 AsiaBarometer 計畫在台灣和香港的問卷調查資料，試圖瞭解在華人社會中，宗教信徒的主觀心理福祉是否比非宗教信徒更高，並參照情感評估理論，探究東方傳統宗教與西方基督宗教對主觀心理福祉中的低擾動正向情緒指標（一般生活滿意度、精神生活滿意度）與高擾動正向情緒指標（快樂程度、生活享受程度）是否有不同程度影響。研究結果顯示，台灣和香港的宗教信徒分別在一般生活滿意度和精神生活滿意度較無宗教信仰者為高。東方傳統宗教對於個人心理福祉的影響，確實有偏向低擾動正向情緒的跡象，但基督宗教與高擾動正向情緒的關聯並不如預期顯著。另外，不同宗教對主觀心理福祉的影響機制也表現出差異，東方傳統宗教主要經由禱告或冥想等宗教行為中介，基督宗教則與信徒優越的社經背景較有關。

關鍵詞：宗教、主觀心理福祉、心理健康

Religion and Subjective Well-Being:
A Comparison Between Taiwan and Hong Kong

Gang-Hua Fan

Department of Social Psychology, Shih Hsin University

Hsin-Huang Michael Hsiao

Institute of Sociology, Academia Sinica

Studies conducted in Western societies consistently show that religion is beneficial for subjective well-being. Nevertheless, since most of these studies have been conducted in settings dominated by Christianity, it is unclear whether these findings apply to Chinese societies, where religious compositions are more diversified with non-Christian religions. Accordingly, this research used Taiwan and Hong Kong data drawn from 2006 AsiaBarometer survey to investigate whether religious believers have a greater sense of subjective well-being than non-believers. In light of Affect Valuation Theory, this research also explored whether Eastern traditional religions and Christianity have different impacts on indicators of low arousal positive state (*satisfaction with daily life and satisfaction with spiritual life*) and high arousal positive state (*happiness and life enjoyment*). Results suggest that religious believers in Taiwan and Hong Kong report better satisfaction with daily life and spiritual life, respectively, than non-believers. The stronger association between Eastern traditional religions and a low arousal positive state was found, as expected, but the hypothesized stronger association between Christianity and a high arousal positive state was not. The influence mechanism between religious affiliation and subjective well-being appears to vary among different religions. The positive influence yielded by Eastern traditional religions on subjective well-being is mediated through religious behaviors, such as prayer or mediation. In contrast, the positive association between Christianity and subjective well-being is likely to be accounted for by Christians' higher socioeconomic status.

Keywords: religion, subjective well-being, mental health

前言

　　世俗化理論學者主張，當社會功能持續分化，世界上的宗教將不可避免的逐漸衰微(Chaves 1994; Dobbelaere 1985; Lechner 1991; Tschannen 1991)。在日益多元的現代社會裡，宗教將與眾多社會制度並列，不再凌駕於世俗權威之上，不但在社會體系的層次上影響力日減，對於個人的日常生活也將越來越不重要。然而，在二十一世紀的今天，世俗化理論的預測並未完全實現。世界各地的宗教不僅在現代化的浪潮中存留下來，甚至還有日益興盛之勢。宗教不但在文化、經濟、政治各方面，仍有很強的社會影響力，也在個人層次與眾人生活息息相關(Sherkat and Ellison 1999)。其中，宗教信仰與實踐對個人心理福祉(psychological well-being)的正向影響，持續在社會科學界受到矚目與廣泛的研究討論。

　　歐美社會的研究普遍顯示，有宗教信仰的個人，通常比沒有宗教信仰者更為快樂，也更滿意自己的生活。首先，宗教信念能幫助個人積極樂觀，並對生命的目標和意義保持希望(Sherkat and Ellison 1999)。其次，信仰虔誠的人也會保持比較健康的生活形態，降低意外或罹患疾病的風險，因此較少感到焦慮或沮喪(Koenig et al. 2001)。定期參與宗教聚會對個人心理健康的影響更是明顯，每週參與宗教禮拜的人，不但較少罹患憂鬱和焦慮症狀(Sternthal et al. 2010)，最新的長期追蹤研究顯示，長期做宗教服事而在教會建立的人際網絡，能顯著提高個人的生活滿意程度(Lim and Putnam 2010)。

　　對於宗教信仰帶給個人心理健康與福祉的正向影響，雖然社會科學界已累積了豐富的證據，但既有文獻多以奉基督宗教為主流的歐美社會為研究對象，很少有針對華人社會的研究。雖然說各宗教的內涵和表現形式或有普遍共通之處，但由於東西方社會在文化與社會結構

上的差異，即使是同一宗教也可能對個人產生不盡相同的影響，更何況東西方宗教在信仰、儀式、教義實踐上的種種相異，更可能對主觀福祉的影響造成差別(Tsai et al. 2007)。由於缺乏研究，對於宗教帶給個人的心理影響在華人社會呈現何種樣貌，吾人並不瞭解。

為此，本文使用 2006 年 AsiaBarometer[1] 計畫在台灣和香港的問卷調查資料，試圖瞭解這兩個華人社會中，宗教信徒的主觀福祉(subjective well-being)是否比諸非宗教信徒更高。鑑於東西方宗教在信仰上的差異，本文將比較佛道教與基督宗教信徒在主觀福祉上是否相同。再者，藉由比較台港兩地佛道教與基督宗教信徒在宗教信念、態度與行為上的差異，本文也將試圖探索不同宗教信仰與個人主觀福祉之間的中介機制。

宗教對心理福祉的影響

雖然西方社會的研究一再證實宗教信仰對個人心理福祉具有正向影響，但是對於兩者之間的關聯機制，尚無一致定論。既有的理論和實證文獻大致指出了下列三類中介的機制：

社會整合與社會支持

涂爾幹(Durkheim 1951[1897])在其名著《自殺論》中，主張宗教信仰有助於將個人整合入社會，並且規範個人行為。透過共同的宗教信仰以及宗教儀式實作，信仰者之間積極互動，凝聚集體情操和集體意識，形成道德社群。之後的實證研究結果多半支持了這項命題(Levin

---

1 AsiaBarometer 是亞洲迄今規模最大的跨國研究計畫，由日本早稻田大學主持，自 2003 年至 2008 年，在東亞、南亞、東南亞、中亞等 31 個國家或地區已進行多次大型抽樣調查。該計畫的官方網頁為 https://www.asiabarometer.org/。

1996; Ellison and Levin 1998)。規律的宗教集會，為具有共同信仰的個人提供了免費、安全、方便的社交場合(Idler 1987)，增加信眾之間的互動機會，建立穩固的社會連結(Lim and Putnam 2010)，並在有需要的時候提供情感性和工具性支持(Ellison and George 1994)。同時，定期參加宗教集會除了提供個人歸屬感，通常也要求會眾分擔部分會務，為教會的存續發展盡一份心力；而參與會務則有助於個人建立正向的角色認同，提升自尊與自我效能感(Berger 1969; Ellison 1993; Krause 1998)。另外，宗教團體會根據教義擬定應遵守的行為與生活規範，鼓勵健康規律的生活形態，並勸誡教友避免偏差行為。藉由遵行宗教生活規範，教友可減少暴露在導致疾病或意外等壓力環境的風險，因此得以有較好的心理健康狀態(Ellison 1994)。

對苦難的應對與撫慰

宗教信仰與宗教參與，不僅在平時能予信徒以正向的心理支持，當意外或苦難降臨時，更能提供信徒應對困境的積極態度與資源(Ellison and Levin 1998; Sherkat and Ellison 1999)。當個人遭逢艱困的境遇，無論是突發意外、失去至親、或是長期陷於貧病交迫，常因覺得無能為力而感到徬徨無助，以致失去生活的勇氣與動力；此時，宗教信念有助於提供對受苦境遇的解釋和意義(Idler 1995)。對上帝或神明的信仰，以及來自教友的支持與幫助，讓人即使在艱困中也能保持內心的平安和希望，並藉此了悟受苦的生命意義，從而得到安慰，激發面對困境的積極態度，並採取具體行動以脫離困境(Pargament et al. 1988; Sternthal et al. 2010)。研究也顯示，憑藉信仰而正向積極面對苦難，可以顯著減輕個人的憂鬱與焦慮(Ellison and George 1994)。

提供人生意義與信念

由於宗教教義能闡釋生命的終極意義，信仰宗教有助於個人發掘

自我的人生目標與方向。各大宗教的教義，通常會對世界的源由以及生命的意義提出完整的解釋架構(interpretative framework)。藉由信受奉行此解釋架構，宗教信仰者對於自己的人生，大至生命的終極目標與歸宿，小至日常生活的一飲一啄，都可以尋得更深刻的解釋與意義，進而對生命保持樂觀、希望，以及整體的正向態度(Ellison and Levin 1998; Sternthal et al. 2010)。對於全知全能上帝的信仰依靠，可使信徒感覺受到上天的引導守護，因此對人生道路懷抱信心，提升自我效能感(Ellison and George 1994; Sternthal et al. 2010)。同時，相信生命的神聖性，也有助於提升個人的自我價值感，促進主觀福祉(Berger 1969)。

東西方宗教對心理福祉影響的文化差異

如前所述，現有文獻中，對於宗教信仰對心理福祉的正向影響，以及其中介機制的理論和實證探討，多半以奉基督宗教信仰為主流之歐美社會為研究對象。對於和西方社會在價值信念與宗教分布相異的東亞華人社會，卻少有類似的調查研究。因此，宗教信仰在華人社會中，是否能如在歐美社會中，經由類似的機制，對個人的主觀福祉發揮同樣的功能，目前並不清楚。

Reed (2007)在其對亞洲宗教分布現況的研究中，提出「世俗的東亞」(secular East Asia)概念，意指東亞社會中，自我認定無任何宗教信仰者的比例相當高，與多數西歐國家宗教信仰人口呈高比例的現況不同。他特別強調，東亞社會與西歐社會在文化上的差異，使兩地在宗教信仰的原因和影響這兩方面也不相同。Reed的分析還顯示，東亞社會中宗教信徒與非信徒，在許多態度和行為特質上都沒有顯著差異，這又與西歐社會的發現不一致。他在該篇論文中對此非預期發現的解釋，是東亞的宗教信徒在多項態度和行為上，存在相當的內在多樣性(internal diversity)。也就是說，東亞宗教信徒的個性和行為特質，同質

性可能不如西歐宗教信徒那麼高。在東亞，不同宗教團體之間，在社經背景、生活經驗、信仰內涵、宗教行為各方面，可能都相當不同。正因為如此的內在多樣性，要為東亞宗教信徒描繪一個大致相同的樣貌相當困難。

在當今的東亞華人社會，仍以傳統的佛道教信仰以及民間信仰較為盛行，基督宗教信徒所占的比例遠遠不如歐美社會。而這些宗教信仰內容以及信徒比例間的差異，不只會造成如Reed所指稱的內在多樣性，也可能使宗教信仰與主觀福祉之間的關聯與西方社會有所不同。Tsai等人(2007)對佛教和基督宗教所做的社會心理比較研究，為此項推論提供了初步證據。在該項研究中，這幾位學者以情感評估理論(Affect Valuation Theory, AVT) (Tsai et al. 2006)作為概念分析架構，檢視文化如何影響個人偏好「高擾動正向」(high arousal positive)情緒（例如：興奮、熱切、興高采烈等較為外放情緒，以下以「外向幸福感」稱之）或「低擾動正向」(low arousal positive)情緒（例如：平靜、安詳、沈著、放鬆等較為內斂的情緒，以下以「內向幸福感」稱之）。該研究分別檢視佛教與基督宗教在信徒態度、傳統典籍教義，以及宗教暢銷書內容的差異，結果顯示，與佛教相比，基督宗教更重視外向幸福感而較不重視內向幸福感。同時，該項研究同時訪問歐洲裔美國人、亞洲裔美國人、香港華人，顯示在宗教影響之外，具有歐洲背景者（歐洲裔美國人）也較亞洲背景者（亞洲裔美國人、香港華人）更傾向重視外向幸福感而較不重視內向幸福感。根據該項研究發現，該文作者主張佛教徒與基督徒對於快樂與福祉的概念有所不同。據此，我們可以推測佛道教信仰和基督宗教信仰與主觀福祉之間的關聯，也可能具有差異。

除了對於不同類型正向情緒的偏好，西方傳入的基督宗教（包含天主教與基督新教）與東方傳統的佛道教，在宗教活動上也表現出明顯差異。一般來說，基督宗教的活動多半較具規律性、經常性、群體

性，組織架構也較嚴密（如：每週的主日禮拜、查經班、唱詩班）。
相較之下，東方傳統佛道教的宗教活動較偏向非規律性（節慶性）、
非經常性、個人性，組織架構也較鬆散（如：法會、做醮、修練、祭
拜）（張珣 1985；鄭志明 2002）。根據前述的情感評估理論，個人會
經由參與特定活動，以得到該文化所重視稱揚的正向情緒。據此理論
假設，可以解釋爲何基督徒傾向從事易獲得外向幸福感的群體集會活
動，佛教徒則傾向選擇易達致內向幸福感的個人修練活動。由於歐美
社會對於宗教信仰具正向心理影響的研究文獻中，通常顯示規律性參
加宗教集會是增進個人心理福祉的最重要因素(Lim and Putnam 2010;
Sternthal et al. 2010)，較偏向個人修持的佛道教徒，是否也能如同基督
徒一般，因宗教信仰得到類似的心理福祉影響，是值得仔細檢視的。

　　在西方文獻中，宗教信徒中女性、年長者、低教育程度者的比例
經常較無宗教信仰人口爲高(Johnson 1997; Sherkat 1998)，一般均解釋
爲社會中的弱勢者較需要宗教的協助與撫慰(Iannaccone 1997; Sherkat
and Ellison 1999)。對此，我們預期在東方傳統佛道教信徒中，應該也
能發現類似情形。但有一點需要特別注意。在西方，現代教育主要精
神源自於啓蒙運動以來的科學理性。作爲挑戰宗教權威的替代知識來
源，對於現代教育與傳統宗教的信受，可能具有某種程度的互斥性，
其結果表現在高教育程度者信仰宗教的比例較低（瞿海源 1989）。但
東亞社會的情況則可能有所不同。東亞社會的現代化過程，主要來自
對西方科技文明的學習與接受，而在此西化過程中，西方宗教文化亦
隨之俱來。東方的高級知識分子，對於與西方科技同源的宗教文化，
內心可能並不排斥，甚至存在更深的親切感。因此東亞社會當中，基
督徒的教育程度反而較無宗教信仰者爲高。而傳統的佛道教信徒，則
與歐美社會的情況類似，其平均教育程度較無宗教信仰者爲低（瞿海
源 1989, 1997）。由於社經地位與主觀福祉通常呈正相關，一般佛道
教徒的主觀福祉，可能會受到其較低的教育程度影響，掩蓋部分從宗

教信仰中得到的益處。

根據以上討論，為了對現有文獻不足之處提出貢獻，本研究擬以台灣、香港兩地民眾作為研究對象，檢視宗教信仰在此二華人社會中，對個人的主觀福祉，是否如歐美社會一般，憑藉類似的中介機制，達致同樣的正向影響。同時，本研究也將檢測 Reed 對於東亞宗教群體間具有內在多樣性的假設，比較佛道教與基督宗教信仰者之間的主觀福祉以及宗教中介機制是否有差異。根據既有的理論與實證研究，本研究提出三項主要假設：

假設一：有宗教信仰者較無宗教信仰者的主觀福祉程度為高。

假設二：不同宗教信仰者在主觀福祉不同面向的程度會有差異。

　　2-1：基督徒在快樂、生活享受度等兩項偏向外向的幸福感程度較高。

　　2-2：佛教徒在一般生活、精神生活滿意度等兩項偏向內向的幸福感程度較高。

假設三：不同宗教信仰對於主觀福祉影響的機制會有差異。

　　3-1：基督宗教對主觀福祉的正向影響較來自於團體聚會的社會支持。

　　3-2：佛教對主觀福祉的影響較來自於宗教信念與宗教活動。

研究方法

資料與樣本

本研究所使用的分析資料取自於 AsiaBarometer 研究計畫於 2006年所做的問卷調查結果。2006 年的這次調查範圍涵蓋東亞與東南亞地區七個受到儒家文化影響的社會，包括：中國、香港、日本、南韓、新加坡、台灣、越南。該次調查以多階段分層機率抽樣方法，按當地人口結構調整抽樣比率，在各個社會分別抽出約 1,000 名年齡介於 20

至 69 歲的成年人（在中國則總共抽出 2,000 人）。調查所使用的標準
化問卷係由英文主問卷譯成當地語言，再由訪員執行面訪。由於本研
究旨在比較台、港兩地的宗教信仰與主觀福祉之間的關聯，因此僅選
用該次調查中的台灣和香港樣本。經剔除在分析變項中含有遺漏值的
樣本後，台灣的分析樣本規模為 878，香港的樣本規模則為 891。經過
比較，被剔除以及留在樣本中的受訪者，在社會人口變項、宗教信仰
內涵、主觀福祉等變項上的分布，並沒有顯著的差異。此樣本的性別、
婚姻狀況、教育程度等社會人口變項之分布，與 2006 年台港兩地官方
統計資料[2]的同年齡群人口相當接近，具有合理的代表性。

變項測量

本研究的依變項是個人的主觀福祉，係由四個指標所測量：快樂
程度、生活享受程度、一般生活滿意度、精神生活滿意度。快樂程度
的問卷測量題目為：「總體來說，您覺得自己最近快樂嗎？」答項格
式為五點量表：從「非常快樂」（5 分）到「很不快樂」（1 分）。生
活享受程度的測量題目為：「最近您每隔多久會感到自己真正地在享
受生活？」答項格式為四點量表：從「經常」（4 分）到「從來沒有」
（1 分）。一般生活滿意度和精神生活滿意度這兩個測量指標，分別
是以「請問您對生活中以下各方面的滿意程度是……」這題目的不同
答項建構而成。此題的答項格式為五點量表：從「非常滿意」（5 分）
到「很不滿意」（1 分），一般生活滿意度所使用的答項計有：住宅、
朋友關係、生活水準、家庭收入、教育、工作、鄰居關係、社會治安、
生活環境、社會福利、民主制度、家庭生活、休閒娛樂活動等 13 個，
各項得分加總平均後即為此一指標的分數(Cronbach's α = 0.818)。精神

---

2 台灣內政部統計處(http://www.moi.gov.tw/stat/)；香港二零零六年中期人
口統計(http://www.bycensus2006.gov.hk/tc/index_tc.htm)。

生活滿意度則直接以受訪者在「精神生活」此一答項的得分作為指標分數。鑑於前述 Tsai 等人(2007)發現基督宗教與佛教分別對高擾動及低擾動正向情緒的重視程度有差異，本研究根據此情感分類概念，將快樂程度與生活享受程度定義為較高擾動之正向情緒，歸類為外向幸福感測量指標(Cronbach's α = 0.62)；並將一般生活滿意度與精神生活滿意度定義為較低擾動之正向情緒，歸類為內向幸福感指標(Cronbach's α = 0.70)，以比較本研究中不同宗教信仰者在此二類幸福感的表現上是否有差別。

本研究的自變項為受訪者的宗教信仰。原問卷中的答案選項共有14類，考慮到台灣與香港兩地的信仰分布狀況，將受訪者的宗教信仰重新分為：佛教、基督宗教（包含問卷中「天主教」與「除天主教以外的基督教」兩類選項）、道教、其他宗教、無宗教信仰等五個類別。

本研究的中介變項為受訪者的宗教信念、態度與行為，分別由四個指標測量：宗教信念、宗教活動、宗教在典禮場合對個人的重要性、宗教團體對個人社交的重要性。(1)宗教信念是以「是否相信命運」以及「是否相信超自然世界」兩指標來測量。是否相信命運此一指標的問卷測量題目為：「對於世界上偶發性的事件，有下面兩種說法。在您看來，哪種說法比較正確？」選項包括：A：很多事情發生並沒有什麼特別原因，僅僅是出於偶然；B：任何事情的發生都有原因。那些看上去碰巧發生的事情背後，也都有一定的用意。我們將選B者歸為「相信命運」（1分），選擇 A 或「都不是」、「不知道」者則以 0 分計分。是否相信超自然世界此一指標的問卷題目為：「您相信有一個看不見的精神世界，在影響我們周遭的現實世界嗎？」選項分為四等級：從「完全相信」（4分）到「完全不相信」（1分）。(2)宗教活動以個人是否從事祈禱或冥想來測量，問卷題目為：「你多久禱告／冥想一次？」答項包括五個等級：每天（5分）、每週（4分）、每月（3分）、在特定情況下才會（2分）、從來沒有（1分）。(3)宗教在典禮

場合的重要性以宗教在個人出生、婚禮、節慶、葬禮等典禮中是否重要來測量，問卷題目爲：「請評估下列各項活動在宗教機構（如清眞寺、教堂、寺廟、神祠）舉行或是請宗教人士（如伊斯蘭教宗教領袖、牧師和僧侶）參加的重要性」；活動選項包括：出生、婚禮、節慶／假日、葬禮等四個，每題的答項分爲四等級：從「非常重要」（4分）到「一點也不重要」（1分）。(4)宗教團體的社交重要性的測量題目爲：「下列哪一個社交圈或團體對你是重要的？」；若勾選「宗教」者計爲1分，無勾選者則計爲0分。

由於考慮到基本社會人口變項與社經地位可能同時與宗教信仰和主觀福祉相關，本研究將性別、年齡、婚姻狀況、教育程度、家庭收入列爲控制變項。由於AsiaBarometer所調查的亞洲各國教育制度與貨幣價值不同，爲了便於跨國比較，AsiaBarometer研究團隊依據各地情況對此兩變項重新分類，統一將每個國家的教育程度與家庭月收入分爲：低、中、高三個等級。本研究採用此重新分類結果作爲分析變項。

本研究對研究樣本的分析共分爲下列六個步驟：(1)分別列出台灣與香港各個變項的敘述統計結果；(2)比較台灣與香港社會中，宗教信仰者之間的主觀福祉是否有差異；(3)比較台灣與香港不同宗教信仰者之間的主觀福祉差異；(4)比較台灣與香港不同宗教信仰者之間的社會人口特質以及社經地位分布的差異；(5)比較台灣與香港不同宗教信仰者在宗教信念、態度與行爲的差異；(6)分別對台灣與香港資料作漸進調整式(Progressive Adjustment)迴歸分析(Mirowsky 1999)，檢測宗教信仰與主觀福祉的淨相關，並探索兩者之間的可能中介機制。本研究的統計分析係以SPSS軟體中文版14.0版執行。

台港人民宗教與心理福祉

整體輪廓

表 1 列出了台灣與香港兩筆資料各變項的敘述統計結果。表 1 的上端首先列出主觀福祉指標的平均數與標準差。台灣與香港兩地受訪者的主觀福祉分數多在中間略偏正向之處（生活享受程度除外），沒有顯著差別，顯示兩地居民對於主觀福祉的感受都接近於「一般、普通」，並不特別偏向正面或負面。兩個社會的性別比例都接近 1：1，平均年齡也都在 40 歲左右。但台灣受訪者已婚的比例(73.23%)高於香港受訪者(62.18%)。至於社經地位結構，台灣被歸為高教育程度者的比例(26.88%)高於香港同類別的比例(15.71%)；而台灣中高收入者的比例（合計 78.70%）也高於香港（合計 60.16%）。在宗教信仰的比例上，香港無宗教信仰者的比例(73.74%)遠高於台灣(22.67%)，顯示台灣人對於宗教信仰的興趣遠高於香港。台灣信仰道教者的比例最高(42.37%)，其次是佛教(31.32%)，僅有不到 3%的人信仰基督宗教。香港信仰基督宗教(13.02%)與佛教(12.79%)的人口比例約略相近，但很少有道教信徒（小於 0.3%）。[3] 香港基督宗教信徒的比例較高，應該與其曾經長期受英國殖民有關（鄭明眞、黃紹倫 2002）。

兩地在宗教信念、態度與行為方面，也呈現相當明顯的差異。台灣人相信命運的比例(60.83%)遠高於香港(49.80%)，相信超自然世界存

---

3 在 1995 年香港的調查中，信奉道教者的比例也僅有 0.4%（鄭明眞、黃紹倫 2002）。研究指出，一般香港民眾缺乏對真正道教信仰的認知，往往以為拜神就等同拜佛（程樂松 2010），加上對道教的觀感不佳，因此認為自己信仰道教的比例很低（李明迪 2007）。另外，由於問卷中沒有中國民間信仰此一選項，香港信仰中國民間信仰者，有可能在此問卷中選擇了佛教此一選項。

表 1　台灣與香港資料之敘述統計

	台灣		香港	
	平均數	標準差	平均數	標準差
快樂程度	3.54	0.93	3.53	0.69
生活享受程度	2.69	0.75	2.75	0.80
一般生活滿意度	3.32	0.46	3.39	0.39
精神生活滿意度	3.50	0.72	3.41	0.68
性別(%)				
男	52.28		49.05	
年齡	40.84	11.77	40.63	12.71
婚姻狀況(%)				
已婚	73.23		62.18	
教育程度(%)				
高教育程度	26.88		15.71	
中教育程度	41.34		42.99	
低教育程度	31.78		41.30	
家庭收入(%)				
高收入	17.20		9.88	
中收入	61.50		50.28	
低收入	21.30		39.84	
宗教信仰(%)				
無宗教信仰	22.67		73.74	
佛教	31.32		12.79	
基督宗教	2.96		13.02	
道教	42.37		0.22	
其他宗教	0.68		0.22	
宗教信念、態度與行為				
相信命運(%)	60.83		49.80	
相信超自然世界	2.85	0.84	2.46	0.88
禱告或冥想	1.99	1.14	1.48	1.11
宗教在典禮場合的重要性				
出生	1.61	0.67	2.19	0.86
婚禮	1.80	0.77	2.58	0.95
節慶	2.08	0.84	2.10	0.81
喪禮	3.22	0.76	2.68	0.92
宗教團體的重要性	0.05	0.22	0.05	0.21
N	891		878	

在的程度（平均數 = 2.85）以及禱告或冥想的頻率（平均數 = 1.99）也
都高於香港（平均數分別為 2.46 以及 1.48），這些差異與台灣人信仰
宗教比例較高的現況相符。而兩個社會對於宗教在不同典禮場合的重
要性，態度也相當不同。香港人認為宗教在出生（平均數 = 2.19）和
婚禮（平均數 = 2.58）的重要性，明顯比台灣人（平均數分別為 1.61
與 1.80）為高，這應與香港於殖民時期長期受基督宗教文化影響有關。
相反的，台灣人認為宗教在葬禮的重要性（平均數 = 3.22）則明顯超
過香港人（平均數 = 2.68）。

有沒有宗教信仰有差嗎？

表 2 所列，則是台灣與香港兩地，宗教信仰者之間在主觀福祉上
是否有差異。在這兩個社會中都可以見到，對於快樂程度以及生活享
受程度這兩個外向幸福感指標的主觀感受，是否有宗教信仰並不會造
成顯著差別。相對的，台灣有宗教信仰者對於一般生活的滿意程度（平
均數 = 3.34）顯著高於無宗教信仰者（平均數 = 3.27）；而香港的宗教

表 2　有無宗教信仰者各項主觀福祉之平均數比較

	有宗教信仰	無宗教信仰	t
台灣			
快樂程度	3.54	3.55	-0.183
生活享受程度	2.69	2.71	-0.346
一般生活滿意度	3.34	3.27	1.698†
精神生活滿意度	3.50	3.49	0.193
香港			
快樂程度	3.53	3.53	-0.019
生活享受程度	2.76	2.74	0.344
一般生活滿意度	3.39	3.39	-0.174
精神生活滿意度	3.48	3.38	2.047*

† $p < .10$, * $p < .05$, ** $p < .01$

信仰者，則在精神生活滿意度（平均數 = 3.48）顯著高於無宗教信仰者（平均數 = 3.38）。如此的結果，大致符合情感評估理論(AVT)的預測。亦即亞洲社會與亞洲傳統宗教較重視內向幸福感，因此宗教信徒的這類較平緩的正向情緒較明顯高於無宗教信仰者。

信不同宗教有別嗎？

表 3 進一步比較了不同宗教信仰者在主觀福祉各面向的差異。出乎我們的意料，不同宗教之間的差異在每個指標都未達顯著。一來這可能是某些宗教類別的樣本數過小（例如：台灣只有 7 名受訪者歸到「其他宗教」類別；香港則只有 2 名歸到「其他宗教」類別及 2 名道教徒），使得平均數變異分析檢定比較不易達統計顯著。另外一個可能因素，則是宗教信徒與非宗教信徒在社經背景上的可能差異，干擾了宗教信仰與主觀福祉之間的關聯。而表 3 呈現的結果尚未排除這些

表 3　不同宗教信仰者之各項主觀福祉比較

	快樂程度	生活享受程度	一般生活滿意度	精神生活滿意度
台灣				
佛教	3.57	2.69	3.37	3.53
基督宗教	3.50	2.81	3.28	3.58
道教	3.51	2.67	3.32	3.48
其他宗教	3.83	2.83	3.32	3.33
F	0.356	0.302	1.200	0.302
香港				
佛教	3.43	2.73	3.37	3.46
基督宗教	3.63	2.80	3.39	3.51
道教	3.50	2.50	3.69	3.50
其他宗教	3.00	2.50	3.38	3.50
F	1.511	0.259	0.356	1.132

† $p < .10$, * $p < .05$, ** $p < .01$

背景因素的作用，以致於宗教信仰對信徒主觀福祉的影響可能受到掩蓋。因此，接下來我們先分別比較不同宗教信仰者在社經背景上的差異，再以迴歸模型檢驗宗教信仰對個人主觀福祉的淨影響。

社會人口變項的分布是否有差異？

表4比較了不同宗教信仰者的平均年齡、性別比例以及婚姻狀況。台灣資料顯示，佛教徒（42.2歲）與道教徒（42.0歲）的平均年齡明顯高於無宗教信仰者（37.0歲）；香港的資料顯示，佛教徒的平均年齡（44.8歲）明顯高過基督宗教信徒（39.0歲）與無宗教信仰者（40.2歲）。出乎我們意料的是，各宗教的男女性別比例與無宗教信仰者並

表4　不同宗教信仰者之社會人口變項比較

	平均年齡[a]		性別(%)[b]		婚姻狀況(%)[b]	
			男	女	已婚	未婚
台灣						
佛教	42.2		49.5	50.5	21.8	78.2
基督宗教	39.2		50.0	50.0	46.2	53.9
道教	42.0		48.1	51.9	22.0	78.0
其他宗教	45.3		33.3	66.7	33.3	66.7
無宗教信仰	37.0		44.7	55.3	39.7	60.3
F	4.402**	χ^2	1.623		29.765**	
香港						
佛教	44.8		59.6	40.4	21.9	78.1
基督宗教	39.0		52.6	47.4	44.8	55.2
道教	53.5		0	100.0	0	100.0
其他宗教	36.0		0	100.0	50.0	50.0
無宗教信仰	40.2		49.5	50.5	39.4	60.6
F	7.739**	χ^2	8.309		16.721**	

[a] One-Way ANOVA
[b] χ^2 test
* $p < .05$, ** $p < .01$

沒有顯著不同。但在婚姻狀況方面，各宗教彼此之間，以及與無信仰者之間，呈現出很大的差異。無論在台灣或香港，基督宗教信徒已婚的比例都最高（台灣：46.2%；香港：44.8%）不但高於無宗教信仰者的已婚比例（台灣：39.7%；香港：39.4%），也高於佛道教信徒的已婚比例。相反的，台灣和香港的佛教徒（以及台灣的道教徒）已婚的比例都顯著低於無宗教信仰者。這是否與基督宗教較重視婚姻價值，而佛道教信仰較鼓勵獨身修行有關，不在本文討論範圍，尚待其他學者進一步探究。

教育與收入高低有分別嗎？

表 5 比較了不同宗教信仰者在教育程度與家庭月收入這兩個社經地位指標上的差異。表 5 的左半部顯示，不同宗教背景者的教育程度分布呈現顯著差異。無論在台灣還是香港，基督宗教信徒擁有高教育程度的比例（台灣：50.0%；香港：31.9%），都明顯高於無宗教信仰者（台灣：45.2%；香港：14.8%）。相反的，台灣和香港的佛教徒（以及台灣的道教信徒）擁有高教育程度的比例不僅低於基督宗教信徒，更明顯低於無宗教信仰者，顯示出教育程度與宗教信仰的反向關聯，只有在傳統佛道教信徒中出現，而基督宗教信徒則無此現象。至於表 5 右半部的家庭月收入比較，雖然整體的卡方檢定值未達顯著，但仍可以見到台港兩地基督宗教信徒在高收入類別的比例高於其他人。而台港兩地佛教信徒（以及台灣的道教信徒）中高收入類別的比例，則與無宗教信仰者沒有明顯差別。整體而言，台港兩地的基督宗教信徒一般說來社經地位最高，其次是無宗教信仰者，兩地的佛教信徒以及台灣的道教信徒的社經地位則偏低。

宗教信念、態度及行為內涵的異與同

表 6 比較了不同宗教背景者在宗教信念、態度與行為上的差異。

表 5　不同宗教信仰者之教育程度與家庭月收入之卡方檢定

	教育程度(%)			家庭月收入(%)		
	低	中	高	低	中	高
台灣						
佛教	31.6	48.0	20.4	19.6	64.7	15.6
基督宗教	15.4	34.6	50.0	26.9	46.2	26.9
道教	43.0	36.6	20.4	19.1	62.1	18.8
其他宗教	16.7	66.7	16.7	33.3	66.7	0
無宗教信仰	13.6	41.2	45.2	26.6	57.8	15.6
χ^2	84.816**			10.342		
香港						
佛教	66.7	28.1	5.3	42.1	48.2	9.6
基督宗教	26.7	41.4	31.9	31.0	55.2	13.8
道教	50.0	50.0	0	0	50.0	50.0
其他宗教	50.0	50.0	0	100.0	0	0
無宗教信仰	39.4	45.8	14.8	40.9	49.9	9.1
χ^2	59.864**			12.520		

* $p < .05$, ** $p < .01$

表 6 的上半部列舉了台灣不同宗教背景者之間的差異。整體來說，有宗教信仰者在宗教信念和宗教行為上的信受程度，都超過無宗教信仰者。其中佛道教信徒（佛教徒：0.67；道教徒：0.65）比基督宗教信徒(0.54)更相信命運，對於超自然世界可影響現實世界，佛教徒(2.99)和基督徒(2.96)的相信程度相近，但禱告或冥想的頻率，基督宗教信徒(2.88)則明顯比佛道教信徒（佛教徒：2.23；道教徒：2.00）來得高。其次，若比較宗教在典禮場合的重要性，以及宗教團體的社交重要性，基督徒重視的程度都明顯較佛道教信徒以及無宗教信仰者為高。反之，佛教徒除了比無宗教信仰者更重視宗教在喪葬場合的重要性之外，對於宗教在其他典禮場合的重要性，和無宗教信仰者並沒有顯著差異。

表6 不同宗教信仰者在宗教信念、態度與行為的平均數比較

	相信命運	相信超自然世界	禱告或冥想	宗教在出生場合重要	宗教在婚禮場合重要	宗教在節慶場合重要	宗教在喪葬場合重要	宗教團體社交重要性
台灣								
佛教	0.67	2.99	2.23	1.49	1.67	1.98	3.31	0.09
基督宗教	0.54	2.96	2.88	2.31	2.27	2.62	3.46	0.19
道教	0.65	2.85	2.00	1.69	1.89	2.16	3.25	0.02
其他宗教	0.50	3.42	3.33	1.83	2.17	3.00	3.33	0.50
無宗教信仰	0.47	2.62	1.49	1.54	1.73	1.96	3.03	0.03
F	6.227**	6.747**	20.157**	11.735**	6.349**	7.427**	5.171**	11.925**
香港								
佛教	0.44	2.45	1.33	2.23	2.55	2.18	2.71	0.04
基督宗教	0.57	2.94	3.50	2.84	3.16	2.51	2.97	0.31
道教	0.50	2.50	1.00	2.00	2.00	1.50	2.50	0.00
其他宗教	0.50	3.00	2.50	3.00	3.00	3.00	2.50	0.00
無宗教信仰	0.49	2.38	1.14	2.06	2.48	2.02	2.62	0.00
F	1.011	10.621**	223.986**	22.508**	13.654**	10.959**	3.778**	16.899**

註：One-Way ANOVA
† $p < .10$, * $p < .05$, ** $p < .01$

表 6 的下半部比較了香港不同宗教背景者之間的差異。其中，基督宗教的信徒無論是在宗教信念、宗教行為、宗教在典禮場合對個人的重要性、宗教團體的社交重要性等各個方面，其表現或重視的程度，都遠超過其他宗教信徒以及無宗教信仰者。而佛教徒在這些方面，則與無宗教信仰者沒有太大差異，顯示香港基督宗教信徒對於宗教生活的各個面向都比其他宗教背景的人更為重視。

控制人口及社經背景後，宗教的影響是否仍存在？

表 7 呈現了台灣民眾在各項主觀福祉指標對於社會人口變項、社經背景、宗教信念、宗教態度與行為的迴歸方程式模型。綜觀四個主觀福祉指標的迴歸模型，可以見到不同宗教背景者之間，只有在一般生活滿意度上有顯著差異。若觀察一般生活滿意度的模型(1)，可以發現佛教徒的一般生活滿意度($b = 0.091$)顯著較無宗教信仰者為高；模型(2)顯示，在控制了佛教徒在社經地位上的劣勢後，佛教信仰與一般生活滿意度的正相關強度更為提高($b = 0.107$)；若進一步控制宗教信念、態度與行為，佛教信仰與一般生活滿意度的關聯強度僅僅稍微回落($b = 0.101$)，但運用 Clogg 等人(1995)的計算公式檢定後，發現此二迴歸係數的差異未達顯著($t_d = 0.475$)。若光從此結果來看，佛教信仰對於一般生活滿意度的正向影響，與宗教態度與行為沒有關聯（因此控制宗教態度與行為之後，佛教信仰的係數改變不顯著）。但是，筆者懷疑佛教對台灣民眾一般生活滿意度的影響機制可能比表面所顯示的更為複雜。由於模型(3)中可以見到「相信命運」($b = -0.056$)以及「禱告或冥想」($b = 0.052$)分別與一般生活滿意度呈顯著的負相關和正相關，而由表 6 可知，佛教徒在這兩項宗教信念和行為的強度上，都明顯比無宗教信仰者高，因此這兩者的影響有可能相互抵銷，使得佛教信仰在模型(2)和模型(3)的係數差異並不顯著。接著，我們若觀察各項控制變項、中介變項與主觀福祉指標的關聯，會發現社經地位對主觀福祉

表7 台灣民眾各項主觀福祉對於社會人口變項、社經背景、宗教信念、宗教態度與行為的迴歸方程式模型

	快樂程度			生活享受程度			一般生活滿意度			精神生活滿意度		
	(1)	(2)	(3)	(1)	(2)	(3)	(1)	(2)	(3)	(1)	(2)	(3)
宗教信仰												
佛教	.022	.053	.089	-.014	.053	.054	.091*	.107*	.101*	.035	.040	.053
基督宗教	-.053	-.081	-.128	.099	.082	-.009	.010	-.001	-.053	.084	.068	.070
道教	-.042	-.025	-.014	-.036	.023	.031	.045	.065	.057	-.009	-.009	-.008
其他宗教	.281	.386	.329	.125	.217	.041	.046	.090	.045	-.159	-.092	-.038
男性		-.188**	-.194**		-.002	.002		.006	.014		-.054	-.059
年齡		-.002	-.002		.000	-.001		.001	.002		.001	.001
已婚		-.058	-.084		-.018	-.049		.049	.040		.043	.037
教育程度												
中教育程度		-.119	-.116		-.056	-.061		.049	.058		-.021	-.028
高教育程度		.059	.051		.250**	.247**		.186**	.184**		.126	.119
家庭月收入												
中等收入		.050	.046		.043	.027		.159***	.156***		.209***	.202**
高收入		.129	.127		.051	.012		.208***	.204***		.288***	.282***
宗教態度與行為												
相信命運			-.058			-.058			-.056†			.043
相信超自然世界			-.123**			-.099**			-.024			-.045
禱告或冥想			.021			.069**			.052**			.023
宗教的重要性												
出生場合			-.056			-.038			.006			.047
婚禮場合			.107*			.040			.034			-.037
節慶場合			.037			.032			-.020			.002
葬禮場合			.021			-.031			-.019			-.056
宗教團體			.091			.214†			-.051			-.094
R^2	.002	.022	.042	.001	.032	.059	.005	.057	.077	.001	.029	.039

†$p < .10$, * $p < .05$, ** $p < .01$

有顯著影響：高教育程度者的生活享受程度和一般生活滿意度都顯著較高；而家庭收入則與一般生活滿意度以及精神生活滿意度呈顯著正相關。令人意外的是，本研究所列舉的兩項宗教信念，似乎會減損台灣人的主觀福祉：相信凡事發生必有原因和意義，與一般生活滿意度呈負相關；相信超自然世界可影響現實世界，則與快樂、生活享受呈負相關。另一方面，禱告或冥想則與生活享受程度以及一般生活滿意度呈正相關。最後，認為宗教在婚禮中重要，以及認同宗教團體的社交重要性，分別與快樂和生活享受這兩項外向幸福感指標呈正相關。由表6可知，佛教信仰者對宗教婚禮和宗教團體的社交功能並不特別重視，因此無法加強他們在此兩項外向幸福感指標的正向感受。至於基督宗教與各項主觀福祉的關聯都未達顯著，較可能的原因是由於其樣本規模過小（台灣樣本中只有26名基督徒），統計檢定力不足，使得統計檢定結果很難達到顯著。

　　表8呈現了香港民眾在各項主觀福祉指標對於社會人口變項、社經背景、宗教信仰、宗教態度與行為的迴歸方程式模型。綜觀四類主觀福祉指標的迴歸模型，我們可以在精神滿意度的模型群中，發現宗教信仰的顯著影響。在精神生活滿意度的模型(1)，可以見到基督宗教信仰與其有顯著的正相關($b = 0.131$)，但在模型(2)控制了社會人口變項與社經背景之後，基督宗教信仰的影響變得不再顯著，意指香港基督宗教信徒較高的精神生活滿意度主要來自其較優越的社經背景，尤其是較高的平均教育程度。相反的，當佛教徒在社經地位上的劣勢受到控制後，佛教信仰與精神生活滿意度呈現正相關($b = 0.157$)。當模型(3)進一步控制了宗教信念、態度與行為，佛教信仰對精神生活滿意度的影響雖然依然顯著，但強度減弱($b = 0.139$)。若做更仔細的逐步迴歸（結果未顯示），可以發現佛教信仰對精神生活滿意度的正向影響，有相當部分是由相信超自然世界、相信命運、禱告或冥想這三個變項所中介。另外，觀察一般生活滿意度模型群，我們可以發現模型(3)當

表 8　香港民眾各項主觀福祉對於社會人口變項、社經背景、宗教信仰、宗教態度與行為的迴歸方程式模型

	快樂程度			生活享受程度			一般生活滿意度			精神生活滿意度		
	(1)	(2)	(3)	(1)	(2)	(3)	(1)	(2)	(3)	(1)	(2)	(3)
宗教信仰												
佛教	-.097	-.041	-.052	-.012	.025	.008	-.019	.017	.009	.079	.157*	.139*
基督宗教	.103	.036	-.063	.062	.019	-.085	.003	-.041	-.114*	.131*	.078	-.087
道教	-.027	-.025	-.053	-.240	-.333	-.345	.301	.228	.216	.123	-.010	-.023
其他宗教	-.527	-.382	-.426	-.240	-.124	-.218	-.006	.062	.003	.123	.164	.071
男性		-.060	-.057		-.049	-.050		.051†	.050†		.120**	.123**
年齡		-.004*	-.004		.002	.004†		-.002	-.002		-.001	-.001
已婚		.100†	.105†		.093	.093		.097**	.097**		.079	.075
教育程度												
中教育程度		.152**	.143*		.240**	.223**		.090**	.089**		.244**	.240**
高教育程度		.324**	.312**		.282**	.265***		.235**	.226**		.326**	.314***
家庭月收入												
中等收入		.124**	.125*		.045	.043		.091**	.089**		.076	.074
高收入		.217**	.220**		.195†	.207**		.166**	.155**		.236**	.234**
宗教態度與行為												
相信命運			.140**			.226**			.062†			.099*
相信超自然世界			.068*			.068*			.025			.051†
禱告或冥想			.006			-.020			.024			.036
宗教的重要性												
出生場合			.004			.049			.039†			.025
婚禮場合			.006			.076†			-.035†			-.008
節慶場合			-.011			-.005			-.007			-.006
葬禮場合			.006			-.026			.035†			.035
宗教團體			.114			.070			-.053			.076
R^2	.007	.070	.094	.001	.028	.071	.002	.089	.110	.005	.072	.090

† $p < .10$, * $p < .05$, ** $p < .01$

中，基督宗教信仰與一般生活滿意度的負相關達到顯著，意指若控制了基督徒的社經地位、宗教信念態度與行為、宗教的重要性之後，基督徒比無宗教信仰者對一般生活更不滿意。這一點可能與基督宗教較傾向鼓勵信徒依照其理想去改變世界有關(Tsai et al. 2007)：因為理想較高，所以較可能對生活不滿意。

若接著觀察社經地位、宗教信念態度與行為對於主觀福祉的影響，可以發現，與表 7 所顯示的台灣情況類似，教育程度和家庭收入普遍與各項主觀福祉指標呈正相關，但是這種傾向在香港比在台灣明顯。其次，「相信命運」以及「相信超自然世界」也普遍與主觀福祉呈顯著正相關，這一點與台灣的情況正好相反。另外，認同宗教在典禮場合的重要性一般來說與主觀福祉有正相關（除了一個例外：認同宗教在婚禮的重要性與一般生活滿意度呈顯著負相關）。令人不解的是，香港基督宗教信徒的樣本規模（116 名）不像台灣那麼小，在各項與主觀福祉呈正相關的特質（如：高社經地位、相信超自然世界、認同宗教在典禮場合的重要性）也得分較高，為何卻只有在精神生活滿意度上顯示出優勢？這顯示有某些未納入本研究控制的因素，抑制了基督徒的主觀福祉感受。

結論與檢討

本研究從宗教影響個人社會心理的理論觀點出發，以台灣與香港兩地 2006 年的調查資料，檢視了宗教信仰與主觀福祉不同面向的關聯，以及兩者之間的中介機制。本研究的第一項假設「有宗教信仰者較無宗教信仰者的主觀福祉程度為高」得到了部分證實：分析結果顯示，台灣宗教信徒的一般生活滿意度較無宗教信仰者為高，香港宗教信徒則是精神生活滿意度較無宗教信仰者為高。本研究的第二項假設「不同宗教信仰者在主觀福祉不同面向的程度會有差異」也得到部分

證實：台港兩地的佛教徒的確分別在一般生活滿意度、精神生活滿意度這兩項內向幸福感指標得分較高。但是，台港兩地的基督宗教信徒在快樂、生活享受程度這兩項外向幸福感指標並未比其他人更高。本研究的第三項假設「不同宗教信仰對於主觀福祉影響的機制會有差異」亦從香港的資料得到部分支持：基督宗教信徒較高的精神生活滿意度主要來自其較優越的社經背景，而佛教信仰對精神生活滿意度的正向影響，則與相信超自然世界、相信命運、禱告或冥想等宗教信念與行為較為相關。

台灣佛教徒的一般生活滿意度，分別與較頻繁的禱告或冥想活動有正相關，與相信命運程度有負相關。而香港佛教徒較高的精神生活滿意度，主要源自其較為相信命運和超自然世界。至於原本假設「基督宗教對主觀福祉的正向影響較來自於團體聚會的社會支持」則未得到證據支持。台灣與香港的基督宗教信徒確實較認同宗教在典禮場合與社交功能的重要性，但這方面的傾向與主觀福祉的正相關卻不顯著。除了對這三項假設的檢驗結果，本研究也發現，不同宗教團體之間信徒的社經背景差異，對其主觀福祉差異程度的解釋能力，有可能超過本研究所列舉的各項宗教信念、態度與行為。也就是說，不同宗教團體的信徒在社經背景的差異，可能是造成表面上主觀福祉差異的主要原因（如：香港基督徒的精神生活滿意度情況），也可能掩蓋了宗教信念和行為所造成的差異（如：香港佛教徒的精神生活滿意度情況）；而社經背景的影響在香港社會比在台灣社會更為明顯。

有鑑於之前的宗教心理福祉影響研究，多以基督宗教及歐美社會為研究對象，甚少探索東方宗教對亞洲華人社會的個人是否也有相同影響，因此，本研究參照情感評估理論的假設，探究東方傳統宗教對個人主觀福祉影響的面向，是否會與西方基督宗教不同。研究結果顯示，東方傳統宗教對於個人心理福祉的影響，確實有偏向重視內向幸福感及相關低擾動正向情緒的跡象。台港兩地的佛教徒，確實是表現

出對一般生活以及精神生活的滿意，而非是特別感受到快樂與享受生活等偏向外向幸福感及相關高擾動正向情緒。若從宗教教義觀點來看，佛教所強調的「戒貪」、「息瞋」、「惜福」、「受苦消業」應有助於信眾安於現況，對現實生活感到滿意知足。分析結果也顯示，相信命運、相信超自然世界等宗教信念，都會影響佛教徒是否對現實生活或精神生活感到滿意。因此，本研究的發現，對於比較東西方宗教對心理福祉的影響機制，做了初步貢獻。至於為何香港基督宗教人口不少，卻仍然顯現不出歐美基督宗教對個人心理福祉的影響，鄭明眞與黃紹倫(2002)針對香港人宗教信仰的研究指出，基督宗教組織嚴密，要求信眾積極參與教會各種活動，容易與個人家庭生活有衝突；而緊張的家庭關係則會對個人主觀福祉有負向影響(Layard 2006; Williams 2003)。同時，香港的基督徒占總人口比例不到 15%，基督宗教文化在當地並非主流文化，教會對教友的要求更可能和一般人世俗生活發生衝突（吳梓明 2007；Exline 2002）。Pargament (2002)指出，宗教信仰對個人福祉的影響取決於它和個人生活的整合程度，也就是說，若個人不容易將宗教活動整合到一般生活當中，從宗教信仰中得到的正面心理影響就可能較低。反觀人口中基督徒比例甚高的歐美社會，參加教會活動往往是家庭生活的一部分，宗教生活和家庭生活之間產生衝突的機會較低，使得宗教信仰對主觀福祉的正向影響更為顯著。

　　本研究的分析結果顯示，宗教信仰對台港華人主觀福祉有很大的不同。佛教在台灣對個人一般生活滿意度有顯著影響，但在香港的影響卻不顯著，相對的，香港佛教徒的精神生活滿意度顯著高於無宗教信仰者，在台灣則不然；對此，我們試著提出以下的理論性解釋。Suh等人(1998)指出，對於生活滿意度的評估，個人主義盛行的社會較注重個人的情緒經驗面向，集體主義盛行的社會則較注重文化規範面向。個人主義傾向者較會以本身生活的情緒經驗（尤其是負向情緒）的多寡來判定生活品質的好壞，集體主義傾向者則較以一般文化規範的標

準來衡量生活品質的高低。換言之，個人主義傾向者常以「自己感覺好不好」來評估生活滿意程度，而集體主義傾向者則比較以「價值規範標準」來評估生活滿意程度。比方說，同樣從事較單調乏味的工作，個人主義傾向者會較不滿意自己的工作，而集體主義者較會認為「有工作就很幸運，應該知足，沒什麼好抱怨」而對工作表示還算滿意。理論上來說，東方傳統宗教信仰在個人情緒經驗面向和文化規範面向上都有助於提高個人的生活滿意程度。一方面，宗教信仰可提供各項認知或行為技巧，幫助信徒減輕負向情緒；另一方面，宗教信仰提倡儉樸生活，也能使信徒內化「安貧樂道、少慾知足」的道德規範（丁仁傑 2003, 2006）；兩種取向都能使信徒對自己的生活更為滿意。但是，同樣的宗教教義，卻可能與個人主義社會和集體主義社會不同的價值偏重發生交互作用，進而對個人產生不同程度的影響（吳梓明 2007）。比方說，較重視自身情緒經驗的個人主義社會的宗教信徒可能對宗教傳授的情緒認知控制技巧更有興趣，也更為受用；而較重視文化規範的集體主義社會的宗教信徒則更容易接受宗教教義所倡導的儉樸生活方式。這樣的理論假設，或許可以幫助我們解釋本研究的發現，亦即：佛教只與台灣人的一般生活滿意度呈顯著正相關，而對香港人則只與精神生活滿意度呈顯著正相關。根據 Hofstede 與 Triandis 的評估，在個人主義與集體主義的光譜上，香港社會比台灣社會更偏向個人主義(Suh et al. 1998)，因此，傾向個人主義的香港人更容易因信仰佛教而減輕自身負向情緒、求取內心平安（鄭明貞、黃紹倫 2002），因此精神生活滿意度比無宗教信仰者為高；反之，傾向集體主義的台灣人更容易因為信仰佛教而以「安貧樂道、少慾知足」的價值規範作為評量自我生活的基準，因此對與客觀生活條件較相關的一般生活滿意程度（在本研究中，以受訪者對物質生活水準、家庭關係、社會環境的滿意程度為測量指標）較無宗教信仰者為高。當然，以上的理論假設是否與現實吻合，需要未來的研究進一步檢驗。

　　另外，本研究的分析結果也顯示，宗教信念在台港社會也有不同的影響。相信超自然世界會影響現實世界，在台灣與快樂程度、生活享受程度這兩個外向幸福感指標有顯著負相關，在香港卻有顯著正相關。從社會心理學的理論角度，我們認為這可能跟此信念對個人控制感(sense of control)的影響有關。社會學和心理學研究一再顯示，個人對生活的控制感（亦即：認為自己的行動和行動後果有密切關聯[Ellison and Burdette 2012]）與個人幸福感有顯著的正相關。越覺得自己在生活上能控制自己行動的後果，心理健康程度越高；反之，若覺得自己無法控制自己行動的後果，則容易對生活產生無力感或疏離感。但是，相信超自然實體(external entities)或超自然世界能影響現實世界，究竟對個人控制感有正向或負向的影響，至今仍沒有一致的結論。贊成兩者之間有負相關的人認為，相信超自然世界對現實世界的影響，會使人覺得自己無力影響上天降下的災厄(Schieman et al. 2006)、失去追求世俗成就的動機(Stark and Bainbridge 1996)、產生無助的命定感(hopeless, deterministic feelings, Branden 1983)、面對危機時以消極手段（如：祈禱、信仰）而非針對問題採取積極理性手段來應對(Pargament et al. 1988)，因此削減自我對生活的控制感。另一方面，主張兩者之間有正相關者，認為相信神明並透過祈求或其他儀式與其互動，可使人在面對困境時得到指引和慰藉、不再徬徨無助，進而得到一種替代的(vicarious)控制感。Ellison 與 Burdette (2012)檢驗上述兩種理論假設，發現超自然世界信念的某些面向（如：相信有來世）可增進個人的控制感，但有些面向（如：相信原罪）則會降低個人的控制感。本研究的分析顯示，相信超自然世界的存在，與香港民眾的外向幸福感有正相關，卻與台灣民眾的外向幸福感呈負相關；這樣的差異有可能源自兩地民眾對超自然世界信念內涵差異。也就是說，香港民眾對超自然世界的信仰內涵較傾向增加個人控制感，台灣民眾對超自然世界的信仰內涵則較容易降低個人控制感。受限於問卷題項的限制，我們無法

進一步探索兩地民眾對超自然世界的信仰內涵，因此，有待未來對兩地信仰更深入的研究，驗證我們在此提出的假設性解釋。

本研究的研究設計和分析過程，在以下幾個方面受到限制：第一，受限於既有的問卷中並未詢問受訪者是否定期以及多常參與宗教聚會，本研究無法納入宗教聚會頻率此一重要測量指標，僅能以對宗教團體的社交功能重要性的認知作為近似的測量來替代，實為遺憾。第二，在已有的測量指標中，有些測量信度仍須斟酌。例如：中文問卷中的「精神生活」，譯自英文主問卷的 spiritual life，兩者在意義上似乎有所落差。Spiritual life 在英文中的意義，應該比較接近中文的「靈性生活」，和宗教信仰、超自然世界比較有關聯；反觀中文的「精神生活」，則比較接近英文中的 mental health state，泛指對於人生觀、藝術、文化的愛好與欣賞，至少在台灣似乎是如此，與宗教信仰未必有直接關聯。因此，針對「精神生活」此一變項所做的分析，是否可以完全對應到西方對於 spiritual life 的研究，不無疑義。另外，AsiaBarometer 調查問卷中，宗教信仰的選項並未包含「民間信仰」此一類別，以致於台灣和香港信受民間信仰者，可能在受訪的時候，隨意地被歸入佛教或道教的類別。但是，民間信仰不僅是兩地重要的信仰類別，甚至可能是信仰人口比例最高的類別（鄭明貞、黃紹倫2002；瞿海源 1997），調查中如此的分類誤差對本研究分析的精確度會造成相當程度的影響。第三，本研究在分析過程中不時受到樣本數過小的限制，尤其是台灣的基督宗教信仰者比例本來就不高，向來都不到 5%（瞿海源 2003），加上調查的樣本總抽樣數不高，得到的基督徒樣本實在太少，使得統計檢定力大為受限。

根據本論文的初步發現，我們建議未來的研究者，除了針對宗教信仰與心理福祉主題設計題目更完備的問卷，並對占人口比例較低的基督宗教信徒採超比例抽樣(oversampling)，以克服上述本文所面對的研究限制，尚可繼續往三個方向探究宗教信仰對華人心理福祉的影響：

第一,可延續情感評估理論的理論架構,探究東西方傳統宗教對不同理想情緒狀態(如:內向、外向幸福感)強調程度的差異,如何影響實際個人心理福祉。第二,可進一步測量華人社會中,不同宗教信仰對其他心理福祉面向(如:自我概念、控制感、憂鬱症狀等)的影響,以充分探索亞洲宗教的社會心理作用。第三,可採用歷史比較分析法以及田野工作調查法,深入比較台港兩地各宗教對於宗教信念、態度與行為的差異,釐清宗教信仰對心理福祉的影響機制,作為進一步建立理論架構的準備。

參考文獻

丁仁傑(2003)文化綜攝與個人救贖:由「清海無上師世界會」教團的發展觀察台灣當代宗教與文化變遷的性質與特色。台灣社會研究季刊 49: 135-200。

——(2006)進步、認同、與宗教救贖取向的入世性轉向:歷史情境中的人間佛教及其行動類型初探。台灣社會研究季刊 62: 37-99。

李民迪(2007)香港道教的發展與蛻變研究。香港:香港大學出版社。

吳梓明(2007)宗教與香港社會:個案與理論的反思。上海大學學報 14(3): 100-105。

張珣(1985)台灣不同宗教的信徒與組織之比較研究。台灣大學社會學刊 17: 15-44。

程樂松(2010)香港社區禮俗與信仰共生:道教太平清醮中所見的信仰復合。世界宗教文化 2: 87-92。

鄭明眞、黃紹倫(2002)香港人的宗教信守與情操。見陳慎慶編,諸神嘉年華:香港宗教研究,頁 33-55。香港:牛津大學出版社。

鄭志明(2002)華人的信仰心理與宗教行為。鵝湖月刊 27(12): 12-24。

瞿海源(1989)社會心理學新論。台北:巨流。

——(1997)台灣宗教變遷的社會政治分析。台北:桂冠。

——(2003)宗教。見王振寰、瞿海源主編,社會學與台灣社會,頁 304-329。台北:巨流。

Berger, Peter L. (1969) *The Sacred Canopy: Elements of a Sociological Theory of Religion*. Garden City, NY: Doubleday.

Branden, Nathaniel (1983) *Honoring the Self*. New York: Bantam.

Chaves, Mark (1994) Secularization as Declining Religious Authority. *Social Forces* 72(3): 749-774.

Clogg, Clifford C., Eva Petkova, and Adamantios Haritou (1995) Statistical Methods for Comparing Regression Coefficients between Models. *American Journal of Sociology* 100(5): 1261-1293.

Dobbelaere, Karel (1985) Secularization Theories and Sociological Paradigms: A Reformulation of the Private-Public Dichotomy and the Problem of Social Integration. *Sociological Analysis* 46(4): 377-387.

Durkheim, Emile (1951[1897]) *Suicide: A Study in Sociology*. New York: Free Press.

Ellison, Christopher G. (1993) Religious Involvement and Self-Perception among Black Americans. *Social Forces* 71(4): 1027-1055.

——(1994) Religion, the Life Stress Paradigm, and the Study of Depression. Pp. 78-121 in *Religion in Aging and Health; Theoretical Foundations and Methodological Frontiers*, edited by Jeffrey S. Levin. Thousand Oaks, CA: Sage.

Ellison, Christopher G., and Amy M. Burdette (2012) Religion and the Sense of Control among U.S. Adults. *Sociology of Religion Advance Access* 73(1): 1-22.

Ellison, Christopher G., and Linda K. George (1994) Religious Involvement, Social Ties, and Social Support in a Southeastern Community. *Journal for the Scientific Study of Religion* 33: 46-61.

Ellison, Christopher G., and Jeffery S. Levin (1998) The Religion-Health Connection: Evidence, Theory, and Future Directions. *Health Education & Behavior* 25: 700-720.

Exline, Julie Juola (2002) Stumbling Blocks on the Religious Road: Fractured Relationships, Nagging Vices, and the Inner Struggle to Believe. *Psychological Inquiry* 13(3): 182-189.

Iannaccone, Laurence R. (1997) Skewness Explained: A Rational Choice Model of Religious Giving. *Journal for the Scientific Study of Religion* 36(2):

141-157.

Idler, Ellen L. (1987) Religious Involvement and the Health of the Elderly: Some Hypotheses and an Initial Test. *Social Forces* 66(1): 226-238.

——(1995) Religion, Health, and Non-physical Senses of Self. *Social Forces* 74 (2): 683-704.

Johnson, Daniel Carson (1997) Formal Education vs. Religious Belief: Soliciting New Evidence with Multinomial Logit Modeling. *Journal for the Scientific Study of Religion* 36: 231-246.

Koenig, Harold G., Michael E. McCullough, and David B. Larson (2001) *Handbook of Religion and Health.* New York: Oxford University Press.

Krause, Neal (1998) Stressors in Highly Valued Roles, Religious Coping, and Mortality. *Psychology and Aging* 13(2): 242-255.

Layard, Richard (2006) *Happiness: Lessons from a New Science.* London: Penguin Books.

Lechner, Frank J. (1991) The Case against Secularization: A Rebuttal. *Social Forces* 69(4): 1103-1119.

Levin, Jeffrey S. (1996) How Religion Influences Morbidity and Health: Reflections on Natural History, Salutogenesis and Host Resistance. *Social Science & Medicine* 43(5): 849-864.

Lim, Chaeyoon, and Robert D. Putnam (2010) Religion, Social Networks, and Life Satisfaction. *American Sociological Review* 75(6): 914-933.

Mirowsky, John (1999) Analyzing Associations between Mental Health and Social Circumstances. Pp. 105-123 in *Handbook of the Sociology of Mental Health,* edited by Carol S. Aneshensel and Jo C. Phelan. New York: Kluwer Academic / Plenum Publishers.

Pargament, Kenneth I. (2002) The Bitter and the Sweet: An Evaluation of the Costs and Benefits of Religiousness. *Psychological Inquiry* 13(3): 168-181.

Pargament, Kenneth I, Joseph Kennell, William Hathaway, Nancy Grevengoed, Jon Newman, and Wendy Jones (1988) Religion and the Problem-Solving Process: Three Styles of Religious Coping. *Journal for the Scientific Study of Religion* 27(1): 90-104.

Reed, Steven R. (2007) Analyzing Secularization and Religiosity in Asia.

Japanese Journal of Political Science 8(3): 327-339.

Schieman, Scott, Tetyana Pudrovska, Leonard I. Pearlin, and Christopher G. Ellison (2006) The Sense of Divine Control and Psychological Distress: Variations Across Race and Socioeconomic Status. *Journal for the Scientific Study of Religion* 45(4): 529-549.

Sherkat, Darren E. (1998) Counterculture or Continuity? Competing Influences on Baby Boomers' Religious Orientations and Participation. *Social Forces* 76(3): 1087-1115.

Sherkat, Darren E., and Christopher G. Ellison (1999) Recent Developments and Current Controversies in the Sociology of Religion. *Annual Review of Sociology* 25: 363-394.

Stark, Rodney, and William Sims Bainbridge (1996) *A Theory of Religion*. New Brunswick, NJ: Rutgers University Press.

Sternthal, Michelle J., David R. Williams, Marc A. Musick, and Anna C. Buck (2010) Depression, Anxiety, and Religious practice: A Search for Mediators. *Journal of Health and Social Behavior* 51(3): 343-359.

Suh, Eunkook, Ed Diener, Shigehiro Oishi, and Harry C. Triandis (1998) The Shifting Basis of Life Satisfaction Judgments Across Cultures: Emotions Versus Norms. *Journal of Personality and Social Psychology* 74(2): 482-493.

Tsai, Jeanne L., Felicity F. Miao, and Emma Seppala (2007) Good Feelings in Christianity and Buddhism: Religious Differences in Ideal Affect. *Personality and Social Psychology Bulletin* 33(3): 409-421.

Tsai, Jeanne L., B. Knutson, and H. H. Fung (2006) Cultural Variation in Affect Valuation. *Journal of Personality and Social Psychology* 90(2): 288-307.

Tschannen, Olivier (1991) The Secularization Paradigm: A Systematization. *Journal for the Scientific Study of Religion* 30(4): 395-415.

Williams, Kristi (2003) Has the Future of Marriage Arrived? A Contemporary Examination of Gender, Marriage, and Psychological Well-Being. *Journal of Health and Social Behavior* 44(4): 470-487.

3

越出社會化：學校脈絡性壓力與
青少年的自我控制力

鄭慧婷

香港中文大學社會學系

犯罪學的自我控制理論(self-control theory of crime)不僅解釋偏差和犯罪行為的成因，理論中另一爭議性的假設，就是把父母對子女的社會化視為自我控制形成的首要來源。近年研究的焦點開展到自我控制的脈絡視野，發現自我控制的多層（即家庭、學校和社區鄰里層面）社會化來源。然而，迄今為止仍有理論層面的問題尚待解開，其一是社會化之外其他社會因素對自我控制發展的效應。本文以 Agnew 的宏觀層次壓力理論(macro-level strain theory of crime)為框架，檢驗環境脈絡壓力(contextual strain)是否會導致自我控制力之下調。本文的假設是，在社會單位裡，越多受壓的成員聚集，會增加這單位裡的人接觸到受壓和因壓力而受負面情緒困擾成員的機會，並需消耗自我控制的資源，跟負面情緒和受壓的人口互動。本文以香港中學生調查資料作分析，鎖定學校脈絡作為考察目標，分層統計模型結果顯示，學校層次的環境脈絡壓力越高，會顯著降低個別青少年的自我控制力。研究結果提出把壓力理論典範(strain paradigm)擴展至分析自我控制發展的啟示。

關鍵詞：壓力、社會化、自我控制、青少年

Beyond Socialization: School Contextual Strain and Adolescents' Self-Control

Nicole W. T. Cheung

Department of Sociology, The Chinese University of Hong Kong

Research on Gottfredson and Hirschi's self-control theory of crime, which asserts that low self-control is the result of deficient socialization, has targeted the multilevel (family, school, and neighborhood) socialization genesis of self-control. Yet, whether there are social sources of self-control beyond socialization remains an open question. Building on Agnew's recent macro-level strain theory of crime, this study assesses whether contextual strain may act as a precursor to low self-control. Self-control may be depleted for individuals who are surrounded by a stressed population within a contextual unit that taxes their self-control resources. With data from Chinese high-school adolescents in Hong Kong, hierarchical modeling confirms our hypothesis, indicating that contextual strain in the student population at the school level significantly decreases an adolescent's self-control, even when parental socialization, school socialization, and sociodemographic characteristics are controlled for. These findings underscore the potential of the strain paradigm to extend the scope of social sources of self-control.

Keywords: strain, socialization, self-control, adolescents

引言

過往二十年，有關 Gottfredson 與 Hirschi (1990)在犯罪學的自我控制理論(self-control theory of crime)的研究都非常豐富。在犯罪及偏差行為的研究中，已有大量實證指出自我控制理論的重要性(Hay and Forrest 2006; Pratt and Cullen 2000; Unnever et al. 2003)。同時，學者也發現這理論能擴展至被害研究領域(Bossler and Holt 2010; Schreck 1999; Holtfreter et al. 2008; Piquero et al. 2005)。整體而言，文獻普遍綜合了一個確切的結論：儘管並非唯一因素，但低自我控制力在預測犯罪和被害行為兩方面皆具有決定性的影響。

事實上，Gottfredson 與 Hirschi 所提出的犯罪理論不僅是關於解釋犯罪與被害的成因。理論中另一獨特和具爭議性的假設，就是把父母對子女的社會化視為自我控制形成的首要來源；而且，這假設亦經過許多實證檢測(Boutwell and Beaver 2010; Burt et al. 2006; Chapple et al. 2010; Cochran et al. 1998; Gibbs et al. 1998, 2003; Hay 2001; Hay and Forrest 2006; Hope et al. 2003; Hope and Chapple 2005; Latimore et al. 2006; Nofziger 2008; Perrone et al. 2004; Polakowski 1994; Rebellon et al. 2008; Unnever et al. 2003, 2006; Vazsonyi and Belliston 2007; Vazsonyi and Huang 2010; Wright et al. 2005)。然而，自我控制的緣由，看來比 Gottfredson 與 Hirschi 所提出的更複雜。迄今為止，研究逐漸越出家庭社會化層面，把焦點開展到自我控制的脈絡視野，發現自我控制的分層（即學校和社區鄰里層面）社會化來源(multilevel socialization sources) (Burt et al. 2006; Lynam et al. 2000; Meldrum 2008; Pratt et al. 2004; Turner et al. 2005; Teasdale and Silver 2009; Gibson et al. 2010; Welsh et al. 2008)。出乎意料的是，研究很少探究社會化以外的社會過程如何促成自我控制的形成和變化。

爲了塡補此缺漏，本研究融合自我控制理論和 Agnew (1999)的宏觀層次壓力理論(macro-level strain theory of crime)，以擴大自我控制力的脈絡性來源。具體而言，本文認爲自我控制可能超出社會化，受到脈絡單位(contextual unit)的壓力程度影響：個人被脈絡單位中受壓大的群體所包圍時，便要動用自我控制資源，自我控制的消耗便會發生，繼而削弱了自我控制力。值得一提的是，Gottfredson 與 Hirschi 的原著理論(1990: 114, 162-163)否定了壓力對自我控制形成的效應，因爲對他們來說，受壓全是低自我控制力的後果，並沒有解釋的涵義。不過，關於受壓僅是後果的立論所獲的實證支持似乎較少(Baron 2003; Botchkovar et al. 2009; Cheung and Cheung 2008; Slocum 2010)。而就我們所知，實證研究很少把壓力視爲低自我控制的一種來源去考查。

正是如此，本研究以學校作爲脈絡單位，採用來自 83 間香港中學就讀的 4,734 名華人青少年樣本的資料，引入學校層次的環境脈絡壓力(school-level contextual strain)的因素，並與社會化因素作比較，評估其對青少年的自我控制力的影響。我們的研究對以下兩個相關領域的研究作出貢獻：(1)自我控制的來源；(2)壓力不僅能預測犯罪偏差行爲，並可增進了解其對解釋形成犯罪行爲的個人特質（即自我控制）的角色。

自我控制的分層社會化來源

Gottfredson 與 Hirschi 自我控制理論的精髓，是自我控制力高的人能夠抵禦犯罪和偏差行爲帶來的即時滿足感。相反，自我控制力弱的人傾向於從事犯罪和偏差行爲。低自我控制力的概念由引起犯罪動機的六個元素組成欠缺自我控制的人：(1)傾向衝動、(2)喜歡簡易多於複雜的工作、(3)自我中心或漠視他人、(4)偏好體力活動，多於需要技巧、計劃地思考／認知的活動、(5)具冒險傾向及(6)對挫折欠缺容忍力

且容易發脾氣。

家庭與自我控制

　　Gottfredson 與 Hirschi 提出八至十歲前的幼年期是建立自我控制的關鍵時段，他們把低自我控制歸咎於父母在八至十歲前未能對孩童施展有效的社會化。有效的父母社會化(parental socialization)包括監管、識別偏差行爲和責罰偏差行爲三方面；若欠缺的話，就會防礙孩童自我控制力的發展。大量研究皆支持這三方面父母社會化對自我控制的影響，而它們的關聯程度普遍是中等（Burt et al. 2006; Chapple et al. 2010; Gibbs et al. 1998, 2003; Hay 2001; Hay and Forrest 2006; Hope et al. 2003; Hope and Chapple 2005; Latimore et al. 2006; Nofziger 2008; Perrone et al. 2004; Polakowski 1994; Unnever et al. 2003; Vazsonyi and Huang 2010; Wright et al. 2005; 持負面觀點的研究結果，參看 Cochran et al. 1998）。Rebellon 等人(2008)所進行的 32 個國家的跨國比較研究亦顯示父母社會化和自我控制有關聯性。

自我控制的脈絡性社會化來源

　　有別於 Gottfredson 與 Hirschi 的見解，父母社會化不再被認爲是解釋自我控制的首要和唯一的變項。更確切的說，自我控制的發展可以在更廣闊的生態環境裡發生。較近期的研究根據橫剖性和縱貫性調查數據，說明了學校和社區作爲社會化生態環境媒介(ecological socializing agents)對自我控制的影響，也證實了這立論。

　　具體來說，有兩個核心的說法闡述這些脈絡性社會化(contextual socialization)來源如何塑造自我控制。第一，學校和社區層次的集體社會化(collective socialization)可以不受父母社會化的努力成果，而對青少年的自我控制有直接影響。在學校的層次，學校社會化(school socialization)（以學校的監管和學生對老師的依附量度）能規範孩童的

生活及教導他們自我克制和遵從合作(Burt et al. 2006; Chapple et al. 2010; Meldrum 2008; Turner et al. 2005)。在社區層次，社會解組理論(social disorganization theory)有助闡釋社區鄰里社會化與自我控制的關係 (Morenoff et al. 2001; Teasdale and Silver 2009; Wikström and Sampson 2003)。對研究自我控制的學者來說，社區鄰里不單影響違法行為的發生，也創造了一個在家以外來自社區居民對孩童聯合的社會化和支持，並或多或少也影響著自我控制發展是否成功。實證研究支持這論點，社區結構不利因素(neighborhood disadvantage)是預測自我控制的一個重要且獨立的因素，此外，社區鄰里的不利因素跟父母社會化也有著同樣強烈的效果（Boutwell and Beaver 2010; Lynam et al. 2000; Meldrum 2008; Pratt et al., 2004; Teasdale and Silver 2009; Turner et al. 2005；相反的研究結果參看 Gibson et al. 2010；Welch et al. 2008），當中社區結構的不利因素的量度指標包括客觀的結構障礙(objective structural barriers)（例如：收入在貧窮線水平以下、接受公共援助的比例、單親女性戶主的比例、居住流動性和移民聚集程度），另一類指標則指受訪者對社區規管／融合／集體效能／安全程度不足的看法。

第二項有關生態社會化媒介的論說，涉及這些媒介對於自我控制的間接效應：父母社會化在集體社會化的背景下如何進行。學校和社區鄰里的不理想環境可破壞父母社會化的努力成果；又或者，學校和社區鄰里的成功社會化，能為欠缺良好家庭社會化的青少年作出彌補。然而，現有的研究結果與這論述不太一致。Turner等人(2005)發現，當家庭未能履行社會化時，學校管教對於增強自我控制是很重要的；可是，他們另外的研究結果也顯示，只有在問題較少的社區裡，學校社會化才能有效地灌輸自我控制。同時，Teasdale 與 Silver 的研究(2009)發現，在紊亂的社區，父母對子女的社會化效應會退卻，繼而阻礙青少年的自我控制發展。Pratt 等人(2004)則持相反論證：在集體控制薄弱的社區，母親往往反而更嚴屬地管教子女，故此，居住在一個條件

不利的社區不一定使成年人擔當不稱職的父母角色。

綜合來說，過往研究說明了自我控制的社會化來源，能超越家庭層面而向社區鄰里和學校發展；然而，要注意的是，上述很多脈絡性社會化研究有方法上的限制(Teasdale and Silver 2009; Turner et al. 2005; Lynam et al. 2000; Gibson et al. 2010)。首先，代表社區鄰里不利因素的客觀結構障礙只是集體控制的代理指標（社會解組理論研究對這項操作化提出的相關評論，參看 Sampson and Groves 1989）。除了少數研究外(Gibson et al. 2010; Lynam et al. 2000; Teasdale and Silver 2009)，大部分研究的不足是倚賴個體層次的分析(individual-level analysis)，只憑個別受訪者對學校和社區情況的態度來推斷環境社會化的整體效應。一個伴隨的問題是：個人對於學校和社區鄰里環境的看法，不一定反映集體的狀況(Turner et al. 2005)。再者，欠缺自我控制的人的特質往往使他們對學校和社區存有負面的態度，反之亦然。這意味著個體層次分析未能確定環境脈絡和自我控制之間的相關(Teasdale and Silver 2009)。可以肯定的是，要以可取的方法去仿照脈絡效應(contextual effects)，和把它們跟個體層次的父母社會化效應區分，就是應用多層統計模型(multilevel modeling)（例子參看 Teasdale and Sliver 2009; Gibson et al. 2010）。

環境脈絡壓力與自我控制

宏觀層次的壓力理論與環境脈絡壓力

本研究以一個與自我控制的非社會化來源(non-socialization sources)有關的概念爲基礎。我們希望提出的新問題是：環境脈絡壓力對自我控制產生的影響。Agnew (1999)的宏觀層次壓力理論(macro-level strain theory)是由他的犯罪一般壓力理論(general strain theory of crime) (1992)發展而成的，與我們的焦點具密切關係。Agnew 的宏觀層次壓力理論

提供了一個分析框架，去探索社會化以外其他自我控制的脈絡性來源。

Agnew 的一般壓力理論在過去二十年已成為一個突出的犯罪學典範。它擴展了古典的壓力／失範理論，源於他描述三個造成壓力的關鍵狀況：無法達到目標(failure to achieve positively valued goals)、失去個人積極向上的欲望或失去積極的鼓勵(loss of positively valued stimuli)，和遭遇負面刺激(exposure to negative stimuli)可能會引起危害社會秩序的反應。這些造成壓力的情況會觸發負面情緒（包括憤怒、緊張、抑鬱），然後導致犯罪及越軌行為，從而緩和那些負面情緒與壓力。

有眾多的實證研究，證明一般壓力理論能作為違法及偏差行為的微觀層次模型(micro-level model of crime/delinquency)（參看 Agnew [2006]綜合回顧至 2006 年的文獻；近年的研究可參看 Botchkovar et al. 2009; Eitle 2010; Froggio and Agnew 2007）。然而，以往一般壓力理論的研究，鮮少注意壓力與低自我控制起源之關係。雖然有些壓力理論文獻曾檢驗自我控制，但它們只比較壓力和自我控制兩者對犯罪和偏差行為的獨立效應(Baron 2003; Botchkovar et al. 2009; Cheung and Cheung 2008; Slocum 2010)。還有其他研究集中把低自我控制，作為深化壓力對犯罪偏差行為的效應的條件性因素(conditioning factor)(Agnew et al. 2002; Cheung and Cheung 2010; Mazerolle and Maahs 2000)。結果，這一整體的一般壓力理論文獻，並不足以得出一個有關壓力如何預測自我控制的有意義結論。

為了涵蓋脈絡效應，我們在這裡強調 Agnew (1999)由一般壓力理論發展出來的宏觀層次壓力理論。生態環境影響犯罪偏差行為的論說，長期以來都以社會解組理論和次文化理論作為立論基礎，而宏觀層次壓力理論能為這些生態變化因素，提供一個額外而且能相互補足的解釋。這理論宣稱，犯罪偏差行為在宏觀層次和個體層次的變化，不但能以集體的社會控制和次文化來解釋，也可以從宏觀社會單位（例如：

社區鄰里和學校）中彙整(aggregate)層次壓力作分析。一方面，宏觀層次壓力理論提出，條件不利的宏觀社會單位（例如：不平等和缺乏合法機會）會增加整體宏觀單位的壓力和負面情緒，繼而令這宏觀單位的罪案率和偏差行為率上升。另一方面，一個更有趣的論點是：如果宏觀社會單位擁有一個壓力相當大的人口，居住在這單位內的人跟有壓力的人互動的機會便會增多，從而增強了個人負面情緒和接受以犯罪偏差行為作為回應壓力的可能性。

　　雖然宏觀層次壓力理論未被廣泛測試，而這套理論在預測自我控制的角色的證據更是匱乏，但其兩項僅有的實證研究(Brezina et al. 2001; Warner and Fowler 2003)結果均指出宏觀層次壓力理論有待更多考證的價值。第一項研究由 Brezina 等人(2001)帶領，他們利用學校層次的數據和分層分析模型，強調憤怒在壓力中具有重大影響的角色。如 Brezina 等人所示，控制了學校裡攻擊性(aggression)次文化的影響後，學生總體內集體層次的憤怒程度（作為量度宏觀單位的壓力）影響著學生個體層次的暴力行為。不過，Brezina等人的研究卻欠缺理論的核心部分──壓力的量度。第二項研究由 Warner 與 Fowler (2003)進行，他們採用了一些彙整壓力的量尺，檢視宏觀層次壓力理論的社區模型，發現社區解組(neighborhood disorganization)（以社會結構的不利因素和居住流動性作指標）會促成社區層次的壓力（只以居民被害經歷作指標），使社區的暴力罪案率上升。同樣具啟發性的結果是，把社區鄰里層次的壓力和集體控制變項同時加入統計模型中作比較，集體壓力依然對社區的暴力罪案率產生顯著效應，但集體控制的效應卻消失了。

自我控制的消耗

　　本文基於一個很強的原因提出壓力是一個可能影響自我控制發展的社會機制。依照Baumesiter等人(1994)的心理學研究，Muraven等人

(2006)的實驗發現，自我控制並不是固定不變的實體特質(physical trait)，它可被理解爲能耗盡的資源(resource)。這觀點跟 Gottfredson 與 Hirschi 的穩定性立論是相抵觸，因爲 Gottfredson 與 Hirschi 認爲自我控制於八至十歲定型，此後在生命歷程中維持高度穩定性、不易改變。不過，越來越多的縱貫追蹤研究(longitudinal panel studies)引證，自我控制在八至十歲之後（尤其在青少年期）仍有可變性(Burt et al. 2006; Hay and Forrest 2006; Turner and Piquero 2002; Winfree et al. 2006; Wright et al. 1999)。這種自我控制發展的持續可變性亦能預測生命歷程中犯罪偏差行爲逾四分之三的變化量(Vazsonyi and Huang 2010）。

進一步說，自我控制在八至十歲後的可變性，與其持續受社會因素影響的敏感度有很強的關聯(Burt et al. 2006; Hay and Forrest 2006; Tittle et al. 2004; Wright et al. 1999)。Muraven 等人(2006)強調，縱使擁有高度的自我控制，個人仍可能在自我控制耗盡期間，變得容易有犯罪傾向。他們提出自我控制消耗(self-control depletion)的一個緣由是壓力，由於壓力需求情緒管制，因此會消耗自我控制的資源去因應(Agnew et al. 2010)。同樣地，鑑於自我控制的不穩定性，Hay 與 Forest (2006: 762-763)引出一個近似的預測：「……當孩童遇到壓力很大的情況時，自我控制程度便會下降。這些消耗自我控制資源的壓力狀況，可能出現在家裡、居住社區或學校。」這些討論強化了我們探究形成自我控制的額外社會機制的信念。

本研究把宏觀層次壓力理論結合到自我控制消耗的論點，並定下假設：在一個社會單位裡，越多受壓的成員聚集，可能會增加這社會單位裡的人接觸到受壓和因壓力而有負面情緒成員的機會，也因此可能會互相激起壓力和負面情緒。由此可見，與負面情緒和壓力大的人口互動，是令人不快或感到敵對情緒，並需消耗自我控制的資源。相應地，一個社會單位具有較多壓力大的人時，個人的自我控制便有更多耗損與下調。在以下的分析，我們採用學校層次的數據去測試這個

觀點，即以學校的環境脈絡壓力（也就是學生總體的壓力程度）來預測對青少年個體的低自我控制之效應。

研究方法

數據和樣本

本文數據來自「社會結構不利因素、社會資本、個人心態與香港青少年賭博行為研究」(To Bet or Not to Bet: Structural Disadvantage, Social Capital, Individual Mentality and Adolescent Gambling in Hong Kong)。此研究項目於 2007 年 11 月至 2010 年 4 月由香港特別行政區政府轄下的研究資助局資助（研究編號 441507），研究旨在探討香港青少年的問題賭博模式，以及導致他們產生問題賭博行為的因素。本研究的主要設計是對香港中學生進行橫剖問卷調查。

此研究採用兩層抽樣設計(two-stage stratified sampling design)。第一層抽樣是從香港教育局的中學名單，按學校的資助類型（即公立和私立學校）作分層依據，隨機抽出學校樣本。在 127 所被選取的學校中，有 83 所參與調查；當中 66 所屬公立中學，17 所屬私立中學，回應率為 65.4%。學校不參與調查的兩個主要原因是校長拒絕和沒有回覆參與意向。在第二層校內抽樣，按學生的出生月份（本研究定為 3 月），從每所學校隨機抽出中一至中七的學生，在 83 所參與的學校中共抽出 5,523 名學生，當中有 4,734 名學生完成調查，回應率為 85.7%。

資料蒐集於 2008 年 2 月至 7 月進行。每所學校安排被選取的學生在午飯時間或放學後，在課室或禮堂內填寫自我報告的匿名問卷，由研究助理在場管理。問卷需時 40 分鐘完成。為進一步確保受訪者的資料保密，我們提供匿名信封以便受訪者把完成的問卷密封在內。

研究分析是基於 83 所學校的 4,734 名學生樣本，而每所學校有 21 至 115 名學生參與調查，均值(mean)是 57 名，標準差(standard deviation)是 25.6 名。受訪學生的年齡介乎 12 至 23 歲，平均為 16.39 歲；當中，50.6%是男性，49.4%是女性。所有數據是按個體蒐集，由於每名參與的學生都被編入所屬學校的代碼，因此可以把學生個體層次(individual level)的數據彙整至學校層次。

依變項：自我控制

本研究使用了過往文獻最常採用的自我控制測量——Grasmick 等人(1993)所訂的認知量尺(cognitive-based self-control scale)。這量尺包含了Gottfredson 與 Hirschi 詳列的六個構成低自我控制的面向：衝動、喜歡簡單多於複雜的工作、冒險傾向、愛好體力多於思考活動、自我中心及容易發脾氣。Gottfredson 與 Hirschi 也把自我控制視為單向的潛在特質，意指這些面向會滙集在同類型的人。此量尺已在多個不同的西方樣本(Vazsonyi et al. 2001; Tittle and Botchkovar 2005; Williams et al. 2007)和亞洲樣本(Rebellon et al. 2008; Vazsonyi et al. 2004)中被驗證效度。縱然目前已有四項研究以華人樣本測試自我控制理論(Cheung and Cheung 2008, 2010; Rebellon et al. 2008; Wang et al. 2002)，但這些研究尚未應用 Grasmick 等人的工具去評估自我控制。本研究首以華人社會樣本測試 Grasmick 等人的測量。

Grasmick 等人的量尺共有 23 項問題，以四點量表作答（非常同意＝1 分，非常不同意＝4 分）。自我控制的總量是 23 項的 z 分數(z-score)的總和，分數越高表示自我控制程度越高。這量尺顯示可靠信度（alpha 值 = .85）。依常見做法(Grasmick et al. 1993; Delisi et al. 2003; Tittle et al. 2003)，對這 23 項目進行主成份因子分析(principal components factor analysis)，以計算這些項目是否反映單向概念。我們的結果與過往研究一致：有多於一個分群(clustering)帶有加一的特徵值(eigenvalue) (5.74)，以及持續因子(subsequent factors)的差異幅度中含不連續性（差異為 3.91、0.13、0.39、0.12）；然而，第一與第二因子

相差最大，故此單因素解決方案看來是合理的。第一因子解釋了觀察項目(observed items)方差(variance)的 25%。從本文附錄可見，第一因子負荷量(loadings)為 .24 至 .65，當中大部分（18/23 的項目）是高於 .35。綜合而言，把 Grasmick 等人的自我控制量尺應用在本文的華人樣本中是可靠的。

自變項

1. 學校環境脈絡壓力

我們使用九個壓力自變項把一般壓力理論中形容的壓力操作化(operationalization)，包括生命壓力事件(stressful life events)、父母高壓式管教(coercive parenting)、家庭衝突(family conflict)、達到教育目標的阻礙(educational goal blockage)、與老師的負面關係(negative relations with teachers)、朋輩排擠(peer rejection)、學校失序壓力(perceived school disorder)、社區壓力(neighborhood strain)及日常生活困擾(life hassles)。

這些變項建基於以往壓力理論的研究，是從個體層次量度。基於我們在理論上的假設，在本研究中量度脈絡壓力的自變項，是代表一所學校內學生總體的壓力程度。通過計算同一校內學生受訪者的總均值，每個個體層次的壓力變項被彙整至學校層次的環境脈絡壓力變項。依此原則，本研究建立了「九項學校脈絡性壓力變項」。較高分數的學校脈絡性壓力變項，代表了學生總體具較高程度的壓力。此外，我們把九個脈絡壓力變項標準化後，合成一個「總學校脈絡性壓力變項」(composite school contextual strain)，這樣可以估計同一所學校學生總體的脈絡壓力對於個人的自我控制的積合效應。

生命壓力事件：我們把這概念操作化成為一個具六項指標的次數變項(count variable)，以量度受訪者在過去兩年受生活壓力事件困擾的數目。這些事件包括父母分居或離婚、家人去世、家人患重病或遇到

嚴重意外、被罰停學或被趕出校、父母失業、跟朋友絕交。分數越高代表越多生活壓力事件（alpha值 = .54；因子負荷量 = .49至.63）。

父母高壓式管教：以四項指標測量受訪者在過去兩年有多經常被以下事情困擾：被父母暴力對待，被父母大聲或粗言喝罵，被父母威嚇不要做錯事情、否則會被掌摑，父母很容易因小事而發怒。指標以四點量表作答（沒有＝0分；經常＝4分）。分數越高代表父母管教越是高壓（alpha值 = .76；因子負荷量由.67至.83）。

家庭衝突：以三項指標量度受訪者在過去兩年有多經常受以下事情困擾：跟父母爭吵、與兄弟姊妹相處不和、父母互相爭吵或打架。指標以四點量表作答（沒有＝0分；經常＝3分）。分數越高代表家庭裡有越多衝突（alpha值 = .60；因子負荷量由.71至.79）。

達到教育目標的阻礙：這變項量度對教育程度的抱負(aspiration)與期望(expectation)之間的落差，反映目標阻礙。抱負是指受訪者希望達到的教育程度，而期望則指受訪者認為實際可以達到的教育程度。這兩項問題以四點量表作答（初中＝1分、高中＝2分、預科或非學士學位＝3分、學士學位或以上＝4分）。這變項分數越高代表阻礙越大。

與老師的負面關係：以三項指標量度受訪者在過去兩年有多經常受以下事情困擾：跟老師有衝突、在學校經常被罰、因不懂得回答問題而被老師挖苦。指標以四點量表作答（沒有＝0分；經常＝3分）。分數越高代表跟老師的關係越差（alpha值 = .77；因子負荷量由.82至.84）。

朋輩排擠：以三項指標量度受訪者在過去兩年有多經常受到以下事情困擾：和同學或朋友不和、覺得同學或朋友看不起自己、被同學或朋友欺凌。指標以四點量表作答（沒有＝0分；經常＝3分）。分數越高反映跟同輩的關係越差（alpha值 = .75；因子負荷量由.79至.86）。

學校失序壓力：以五項指標量度受訪者在學校內，因學生秩序問

題而受困擾的程度。受訪者被問到在他們就讀的學校裡，覺得學生是
否有下列問題：課堂秩序差、學生在測驗或考試中作弊、學生吸煙、
學生賭錢和學生打架。指標以三點量表作答（沒有這問題 = 1 分、有
少許這問題 = 2 分、這問題頗嚴重 = 3 分）（alpha 值 = .79；因子負荷
量由 .59 至 .81）。若受訪者的分數高，代表他們在一個不愉快的學校
環境學習。

　　社區壓力：以九項指標量度受訪者居住的社區壓力有多大，受訪
者評估居住的社區是否存在下列問題：荒廢的房屋、日久失修的大廈、
吵嘈的鄰居、醉酒漢／露宿者／吸毒者、偷竊或搶劫、街道多垃圾或
有人隨地吐痰、牆壁塗鴉、公眾設施被破壞、青少年成群結黨流連街
頭或滋擾生事。指標以三點量表作答（沒有這問題 = 1 分、有少許這
問題 = 2 分、這問題頗嚴重 = 3 分）。分數越高反映社區壓力越多
（alpha 值 = .87；因子負荷量由 .58 至 .78）。

　　日常生活困擾：以五項指標量度受訪者是否同意以下看法：「我
不受異性歡迎」、「我的外表不好看」、「我很難結識朋友」、「父
母完全消費不起我想買的衣服」和「我不滿意現在我獲得的零用錢」。
這五項指標以四點量表作答（非常不同意 = 1 分；非常同意 = 4 分）。
分數越高代表越多因生活困擾而無法達到目標（alpha 值 = .71；因子負
荷量由 .57 至 .80）。

2. 父母社會化

　　本文以父母的約束(control)與依附(attachment)量度父母社會化作為
個體層次的重要控制變項。先前已指出，過去有關父母管教與自我控
制的研究不但支持 Gottfredson 與 Hirschi 所強調父母約束的重要性，而
且提出父母的依附對於社會化，以至於孩子的自我控制都有幫助。本
文的受訪者依據升讀中一後至受訪期間，對父母的約束和對父母的依
附的平均狀況作出回應。由於研究設計屬橫剖性，所以我們認為在展
示父母社會化對自我控制發展的可能性影響上，這是一個較好的評估

方法。

父母約束：以四項指標量度，(1)當你想外出時，是否需要徵求父母的同意？（沒有＝1分；經常＝4分）；(2)父母是否留意你如何使用空閒時間？（沒有＝1分；經常＝4分）；(3)當父母發現你有不當行為的時候，會給你指正或教導嗎？（沒有＝1分；經常＝4分）；(4)當父母教訓你的時候，你認為他們對你的教訓有道理嗎？（完全沒道理＝1分；完全有道理＝4分）。四項指標分數加起來後，便成為父母約束的測量。分數越高代表父母約束越多（alpha值＝.68；因子負荷量由 .53 至 .77）。

對父母依附：以五項指標量度，(1)你覺得父母是否明白你？（非常不明白＝1分；非常明白＝4分）；(2)你覺得父母是否關心你？（非常不關心＝1分；非常關心＝4分）；(3)你的父母樂意聆聽你的想法或意見嗎？（非常不樂意＝1分；非常樂意＝4分）；(4)父母是否跟你談論你的學業成績、課堂裡學習的東西、或你感興趣的學校活動和事情？（沒有＝1分；經常＝4分）；(5)父母有多經常參加學校家長教師會舉辦的活動？（沒有＝1分；經常＝4分）。四項指標分數總和越高，代表對父母的依附越多（alpha 值＝.73；因子負荷量由 .41 至 .81）。

3. 學校社會化

通過約束與支援，學校內有效的社會化有利建立自我控制，故我們在分析中應把它的影響納入為控制變項。學校社會化不等同學校脈絡性壓力，學校社會化意指正面的社會化功能，而學校脈絡性壓力意含負面作用。學校社會化的測量將受訪者對學校的約束和支援的回答彙整至學校層次的變項，以同一校內學生受訪者的總均值表示該校的社會化分數，這方法能讓我們估計學校之間社會化的差異。

學校約束：受訪者評估就讀學校對學生的管教程度的看法，以五點量表作答（1＝非常鬆；5＝非常嚴）。分數越高代表該學校在監管學生方面做得越好。

　　學校支援：以兩項指標測量受訪者對以下問題的看法，(1)你的老師是否關心學生學習以外的事情（例如個人興趣／情緒、交友、家庭等）？（非常不關心 = 1 分；非常關心 = 4 分）；(2)你的老師是否樂意聽取學生的意見？（非常不樂意＝1 分；非常樂意＝4 分）。兩項指標分數總和越高，代表該學校老師的支援越多，使學校社會化越有效（alpha 值 = .76）。

4. 控制變項

　　本文分析亦包括個體層次的社會人口控制變項(sociodemographic controls)，即性別（女＝0；男＝1）、年齡、家庭結構完整性和父母社會經濟地位，使與理論相關的自變項和自我控制的關係不受社會人口特徵影響。自我控制理論也提出，自我控制之高低在性別和年齡上存有差異。源於性別社會化，女性比男性受到父母較嚴的管教，所以女性的自我控制力比男性高。年齡方面，較年長的自我控制力培育較成熟，所以年長的比年輕的自我控制力較好。

　　家庭結構完整性和父母社會經濟地位亦會影響父母社會化的功能。家庭結構完整性指標，測量受訪者從幼年起大部分時間是否與親生父母同住（跟親生父母同住＝1 分；其他安排＝0 分）。父母社會經濟地位的量度由父母親的教育程度（低於初中＝1 分；初中＝2 分；高中＝3 分；預科／非學士學位＝4 分；學士學位或以上＝5 分）及其職業地位（體力勞動工人／家庭主婦＝1 分；文員／服務工作人員＝2 分；經理／行政人員／專業人員／自僱人士 ＝ 3 分）組成，分數越高代表社會經濟地位越高（alpha 值 = .64；因子負荷量由 .40 至 .84）。

　　本文各變項的描述統計見表 1。本研究數據含分層結構（即學校層次和學生個體層次），故採用分層線性模型(hierarchical linear model-HLM 6.02) (Raudenbush and Bryk 2002)檢測研究假設——即學校內學生總體受壓程度（學校層次脈絡壓力）對青少年自我控制（個體層次）的效應。

表 1　變項描述性統計

	區間	均值	標準差
學校層次變項(*n* = 83)			
生命壓力事件	0-6	0.67	0.18
父母高壓式管教	0-12	2.27	0.45
家庭衝突	0-9	2.15	0.42
達到教育目標的阻礙	-3-3	0.54	0.19
與老師的負面關係	0-9	1.28	0.78
朋輩排擠	0-9	1.36	0.56
學校失序壓力	5-15	8.19	0.89
社區壓力	9-27	11.75	1.53
日常生活困擾	5-20	10.69	0.59
總學校脈絡壓力	-12.54-19.98	0.00	1.06
學校約束	1-5	3.19	0.46
學校支援	2-8	5.75	0.23
個體層次(*n* = 4,734)			
自我控制	23-92	60.97	8.92
父母約束	4-16	11.89	2.51
對父母依附	5-20	13.24	2.72
父母社會經濟地位	-7.54-9.07	0.00	2.74
家庭結構完整性（1＝與親生父母同住）	0-1	0.91	0.28
性別（女＝0，男＝1）	0-1	0.51	0.50
年齡	12-23	16.39	1.73

註 1：各變項的描述性統計包含已插補的數據缺失值。本文使用多重插補法(multiple imputation) (King et al. 2001)處理缺失值。

註 2：學校層次變項反映屬同一學校受訪者總體均值。

研究結果

二元相關

本文報告分層線性模型結果之前，先測量各自變項與自我控制的

二元關聯（見表 2 和表 3）。在表 2，父母約束(*r* = .255)和依附(*r* = .267)與自我控制呈顯著正向零階相關。社會人口特徵包括父母社會經濟地位(*r* = .039)、家庭結構完整性(*r* = .039)、性別(*r* = -.124)和年齡(*r* = .021)跟自我控制也有顯著相關。在表 3 關於學校層次方面，七項學校脈絡壓力與自我控制呈顯著負向零階相關，包括生命壓力事件(*r* = -.364)、父母高壓式管教(*r* = -.148)、達到教育目標的阻礙(*r* = -.398)、朋輩排擠

表 2　個體層次變項的二元相關

	1	2	3	4	5	6	7
1 自我控制	1.00						
2 父母約束	.255**	1.00					
3 對父母依附	.267**	.567**	1.00				
4 父母社會經濟地位	.039**	.173**	.195**	1.00			
5 家庭結構完整性 （1＝與親父母同住）	.039**	.097**	.109**	-.023	1.00		
6 性別（女＝0，男＝1）	-.124**	-.105**	-.031*	-.047**	.009	1.00	
7 年齡	.021*	-.170**	-.105**	-.150**	.010	-.015	.100

p < .05, ** *p* < .01

表 3　學校層次變項的二元相關

	1	2	3	4	5	6	7	8	9	10	11	12	13
1 自我控制	1.00												
2 生命壓力事件	-.364**	1.00											
3 父母高壓式管教	-.148*	.436**	1.00										
4 家庭衝突	-.029	.328**	.707**	1.00									
5 達到教育目標的阻礙	-.398**	.330**	.270**	.060	1.00								
6 與老師的負面關係	-.031	.233**	.299**	.267*	.024	1.00							
7 朋輩排擠	-.359**	.211**	.106	.153	.208	-.039	1.00						
8 學校失序壓力	-.464**	.475**	.304**	.051	.635**	.062	.315**	1.00					
9 社區壓力	-.148*	.138	.377**	.431**	.202	-.069	.162	.337**	1.00				
10 日常生活困擾	-.403**	.138	.003	-.194	.362**	-.127	.253*	.418**	.358**	1.00			
11 總學校脈絡壓力	-.452**	.652**	.694**	.556**	.613**	.327**	.469**	.713**	.582**	.438**	1.00		
12 學校約束	.098*	.024	.219**	.234*	-.001	.103	-.163	-.266*	-.074	-.272*	-.039	1.00	
13 學校支援	.103*	.099	-.110	-.035	-.055	-.031	-.141	-.153	-.093	-.260*	-.154	.247*	1.00

p < .05, ** *p* < .01

(r = -.359)、學校失序壓力 r = -.464)、社區壓力(r = -.148)及日常生活困擾(r = -.403)。學校約束(r = .098)及學校支援(r = .103)跟自我控制亦有顯著正向相關。

帶隨機效應的無條件單因方差分析模型

在檢定學校脈絡壓力與青少年自我控制相關之前，我們須先測量自我控制在學校之間是否有顯著變化程度，故我們採用帶隨機效應的無條件單因方差分析模型(unconditional one-way ANOVA model with random effects)（見表 4），並計算「組內相關係數」(intraclass correlation coefficient)作出估計。自我控制的無條件總方差（即 $Var(\mu_{0j})$＋$Var(\gamma_{ij})$）成分，包含學校之間(between schools)方差 [$Var(\mu_{0j})$] 和學校內學生個體之間(within schools/between individuals)方差[$Var(\gamma_{ij})$]。組內相關係數的方程（即 $Var(\mu_{0j})$ / $Var(\mu_{0j})$ + $Var(\gamma_{ij})$）意指，在自我控制總方差中，學校之間方差所占的比例，亦稱群效應(cluster effect)。表 4 列出，大部分的自我控制變化量始於校內個體層次(97.2%)，而在學校層次群效應所占的比例有 2.7%，這比例在統計上是顯著的。

縱然，這裡得出的學校群效應比例較小，但分層分析文獻曾指出環境脈絡層次所解釋的依變項方差比例通常不多於 5%至 10%，而低比例並不意味環境脈絡效應不重要 (Felson et al. 1994: 163)。有一些相關

表 4　帶隨機效應的無條件單因方差分析模型：學校之間對自我控制值的群效應

固定效應(Fixed effect)	係數	標準誤		
自我控制總均值(Grand mean), γ_{00}	-.009	.024		
隨機效應(Random effect)	方差成分	自由度	χ^2	p 值
學校之間(Between schools) 群效應，μ_{0j}	.027	82	217.651	.000
學校之內(Within schools)（即個體學生層次）效應, γ_{ij}	.972			

研究也得到相約比例，比如，Gibson 等人(2010) 採用美國芝加哥社區研究(Project on Human Development in Chicago Neighborhoods)資料所進行的分析，發現社區脈絡層次解釋 2.6%的自我控制變化；Teasdale 與 Silver (2009)採用美國全國性青少年健康縱貫研究(National Longitudinal Study of Adolescent Health)資料的分析亦顯示，5%自我控制變化是源自社區單位之間的差異。到目前為止，從學校脈絡層次分析自我控制變化的研究非常有限，但其他有關從學校層次分析青少年偏差行為和藥物濫用研究相繼發現，學校層次變化的組內相關係數為 1%至 10% (Brezina et al. 2001; Hoffmann 2006; Kumar et al. 2002)。也就是說，本研究結果中，學校群效應所解釋的自我控制方差低比例是正常的，且證實以學校層次作自我控制分析是具研究意義。

條件性隨機截距模型

表 5 列出兩層條件性隨機截距模型(conditional random-intercept models)分析結果。這兩層模型同時估計學校層次的自變項（即學校脈絡性壓力和學校社會化）與個體學生層次的自變項（即父母社會化和社會人口特徵）對自我控制依變項之效應。這兩層模型的方程組合如下：

層-1（學校內／個體層次）：

$Y_{ij} = \beta_{0j} + \beta_{1j}$（父母約束$_{ij}$）$+ \beta_{2j}$（對父母依附$_{ij}$）$+ \Sigma_p\beta_{3jp}$（社會人口控制變項$_{ijp}$）$+ \gamma_{ij}$

層-2（學校層次）：

$\beta_{0j} = \gamma_{00} + \Sigma_q\gamma_{01q}$（學校脈絡性壓力$_{jq}$）$+ \gamma_{02}$（學校約束$_j$）$+ \gamma_{03}$（學校支援$_j$）$+ \mu_{0j}$

其中：

Y_{ij}為層-1學校 j 內個人學生 i 的自我控制值；

β_{0j}為層-1學校 j 內學生的平均自我控制值截距；

β_{1j}和β_{2j}為層−1 學校j內個人學生i的父母約束和對父母依附的效應；

β_{3jp}為層−1 學校j內個人學生i的各社會人口控制變項的效應；

γ_{ij}為層−1 學校j內個人學生i的隨機效應；

γ_{00}為層−2 學校所有單位的平均自我控制值截距（即總均值 grand mean）；

γ_{01q}為層−2 學校j單位的各學校脈絡性壓力變項的效應；

γ_{02}和γ_{03}為層−2 學校j單位的約束和支援的效應；

μ_{0j}為層−2 學校群的隨機效應。

表 5 包含五個預測自我控制的模型。表 5 模型 1 不包括個體學生層次變項，僅初步檢驗學校層次的九項學校脈絡壓力和學校社會化變項對自我控制的影響。四項學校脈絡壓力變項與自我控制呈顯著負向關聯，包括生命壓力事件、朋輩排擠、學校失序壓力及日常生活困擾，意即若個人身處的學校裡，學生總體受到這四種壓力程度越高，所產生環境脈絡壓力也就越大，令其自我控制也相繼下降。在學校社會化變項中，學校約束呈顯著正向效應，但學校支援則沒有顯著相關，意即個人就讀的學校所施的監管越多，其自我控制程度也就越高。

模型2同樣地只估計學校層次的學校脈絡壓力和學校社會化變項，但這模型將九項學校脈絡壓力，合成總學校脈絡壓力，以測量其積效應。結果顯示，總學校脈絡壓力對自我控制呈顯著負向學校層次積效應$(-.033, p < .001)$。此結果初步符合研究假設：學校裡學生總體受壓的積效應大會減弱個人的自我控制。另外，在模型 2，當引入總學校脈絡壓力變項後，之前在模型 1 所發現的學校約束效應卻消退了，跌出顯著度，其中的原因可能是受壓的學生群越大，會妨礙學校施行有效約束。

模型 3 僅估計個體層次的父母社會化和社會人口特徵變項，不包

表 5　預測自我控制值之分層線性模型

固定效應	模型 1		模型 2		模型 3		模型 4		模型 5	
	係數	標準誤	係數	標準誤	係數	標準誤	係數	標準誤	係數	標準誤
截距, γ_{00}	-.023	.019	-.023	.022	-.005	.019	-.016	.016	-.014	.018
學校層次										
學校脈絡壓力										
生命壓力事件	-.029	.025*					-.056	.022*		
父母高壓式管教	-.007	.031					-.021	.027		
家庭衝突	-.031	.034					-.013	.030		
達到教育目標的阻礙	-.007	.025					-.008	.022		
與老師的負面關係	-.009	.018					-.004	.015		
朋輩排擠	-.084	.030**					-.087	.027**		
學校失序壓力	-.054	.032*					-.001	.028		
社區壓力	-.007	.035					-.007	.031		
日常生活困擾	-.061	.025*					-.036	.022		
總學校脈絡壓力			-.033	.005***					-.021	.004***
學校約束	.039	.022*	.005	.023			.037	.019*	.022	.019
學校支援	.011	.021	.011	.023			.032	.018	.026	.019
個體層次										
父母約束					.149	.017***	.147	.017***	.148	.017***
對父母依附					.186	.017***	.185	.017***	.184	.017***
父母社會經濟地位					-.007	.005	-.010	.005	-.009	.005
家庭結構完整性					.009	.049	.003	.049	.004	.049
性別（女 = 0，男 = 1）					-.196	.029***	-.193	.029***	-.195	.029***
年齡					.036	.008***	.035	.008***	.036	.008***
隨機效應	方差成分									
學校組間 μ_{0j}	.008		.018		.012		.004		.008	
個體層次 γ_{ij}	.974		.972		.887		.889		.888	

註：學校層次及個體層次自變項按總平均數對中(grand-mean centering)作定位。
* $p < .05$, ** $p < .01$, *** $p < .001$

括學校層次變項。兩個父母社會化變項（父母約束和對父母依附）與個人自我控制有顯著的正向相關，這表示青少年的父母在約束和依附這兩方面做得越多，社會化會越有效，有助提升個人自我控制力，也支持 Gottfredson 與 Hirschi 強調父母社會化重要性的立論。此外，性別及年齡（社會人口特徵）與個人自我控制也有顯著相關，男性和年齡

較低的青少年的自我控制力較弱。父母社會經濟地位和家庭結構完整性對自我控制程度卻沒顯著效應。

模型 4 是全模型，同時比較學校層次和個體層次變項對個人自我控制的效應。控制了個體層次自變項後，對個人自我控制有顯著影響的學校脈絡壓力自變項只包括生命壓力事件和朋輩排擠變項，其他學校脈絡壓力變項則沒有顯著相關。學校層次的學校約束變項也有顯著正向效應，學校支援的相關仍不顯著。控制學校層次變項後，兩個父母社會化變項（父母約束和對父母依附）的顯著正向相關依然存在。

最後，模型 5 亦是全模型，但引入總學校脈絡壓力變項來評估積效應。控制了所有次變項後，縱然總學校脈絡壓力變項對個人自我控制的影響有輕微下降，但其仍產生顯著的反向積效應(-.021, $p <$ .001）。另一值得注意的，是兩個父母社會化變項——父母約束(.148, $p <$ .001)和對父母依附(.184, $p <$ .001)——對自我控制變項依然維持顯著效應，且它們的效應是相對較強和最穩定的。性別(-.195, $p <$ .001)和年齡(.036, $p <$ .001)跟自我控制變項也是顯著相關，它們的效應也是較穩定。

總結

近年自我控制理論研究已探索和證實分層社會化因素與自我控制建立之間的關聯，不過仍有局限，倘未開展自我控制社會化以外的社會性來源。據此，本文指證超越個體層次分析的重要性，必須進入環境脈絡性壓力的範疇來檢視對個人自我控制力高低的效果。為了測試此一理論假設，本文鎖定學校脈絡作為考察目標，並建構宏觀（學校）層次的脈絡壓力指標，來解釋個別青少年自我控制的差異，從而增進對自我控制社會性來源的了解。

本文的華人青少年樣本結果支持自我控制理論有關社會化的觀點，

即父母社會化對青少年的自我控制有顯著、最強和穩定的效應，這結果與西方青少年自我控制研究亦相吻合，展示了自我控制理論具跨文化預測力。需注意的是，自我控制論指出孩童時期父母社會化最具影響力，本研究雖受資料所限，文中父母社會化的測量非屬孩童時父母施行的社會化，不過西方研究發現青少年期父母社會化仍對青少年的自我控制發展產生影響(Burt et al. 2006; Hay and Forrest 2006)，所以本研究所得的結果仍具參考作用。往後研究應測量父母於子女孩童時期所施的社會化，並與青少年期父母社會化的相對效力作比較，拓展這華人青少年研究發現的重要性。

此外，在本文的分層模型中，學校社會化對自我控制的預測力並未如我們所推測的那麼穩定，這結果亦似乎有別於西方樣本研究的結果，其一可能性是由於本研究測量學校社會化的指標有限（僅有三項），未能完全反映學校社會化的狀況，因此，日後研究值得採用更多華人青少年樣本和全面的學校社會化量尺作分析，深入考察學校社會化與自我控制在華人社會的關聯性。

更重要的，本研究結果顯示，以學校作為宏觀脈絡單位，發現學校層次的環境脈絡壓力（尤以積效應作測量）顯著降低青少年的自我控制力；即使控制了父母社會化、學校社會化和社會人口特徵自變項，學校脈絡壓力的累積性效應依然維持。當中，學生總體的生命壓力事件和朋輩排擠的脈絡壓力自變項對自我控制力的影響尤為明顯，而總學校脈絡壓力的累積效力的存在，表示其他壓力變項的效應是有的，但不及生命壓力事件和朋輩排擠那麼強。總的來說，研究結果支持我們的假設：個人低自我控制力至少部分是源於環境脈絡壓力，即一所學校裡越多學生受到壓力，會增加就讀的學生接觸到受壓和因壓力而有情緒困擾的學生，使青少年消耗自我控制的資源跟負面情緒和壓力大的同學互動，繼而會削弱個別學生的自我控制，造成較低的自我控制；反之，一所學校較少有受壓學生聚集，就讀青少年面對自我控制

消耗的情況便會較少。

　　與個體層次指標的效應相比下，雖然環境脈絡壓力的統計效應不強，但以檢驗理論命題的角度來看，還是有意義的。本研究結果的理論啟示，犯罪學中的壓力理論典範 (strain paradigm)及 Agnew 的宏觀層次壓力理論不僅能解釋犯罪偏差行為，並能剖析個人自我控制程度的差異、穩定性和變化。日後自我控制理論研究在檢驗自我控制的來源與發展時，須越出社會化作為自我控制來源的框架，把視野延伸至非社會化的因素（比如壓力環境）。當然，本研究只局限於華人青少年樣本，推論程度有限，往後需要更多跨文化地域的樣本數據驗證本文的結果。

　　最後，由於本研究資料有限，未能如自我控制理論所推測的自我控制於八至十歲時定型，把其引入作為控制變項，此缺點可能使本研究結果含系統性選擇偏差(systematic selection bias)。這意指本文所發現的學校脈絡壓力與自我控制的相關，可能是青少年本身在八至十歲時已定型的自我控制程度的後果。若青少年本身在八至十歲定型時屬低自我控制的一群，他們會受低自我控制特質的影響，而陷入較差、約束較弱、受壓學生較多的學校。故此，日後研究必須包括幼年個人自我控制程度，才能更清晰地確立學校脈絡壓力對自我控制的淨效應。

參考文獻

Agnew, Robert (1992) Foundation for a General Strain Theory of Crime and Delinquency. *Criminology* 30: 47-87.

——(1999) A General Strain Theory of Community Differences in Crime Rates. *Journal of Research in Crime and Delinquency* 36: 123-155.

——(2006) *Pressured Into Crime: An Overview of General Strain Theory*. Los Angeles, CA: Roxbury Publishing Company.

Agnew, Robert, Timothy Brezina, John P. Wright, and Francis T. Cullen (2002)

Strain, Personality Traits, and Delinquency: Extending General Strain Theory. *Criminology* 40: 43-71.

Agnew, Robert, Jessica Grosholz, Deena Isom, Heather Scheuerman, and Lesley Watson (2010) Strain as a Source of Low Self-Control. Paper presented at the annual meeting of the American Society of Criminology, San Francisco, USA.

Baron, Stephen W. (2003) Self-Control, Social Consequences, and Criminal Behavior: Street Youth and the General Theory of Crime. *Journal of Research in Crime and Delinquency* 40: 403-425.

Baumeister, Roy F., Todd F. Heatherton, and Dianne M. Tice (1994) *Losing Control: How and Why People Fail at Self-Regulation*. San Diego, CA: Academic Press.

Bossler, Adam M., and Thomas J. Holt (2010) The Effect of Self-Control on Victimization in the Cyberworld. *Journal of Criminal Justice* 38: 227-236.

Botchkovar, Ekaterina V., Charles R. Tittle, and Olena Antonaccio (2009) General Strain Theory: Additional Evidence Using Cross-Cultural Data. *Criminology* 47: 131-176.

Boutwell, Brian B., and Kevin M. Beaver (2010) The Intergenerational Transmission of Low Self-Control. *Journal of Research in Crime and Delinquency* 47: 174-209.

Brezina, Timothy, Alex R. Piquero, and Paul Mazerolle (2001) Student Anger and Aggressive Behavior in School: An Initial Test of Agnew's Macro-Level Strain Theory. *Journal of Research in Crime and Delinquency* 38: 362-386.

Burt, Callie H., Ronald L. Simons, and Leslie G. Simons (2006) A Longitudinal Test of the Effects of Parenting and the Stability of Self-Control: Negative Evidence for the General Theory of Crime. *Criminology* 44: 353-396.

Chapple, Constance L., Jamie Vaske, and Trina L. Hope (2010) Sex Differences in the Causes of Self-Control: An Examination of Mediation, Moderation, and Gendered Etiologies. *Journal of Criminal Justice* 38: 1122-1131.

Cheung, Nicole W. T., and Yuet W. Cheung (2008) Self-Control, Social Factors, and Delinquency: A Test of the General Theory of Crime Among Adolescents in Hong Kong. *Journal of Youth and Adolescence* 37: 412-430.

——(2010) Strain, Self-Control, and Gender Differences in Delinquency Among Chinese Adolescents: Extending General Strain Theory. *Sociological Perspectives* 53: 321-345.

Cochran, John K., Peter B. Wood, Christine S. Sellers, Wendy Wilkerson, and Mitchell B. Chamlin (1998) Academic Dishonesty and Low Self-Control: An Empirical Test of a General Theory of Crime. *Deviant Behavior* 19: 227-255.

Delisi, Matt, Andy Hochstetler, and Daniel S. Murphy (2003) Self-Control Behind Bars: A Validation Study of the Grasmick et al. Scale. *Justice Quarterly* 20: 241-263.

Eitle, David (2010) General Strain Theory, Persistence, and Desistance among Young Adult Males. *Journal of Criminal Justice* 38: 1113-1121.

Felson, Richard B., Allen E. Liska, Scott J. South, and Thomas L. McNulty (1994) The Subculture of Violence and Delinquency: Individual vs. *School Context Effects. Social Forces* 73: 155-173.

Froggio, Giacinto, and Robert Agnew (2007) The Relationship Between Crime and "Objective" Versus "Subjective" Strains. *Journal of Criminal Justice* 35: 81-87

Gibbs, John J., Dennis Giever, and Jamie S. Martin (1998) Parental Management and Self-Control: An Empirical Test of Gottfredson and Hirschi's General Theory. *Journal of Research in Crime and Delinquency* 35: 40-70.

Gibbs, John J., Dennis Giever, and George E. Higgins (2003) A Test of Gottfredson and Hirschi's General Theory Using Structural Equation Modeling. *Criminal Justice and Behavior* 30: 441-458.

Gibson, Chris L., Christopher J. Sullivan, Shayne Jones, and Alex R. Piquero (2010) "Does It Take a Village?" Assessing Neighborhood Influences on Children's Self-Control. *Journal of Research in Crime and Delinquency* 47: 31-62.

Gottfredson, Michael R., and Travis Hirschi (1990) *A General Theory of Crime.* Stanford, CA: Stanford University Press.

Grasmick, Harold G., Charles R. Tittle, Robert J. Bursik, and Bruce J. Arneklev (1993) Testing the Core Empirical Implications of Gottfredson and Hirschi's General Theory of Crime. *Journal of Research in Crime and*

Delinquency 30: 5-29.

Hay, Carter (2001) Parenting, Self-Control, and Delinquency: A Test of Self-Control Theory. *Criminology* 39: 707-736.

Hay, Carter, and Walter Forrest (2006) The Development of Self-Control: Examining Self-Control Theory's Stability Thesis. *Criminology* 44: 739-774.

Hoffmann, John P. (2006) Extracurricular Activities, Athletic Participation, and Adolescent Alcohol Use: Gendered-Differentiated and School-Contextual Effects. *Journal of Health and Social Behavior* 47: 275-290.

Holtfreter, Kristy, Michael D. Reisig, and Travis C. Pratt (2008) Low Self-Control, Routine Activities, and Fraud Victimization. *Criminology* 46: 189-220.

Hope, Trina L., and Constance L. Chapple (2005) Maternal Characteristics, Parenting, and Adolescent Sexual Behavior: The Role of Self-Control. *Deviant Behavior* 26: 25-45.

Hope, Trina L., Harold G. Grasmick, and Lura J. Pointon (2003) The Family in Gottfredson and Hirschi's General Theory of Crime: Structure, Parenting, and Self-Control. *Sociological Focus* 36: 291-311.

King, Gary, James Honaker, Anne Joseph, and Kenneth Scheve (2001) Analyzing Incomplete Political Science Data: An Alternative Algorithm for Multiple Imputation. *American Political Science Review* 95: 49-69.

Kumar, Revathy, Patrick M. O'Malley, Lloyd D. Johnston, John E. Schulenberg, and Jerald G. Bachman (2002) Effects of School-Level Norms on Student Substance Use. *Prevention Science* 2: 105-124.

Latimore, T. Lorraine, Charles R. Tittle, and Harold G. Grasmick (2006) Childrearing, Self-Control, and Crime: Additional Evidence. *Sociological Inquiry* 76: 343-371.

Lynam, Donald R., Avshalom Caspi, Terrie E. Moffitt, Per-Olof H. Wikström, Rolf Loeber, and Scott Novak (2000) The Interaction Between Impulsivity and Neighborhood Context on Offending: The Effects of Impulsivity Are Stronger in Poorer Neighborhoods. *Journal of Abnormal Psychology* 109: 563-574.

Mazerolle, Paul, and Jeff Maahs (2000) General Strain and Delinquency: An

Alternative Examination of Conditioning Influences. *Justice Quarterly* 17: 753-778.

Meldrum, Ryan C. (2008) Beyond Parenting: An Examination of the Etiology of Self-Control. *Journal of Criminal Justice* 36: 244-251.

Morenoff, Jeffrey D., Robert J. Sampson, and Stephen W. Raudenbush (2001) Neighborhood Inequality, Collective Efficacy, and the Spatial Dynamics of Urban Violence. *Criminology* 39: 517-560.

Muraven, Mark, Greg Pogarsky, and Dikla Shmueli (2006) Self-Control Depletion and the General Theory of Crime. *Journal of Quantitative Criminology* 22: 263-277.

Nofziger, Stacy (2008) The "Cause" of Low Self-Control: The Influence of Maternal Self-Control. *Journal of Research in Crime and Delinquency* 45: 191-224.

Perrone, Dina, Christopher J. Sullivan, Travis C. Pratt, and Satenik Margaryan (2004) Parental Efficacy, Self-Control, and Delinquency: A Test of a General Theory of Crime on a Nationally Representative Sample of Youth. *International Journal of Offender Therapy and Comparative Criminology* 48: 298-312.

Piquero, Alex R., John MacDonald, Adam Dobrin, Leah E. Daigle, and Francis T. Cullen (2005) Self-Control, Violent Offending, and Homicide Victimization: Assessing the General Theory of Crime. *Journal of Quantitative Criminology* 21: 55-71.

Polakowski, Michael (1994) Linking Self- and Social Control with Deviance: Illuminating the Structure Underlying a General Theory of Crime and Its Relation to Deviant Activity. *Journal of Quantitative Criminology* 10: 41-78.

Pratt, Travis C., and Francis T. Cullen (2000) The Empirical Status of Gottfredson and Hirschi's General Theory of Crime: A Meta-Analysis. *Criminology* 38: 931-964.

Pratt, Travis C., Michael G. Turner, and Alex R. Piquero (2004) Parental Socialization and Community Context: A Longitudinal Analysis of the Structural Sources of Low Self-Control. *Journal of Research in Crime and Delinquency* 41: 219-243.

Raudenbush, Stephen W., and Anthony S. Bryk (2002) *Hierarchical Linear Models: Applications and Data Analysis Methods*. Thousand Oaks, CA: Sage.

Rebellon, Cesar J., Murray A. Straus, and Rose Medeiros (2008) Self-Control in Global Perspective: An Empirical Assessment of Gottfredson and Hirschi's General Theory Within and Across 32 National Settings. *European Journal of Criminology* 5: 331-362.

Sampson, Robert J., and W. Byron Groves (1989) Community Structure and Crime: Testing Social-Disorganization Theory. *American Journal of Sociology* 94: 774-802.

Schreck, Christopher J. (1999) Criminal Victimization and Low Self-Control: An Extension and Test of a General Theory of Crime. *Justice Quarterly* 16: 633-654.

Slocum, Lee A. (2010) General Strain Theory and the Development of Stressors and Substance Use Over Time: An Empirical Examination. *Journal of Criminal Justice* 38: 1100-1112.

Teasdale, Brent, and Eric Silver (2009) Neighborhoods and Self-Control: Toward an Expanded View of Socialization. *Social Problems* 56: 205-222.

Tittle, Charles R., and Ekaterina V. Botchkovar (2005) Self-Control, Criminal Motivation and Deterrence: An Investigation Using Russian Respondents. *Criminology* 43: 307-353.

Tittle, Charles R., David A. Ward, and Harold G. Grasmick (2003) Self-Control and Crime/Deviance: Cognitive vs. Behavioral Measures. *Journal of Quantitative Criminology* 19: 333-365.

——(2004) Capacity for Self-Control and Individuals' Interest in Exercising Self-Control. *Journal of Quantitative Criminology* 20: 143-172.

Turner, Michael G., and Alex R. Piquero (2002) The Stability of Self-Control. *Journal of Criminal Justice* 30: 457-471.

Turner, Michael G., Alex R. Piquero, and Travis C. Pratt (2005) The School Context as a Source of Self-Control. *Journal of Criminal Justice* 33: 327-339.

Unnever, James D., Francis T. Cullen, and Travis C. Pratt (2003) Parental Management, ADHD, and Delinquent Involvement: Reassessing

Gottfredson and Hirschi's General Theory. *Justice Quarterly* 20: 471-500.

Unnever, James D., Francis T. Cullen, and Robert Agnew (2006) Why Is "Bad" Parenting Criminogenic? Implications From Rival Theories. *Youth Violence and Juvenile Justice* 4: 3-33.

Vazsonyi, Alexander T., and Lara M. Belliston (2007) The Family, Low Self-Control, Deviance: A Cross-Cultural and Cross-National Test of Self-Control Theory. *Criminal Justice and Behavior* 34: 505-530.

Vazsonyi, Alexander T., and Li Huang (2010) Where Self-Control Comes From: On the Development of Self-Control and Its Relationship to Deviance Over Time. *Developmental Psychology* 46: 245-257.

Vazsonyi, Alexander T., Lloyd E. Pickering, Marianne Junger, and Dick Hessing (2001) An Empirical Test of a General Theory of Crime: A Four-Nation Comparative Study of Self-Control and the Prediction of Deviance. *Journal of Research in Crime and Delinquency* 38: 91-131.

Vazsonyi, Alexander T., Janice E. Clifford Wittekind, Lara M. Belliston, and Timothy D. Van Loh (2004) Extending the General Theory of Crime to "The East:" Low Self-Control in Japanese Late Adolescents. *Journal of Quantitative Criminology* 20: 189-216.

Wang, Gabe T., Hengrui Qiao, Shaowei Hong, and Jie Zhang (2002) Adolescent Social Bond, Self-Control, and Deviant Behavior in China. *International Journal of Contemporary Sociology* 39: 52-68.

Warner, Barbara D., and Shannon K. Fowler (2003) Strain and Violence: Testing a General Strain Theory Model of Community Violence. *Journal of Criminal Justice* 31: 511-521.

Welch, Michael R., Charles R. Tittle, Jennifer Yonkoski, Nicole Meidinger, and Harold G. Grasmick (2008) Social Integration, Self-Control, and Conformity. *Journal of Quantitative Criminology* 24: 73-92.

Wikström, Per-Olof H., and Robert J. Sampson (2003) Social Mechanisms of Community Influences on Crime and Pathways in Criminality. Pp. 118-148 in *Causes of Conduct Disorder and Juvenile Delinquency*, edited by Benjamin B. Lahey, Terrie E. Moffitt, and Avshalom Caspi. New York: Guilford Press.

Williams, Mei Wah M., Richard B. Fletcher, and Kevin R. Ronan (2007)

Investigating the Theoretical Construct and Invariance of the Self-Control Scale Using Confirmatory Factor Analysis. *Journal of Criminal Justice* 35: 205-218.

Winfree, L. Thomas Jr., Terrance J. Taylor, Ni He, and Finn-Aage Esbensen (2006) Self-Control and Variability Over Time: Multivariate Results Using a 5-Year, Multisite Panel of Youths. *Crime and Delinquency* 52: 253-286.

Wright, John P., and Kevin M. Beaver (2005) Do Parents Matter in Creating Self-Control in Their Children? A Genetically Informed Test of Gottfredson and Hirschi's Theory of Low Self-Control. *Criminology* 43: 1169-1202.

Wright, Bradley R. E., Avshalom Caspi, Terrie E. Moffitt, and Phil A. Silva (1999) Low Self-Control, Social Bonds, and Crime: Social Causation, Social Selection, or Both? *Criminology* 37: 479-514.

附錄　自我控制認知量尺項目

	因子 負荷量	均值	標準差
衝動			
我經常會即興做事，而不會三思而後行。	.610	2.59	.779
我比較著重目前發生在我身上的事，而不太理會對我有什麼長遠影響。	.615	2.50	.745
我經常花很多心思和努力計劃我的將來。（反向編碼）	.290	2.61	.781
我經常只會做一些目前會令自己開心的事，不會理會是否影響我日後的目標。	.544	2.68	.834
喜歡簡易多於複雜的工作。			
我經常會逃避困難的工作。	.560	2.65	.803
我不喜歡挑戰自己能力極限，去應付艱難的工作。	.491	2.58	.821
當事情變得複雜時，我通常會放棄。	.405	2.69	.773
生活中最容易做到的事情，最令我開心。	.288	2.26	.823
自我中心			
如果我做了一些事情令他人不快，我會覺得是他們的問題，而不是自己的問題。	.647	3.06	.766
就算會給別人添麻煩，我都只會先顧住自己。	.640	2.78	.800
就算其他人遇到問題，我都不會太同情他們。	.514	3.02	.775
我會爭取得到自己想要的東西，即使我知道會為其他人帶來問題。	.637	2.79	.783
脾氣差			
我很容易發脾氣。	.422	2.53	.865
當我真的憤怒時，其他人最好遠離我。	.336	2.47	.899
很多時候，我向某些人發怒，是想傷害他們，多過想告訴對方自己發怒的原因。	.558	2.91	.857
當我同人爭論時，我通常很難心平氣和跟對方討論。	.554	2.62	.838

（續）

附錄（續）

	因子 負荷量	均值	標準差
冒險取向			
對我來說，刺激與歷險比安全感更重要。	.471	2.92	.814
我有時會做些冒險的事來從中作樂。	.646	2.73	.809
我有時都會做一些稍為驚險的事來考驗自己。	.547	2.71	.805
我有時會做一些明知會令自己麻煩的事，但覺得這樣做夠刺激。	.429	2.54	.743
愛好體力多於思考活動			
若是我可以選擇，我較喜歡做一些需要體力的活動，多過需要思考的活動。	.280	2.39	.876
我經常覺得活動時的感覺比坐下來和思考時的感覺較好。	.240	2.24	.802
我寧願到户外活動，也不想留在家中和看書。	.475	2.71	.937

4

變遷中的擇偶與家庭價值觀：
台灣和香港的比較

伊慶春
中央研究院社會學研究所

饒雨涵
西北大學社會學系

　　我們使用 2009 年社會意向調查與香港社會指標調查，進行有關擇偶與家庭價值觀的比較分析，探索文化同質之華人社會是否呈現出類似的家庭變遷。我們以傳統擇偶之婚姻斜率、非典型生育觀念、有無小孩作為夫妻離婚的考量，以及對非典型婚前關係的態度為分析標的，檢視影響台港家庭變遷之結構與態度因素之相對重要性。結果顯示結構和態度性因素對不同家庭價值觀有不同的影響效果。整體而言，台港家庭展現出一致的變遷方向與內容，除了不同意非婚生子女外，民眾對不同面向的家庭態度逐漸偏離華人傳統價值，其中又以對於離婚為最。開放的性別角色態度傾向支持非傳統的家庭價值觀。其他影響機制之相對效果，雖然會因分析指標而異，但皆呈現預期中的影響。另外，台港的女性比男性更贊成有無孩子都可離婚，但已婚者仍比較保守，且台灣又比香港更保守。換言之，在諸多家庭變遷的背後，文化規範及個人資源的交互影響，可能對華人家庭制度的不同範疇展現出不同程度的改變。

關鍵詞：華人家庭價值觀、擇偶、離婚態度、婚前性行為態度、同居
　　　　態度

Changing Mate Selection and Family Values: Comparing Taiwan and Hong Kong

Chin-Chun Yi

Institute of Sociology, Academia Sinica

Yu-Han Jao

Department of Sociology, Northwestern University

This study compares changing family values in Hong Kong and Taiwan by using corresponding datasets from the 2009 Taiwan Social Image Survey and the Hong Kong Social Indicator Survey. The main research aim is to examine whether societies with a high level of cultural homogeneity have undergone similar family changes. Attitudes toward the mating gradient, divorce, fertility, and pre-marital relationships are chosen to indicate changing marriage and family values in these two Chinese societies. A special focus is the relative importance of structural versus attitudinal factors on the aforementioned outcome variables. Analyses show that structural and attitudinal factors have different effects on the various family values. In addition to a conservative attitude toward out-of-wedlock births, both societies also reveal similar trends toward relatively more liberal attitudes on other values, with divorce receiving the most liberal support. As expected, liberal sex-role attitude is positively associated with reports of non-traditional family values. It should be noted that both females from Taiwan and Hong Kong report significantly stronger support for divorce (with or without children) than their male counterparts. In general, married respondents tend to be more conservative, and Taiwanese are more conservative than Hong Kong samples. It is thus suggested that the interplay between cultural norms and individual resources results in varying changes in different aspects of Chinese mating and family values.

Keywords: Chinese family values, mate selection, divorce, pre-marital sex, cohabitation

前言

　　過去幾十年來的全球化浪潮與亞洲四小龍的出現，不僅讓東亞社會的經濟成就引起舉世注目，也導致西方學者開始探索儒家文化規範的可能影響。在此歷史進程中，華人社會亦不例外。即使外在觀察到的是不同政治體制、歷史經驗、產業規模與地理環境的根本差異，一般人還是認為台灣、香港、中國大陸以及新加坡華人社會有共享的華人文化基礎。就此文化同質性而言，台灣與香港或許有更多相似和可類比的社會歷程。因為台灣和香港皆為華人社會之一環，個人的成長環境和生活歷程明顯的受到傳統社會規範相當的制約，以致於許多觀察到的外顯行為之變化和特殊性，其實可相當程度的歸諸於文化價值觀等鉅視脈絡下的反應而已。因此，若能針對價值觀念與個人行為之間的關聯，予以系統化的檢視，並從台灣和香港的比較著手，將對了解當前華人社會變遷有莫大助益。

　　以往相關研究指出，快速社會變遷對家庭制度的衝擊以及伴隨而來之家庭關係的改變，證實華人社會的確受到傳統文化與個人資源交互作用的影響，進而產生動態複雜且程度不一的變動（伊慶春、陳玉華 2006）。本文擬就家庭變遷為主旨，檢視重要的家庭面向之變遷，並以台灣和香港的對應資料作分析，以說明華人家庭制度中不同範疇的變動方向及其內涵。鑑於以往家庭研究或側重古典議題、或專注人口結構變化的影響、或討論新興家庭現象的問題等等，但深究其研究意涵，其實主要關懷在於與傳統華人家庭相比之下，當前華人家庭功能和實質運作在哪些面向仍然持續？哪些產生變化？（伊慶春、章英華 2008；Tsai and Yi 1997）。因此本文選擇傳統價值觀下的婚姻斜率、非典型的生育觀念、對是否有小孩之離婚態度，以及包含婚前性行為和同居之婚前關係的看法，作為分析標的。我們假定在文化同質、社

會政治經驗異質的脈絡下，比較台灣和香港的家庭變遷，並使用對應資料從事有意義的比較分析，將容許研究者檢視不同的研究假設與研究目的。此外，鑑於第二次人口轉型理論討論的範疇與家庭變遷息息相關，故研究發現亦可提供台灣的實證資料作一對話。換言之，本文試圖從上述四個重要的家庭變遷面向及其影響機制作一探索性分析，以說明當前台灣和香港的家庭價值觀模式。

華人的家庭變遷

本文選擇華人家庭變遷之四個重要面向加以檢視，誠如上述，乃立基於古典理論和未來發展趨勢的考量。另一方面，這些家庭婚姻態度亦隸屬於西方第二次人口轉型理論所指涉的範疇。是故，研究發現除了描繪當前華人家庭的價值觀變遷之外，亦可藉由與西方相應的理論主張作一對話，以豐富研究意涵。

西方文獻中早於 1987 年就已提出「第二次人口轉型」的概念，並且預期先進的工業化國家在經濟高度發展之後，社會價值體系將有巨大的轉變：從集體主義的世界觀轉而重視個人主義、崇尚個人自由選擇的世界觀(van de Kaa 1987, 2008)。具體來說，第二次人口轉型將觀察到生育率和死亡率下降、婚育的延遲或不婚不育，以及未婚生子與離婚率上升等現象。這些現象首先出現於歐洲先進國家，引起相當的重視與討論，後又擴展至美國家庭的研究之中。Lesthaeghe 與 Neidert (2006)針對美國家庭的變遷即主張，第二次人口轉型有兩個主要特點：「延遲」與「同居」。「延遲」的因子包含婚姻與生育行為的延遲，同居的因子則包含同居、婚前性行為、未婚生子的增加。他們指出，雖然有地區上的差異，但檢視美國多數州相關的家庭人口數據，皆符合文獻中對於第二次人口轉型有關於「延遲」與「同居」之描述。

第二次人口轉型理論之重要性，不只在於提示歐美社會「延遲」

與「同居」的上升趨勢，更在於預示先進國家社會價值轉變的共同路徑(van de Kaa 2008)。台灣與香港社會在現代化的進程之下，長期受到西方文化價值之影響，導致華人社會的傳統家庭價值受到劇烈的衝擊。然而東亞家庭不如歐美家庭變遷如此快速，除低生育率以及逐漸升高的離婚率與婚育延遲之外，大型調查資料呈現出的同居比率、非婚生子女比率仍相對較低，與歐美家庭趨勢有相當差異。此差異或許呈現了華人傳統家庭價值之韌性，抑或僅是呈現華人家庭正值第一次至第二次人口轉型之過渡期，也可能支持第二次人口轉型未必適用於台灣的質疑（陳寬政等人 2006）。雖然華人家庭中同居或未婚生子等比率仍非常低，以致於過往未曾進行深入考察，但為檢視第二次人口轉型理論於華人家庭中之適切性，本研究認為可從華人社會對於家庭與婚姻的態度變項著手，檢視社會價值體系是否如同此一理論預設的朝向個人主義方向轉變。

擇偶之婚姻斜率：年齡與教育程度

誰與誰結婚以及哪些機制影響配對結果，一直是社會階層研究所重視的研究課題。男女雙方條件相當被視為同質婚，男女條件有高有低則被稱為異質婚。剖析同質婚相對於異質婚的個人和結構性因素，不外乎年齡、宗教、種族、教育和階級等（蔡淑鈴 1994；Pagnini and Morgan 1990; Mare 1991; Bulcroft and Bulcroft 1993; Fu and Heaton 2008）。以往西方研究顯示已婚夫婦通常分享許多相似的特質，包括種族、社經地位、宗教等(Schwartz and Mare 2005; Spickard 1989; Stevens and Schoen 1988)。其中，教育與年齡的同質婚尤其受到重視(Raymo and Xie 2000)。Schwartz 與 Mare (2005)檢視美國社會教育同質婚的變化時指出，1960 年代之後的教育同質婚不斷上升，且主要集中在教育程度較高的大專生以及教育程度最低的兩組人口中，教育程度在中間的則呈現出較高的異質婚。

　　針對教育同質婚的解釋通常以結構性因素和性別意識爲兩大主軸。
亦即一方面強調教育年數上升導致適婚男女在學校時間延長，因此學
校乃成爲婚姻市場的結構因素影響；另一方面則指出男女平等的性別
角色造成婚姻市場上對於同質婚的偏好，以致於不僅高教育程度的女
性在面臨潛在婚配對象不足時會降低結婚率，男性也彼此競爭教育程
度相當且收入高的配偶(Lichter 1995; Sweeney and Cancian 2004; Fu and
Heaton 2008; Schwartz and Mare 2005)。換言之，擇偶偏好與選擇似乎
符合社會交換論的假說，男女雙方皆透過婚姻與配偶進行資源交換，
以最大化個人的利益(Becker 1981)。因此在婚姻市場中，擁有較多資
源者（例如教育程度較高、收入較高、長相較佳等），越可能與同質
者結婚，而不願與較少資源者婚配；相反地，擁有較少資源者則會試
圖拓展自己的潛在婚配對象，以異質婚的方式追求自己的利益最大化
(South 1991)。

　　上述有關異質婚的解釋已牽涉到婚姻市場上男高女低之婚姻斜率
的價值觀。亦即所謂的婚姻交換，其實展現的是婚配中的男女透過個
人擁有的資源去換取自己缺乏但對方所可提供的資源，藉著婚姻以提
升自己的社會地位。例如美國社會中高教育程度的黑人透過嫁娶低教
育程度的白人配偶，以經濟優勢來彌補種族弱勢之假設，雖然受到實
徵經驗的反駁(Lichter 1995; Rosenfeld 2005)，卻依然在同質婚和異質婚
的框架上，繼續受到一定的重視。

　　據此，在擇偶過程的研究中，往往觀察到兩組不同的理論假設，
也因此導致不同的驗證取向。同質婚的研究偏重人口結構和人力資本
的影響效果，社會交換論則強調婚配雙方在社會偏好下的理性選擇決
策。事實上，社會階層的價值觀是擇偶過程之研究共識，更是婚配雙
方無法忽視的結構背景。那麼，對於華人家庭中長久以來視之爲當然
的「門當戶對」，以及「男高女低」的婚配偏好，應該如何看待與解
釋？

　　門當戶對主要是指涉婚配男女雙方的家庭背景同質，與同質婚有相同的意涵。由於同質婚對既定的社會階層化帶來最低的威脅，因此可保存傳統家庭價值而成為受偏好的婚配模式(Goode 1961)。然而在父權體系下，男方在婚姻配對中，以較高的教育、年齡、財富、收入等條件，與同一階層、但個人資源較低的女性結婚，完全符合男性享有較大權益的社會規範。華人文化規範中對於男高女低的婚姻斜率有一定的支持，因此男性即使下娶其他階層，相對於女性下婚，還是被接受的，不會被視為違反同質婚的原則（伊慶春、熊瑞梅 1994；Yi and Chan 2007）。

　　過去台灣的實徵研究與西方有相當相似的發現：除了丈夫教育差距較高之外，年齡、族群和家庭背景相同之同質婚仍為主要的婚配模式（蔡淑鈴 1994；Tsay and Wu 2006），且除了大專程度的男女以學校為重要接觸脈絡之外，工作場所已儼然成為男女婚配的主要媒介點(Tsay and Wu 2006)。至於年齡同質婚的分析則指出必須和教育同質婚一併討論。一般而言，年齡同質婚較常發生於年輕世代，因彼此共享相同的性別與家庭看法(Tepperman et al. 2006)。但對於高教育程度的男女而言，台灣研究顯示教育同質婚與年齡同質婚其實產生在相同的社會脈絡下，因而加深了社會階層高端的同質婚取向（伊慶春、熊瑞梅 1994）。事實上，高達 3/4 的台灣已婚夫妻表示，初婚時雙方家庭之經濟狀況是相當的（台灣社會變遷基本調查 2001）。中國大陸的相關研究也發現 80%的受訪者認為配偶雙方來自相同的社會背景；而在背景相異者中，則有六成女性回答丈夫背景比較高(Pasternak 1986)。婚姻斜率的假設似乎在中國大陸比在台灣更有效度。

　　不論如何，值得注意的是在討論擇偶偏好時，個人持有的態度價值與後續的實際行為被發現有顯著的關聯，而且結構性因素比性別意識因素的效果似乎更為明顯(Sassler and Schoen 1999; Yi and Chan 2007)。鑑於台灣和香港正受到前所未有的低生育率之衝擊，而不婚和

遲婚正是主要肇因，因此有必要從個人對傳統婚姻斜率的態度切入，試圖釐清影響此一價值觀之結構性和態度性因素之相對重要性，進而提出適切的政策建議。

生育子女之價值觀：對非典型生育行為之態度

在家庭價值觀中，對於生兒育女、養育子女以及對子女的期望，一直是家庭社會學的古典課題，更是華人家庭制度中最重要的家庭現象。在父權意識形態為主的華人社會，對於生男孩的偏好並未完全消除(Goodkind 1996)，對養兒防老的期望也仍然持續存在(Lee et al. 1994)。以台灣社會變遷調查的發現來看，過去 15 年來認為「為了傳宗接代，至少要生一個兒子」的贊同態度固然從 68%下降到 45%，但仍然有近半數的民眾支持此一價值觀。至於認同兒女應該奉養父母的價值觀——固定提供生活費或使父母生活更舒適者，即使到 21 世紀，仍高達 85%到 90%。其他相關研究也證實，東亞社會傳統的香火延續和伴隨而來的兒子偏好等家庭價值觀，似乎沒有受到經濟發展的影響(Trommsdorff and Kornadt 2003)。換言之，以華人家庭或東亞家庭而言，傳統價值在生育子女的面向，顯然為一持續存在的社會事實。

另一方面，針對古典子女價值觀的學術研究，從 1970 年代Hoffman 與 Hoffman (1973)的跨國研究比較結果顯示，決定生育與否除了經濟因素之外，文化規範因素以及心理因素都有顯著效果，而個人持有的子女價值觀則成為生育決定上極為重要的中介變項。針對願意生育子女或不願生育子女的可能原因，一般可由物質、情感及社會三層面予以剖析，且晚近的分析開始引入社會階級和城鄉差異的影響機制，指出情感性因素已是福利社會或已開發社會所共享的主要緣由(Nauck 2007; Yi et al. 2008)。但是在討論文化規範如何影響生育行為的變遷時，除了考慮典型的子女生育議題之外，也必須注意到當前快速改變的生育相關行為。因為台灣和香港面臨的低生育率不單是人口減

少、家庭變小的問題，更代表了家庭新興趨勢的興起，對傳統家庭制度的影響至鉅。故本文將針對兩項有爭議性的生育面向進行分析，試圖從影響機制中提出可能的解釋與未來的建議。

1. 非婚生子女

　　各個社會對於婚姻外所生育的子女，不論是青少年之未婚生子或沒有經過正式結婚而生育的子女，往往有不同的規範與待遇。例如西歐和北歐國家，在對抗低生育率的政策方案中，納入已然成為社會主流之一的同居人口子女，給予相同的養育和教育補助，並有效地提高生育率。但是一般而言，非婚生子女還是經常被拿來跟婚生子女作比較研究，試圖了解婚姻制度以及伴隨而來的父母角色、家庭資源等，是否造成子女不同的發展途徑與人生成就。

　　Bumpass 與 Lu (2000)針對美國社會 1980 至 1990 年代非婚生子女的研究發現，過去非婚生子女雖多出生於單親家庭之中，但是近期趨勢顯示，非婚生子女出生於雙親同居家庭之中的比例正快速地提升。他們也發現在 1990 年代初期的美國社會，父母為已婚狀態下生育的子女，約有 84%的童年成長於父母有正式婚姻關係的家庭中；但是父母為同居狀態下出生的非婚生子女，卻僅有 46%的童年階段父母為已婚狀態，而有 28%是成長於同居家庭之狀態中。

　　雖然出生於同居家庭的子女與出生於婚姻中的子女，同樣都是與兩位親生父母同住，但是既有研究顯示，父母不同的婚姻狀態的確導致子女面臨不同的家庭環境與未來的生命歷程。Manning 等人 (2004)比較美國出生於同居家庭的非婚生子女以及婚生子女，在其成長過程中面臨父母（婚姻或同居）關係之穩定性時發現，相較於婚生子女，非婚生子女的父母關係明顯有較高的不穩定性，而父母不穩定的關係則可能造成子女在經濟上、心理上的問題。對黑人與西裔美國人來說，即使非婚生子女的父母最終結婚了，其婚姻關係仍比原來即為婚生子女之父母更可能破裂。

Brown (2004)直接比較親生父母同居的非婚生子女、雙親婚生子女，以及單／繼親家庭子女之發展與適應，發現對 6 到 11 歲的小孩來說，和雙親結婚的子女相比之下，父母同居家庭的子女有較多的行為問題、情緒問題，以及較低的學校參與。但是在控制家庭的經濟資源後，兩組小孩間之行為及情緒問題的差異則不復存在。另一方面，對 12 到 17 歲的青年來說，即使控制了家庭經濟資源，同居家庭子女的情緒與行為問題仍比雙親結婚的家庭嚴重。是故，相關研究指出，雖然子女同樣都與親生父母同住，但父母是否經歷正式婚姻制度，仍然是顯著影響孩童未來成長的重要因素。換言之，即使同居和結婚父母對子女影響的差異，或許可歸諸於父母本身之選擇性的效果，但非婚生子女的種種行為指標確實比對應之婚生子女，更有可能出現負面的結果。

有關一般社會民眾對於非婚生子女的態度，一項有趣的美國研究企圖區分一般性態度和個別性態度，果然發現有所不同。針對非婚生子女而言，1970 年代至 1980 年代的資料顯示超過 40%的民眾接受此一現象，但若以假設性的問題詢問是否接受自己女兒非婚生子時，則只有 14%的同意比例(Pagnini and Rindfuss 1993)。值得注意的是，影響個人性別意識形態的人口變項往往也對此一態度產生預期中的關聯：例如教育程度較高者，明顯的對非婚生子有較高的容忍度；而已婚者和年齡較高者，則一致地呈現出較高之不接受態度。因此，探究結構性變項和態度性變項對非婚生子女價值觀的影響，將可釐清文化規範的影響深度與可能改變的幅度。

2. 婚後不生育

成家立業作為理想家庭價值觀，其實涵蓋了一個要素：生養子女。美國 1970 年代的研究指出，沒有孩子的家庭被視為不利的狀態顯然有其社會共識(Morgan and Waite 1987)。台灣社會變遷自從 1990 年代以來的調查也顯示，同意「沒有孩子的婚姻是不圓滿的」從 1996 年的

64%降為 2001 年的 43.5%，但之後在 2006 年、使用正面表述「結婚後不一定要有小孩」之不同意比例仍超過一半（同意者約 34%），顯示婚後不生育的現象似乎仍然不被社會規範所接受。事實上，東亞社會對非婚生子女的接受程度不及歐美甚多，而奉子成婚的現象持續存在，這代表生育子女被認定應該在婚姻制度內產生。那麼，婚後不生育的決策顯然反映了相當程度的非從眾性行為，值得深入探究。

歐美家庭研究往往把結婚和生育分開討論。因此在比較生育以及沒有生育的夫妻時發現，有子女的父母比未生育者持有更保守的性別角色態度，且此態度在生育之前已有差異。然成為父母之後，種族差異則主要出現在白人父母，其性別角色態度越趨保守(Morgan and Waite 1987)。由於持有傳統性別角色態度者主要關注面向乃為家庭，故更可能傾向於贊同為人父母是邁入成年期的必須和妥善的轉型。換言之，不支持男主外、女主內的傳統家庭性別分工者，較可能感受到生養子女所需付出的代價，對子女帶來的獎賞也有較低的期望。另一方面，弱勢家庭——例如低教育程度、低收入、鄉村居民等——以及未開發國家，較可能將生養子女看成是社會投資，是故對子女成就期望較低，而較期望子女帶來的情感和經濟利益以及未來的養老安排(Nauck 2007)。

本文將從台灣和香港民眾對於婚後不生育的態度，試圖釐清影響此一價值觀的結構性因素和意識態度因素間之相對重要性及其影響效果。希望對於未來華人社會在面對此一非典型生育觀的新興趨勢能有所助益。

離婚態度：有無子女之影響

西方對於離婚的研究，不外乎兩大主軸：離婚的原因以及離婚對個人和子女的影響(Amato 2000)。一般而言，離婚對個人及其子女的影響，不論在心理福祉、教育成就以及親子關係上都較家庭中未經歷婚

姻變故的個人為差(Amato 2000; Amato and Booth 1996)。既有文獻對離婚所帶來的負面影響大致以兩種解釋為主。第一種是選擇性的效果：會離婚的人通常可能在婚前就有較差的親子關係、情緒控管能力，導致他們原本就比較容易落入較低的心理福祉、親子關係以及未來的成就，並且較不易維繫良好的婚姻關係，故而面臨較高的離婚風險。子女若長期接觸這樣的父母，不管父母是否離婚，都可能對個人未來成就帶來負面的影響。第二種採取因果解釋：認為離婚事件本身是導致對個人及其子女負面影響之主因，而過程中，或許是透過失去情感支持、經濟資源減少、與子女接觸減少等相關中介機制的作用(Amato 2000)。整體而言，既有的研究發現上述兩種解釋的效用其實是同時並存的。

　　Amato 與 Booth 長期關注美國家庭中，夫妻離婚對於親子關係之影響。他們的研究發現，夫妻離婚前，家庭中有問題的親子互動以及夫妻間婚姻品質的低落，確實可以解釋離婚後親子關係的疏離。然而即使控制婚前的親子關係與婚姻品質之後，離婚本身仍然會對離婚後親子關係的親疏有顯著影響(Amato and Booth 1996)。Cherlin 等人(1998)使用英國一筆青少年長期追蹤資料的研究也指出，離婚與未離婚家庭中的子女，在子女 33 歲時，心理健康確實存在顯著差異。就此差異而言，部分雖然可由父母離婚前的其他因素所解釋，但離婚仍然呈現出對子女的心理健康有直接且負面之影響，且此影響會一直延續到子女20 歲、甚至 30 歲。

　　回顧大多數離婚研究的結論可以看出，離婚時間點以及離婚前的家庭衝突程度固然是影響離婚效果的顯著因素，但離婚本身對子女的教育成就和個人心理福祉的影響，大多數研究支持其負面影響(Amato 2000)。至於婚前有高度夫妻衝突的家庭，研究發現離婚其實導致子女脫離已「失能」的家庭環境，故對於子女的心理福祉反而帶來正向的影響(Amato and Booth 1997; Amato et al. 1995)。以往研究也顯示，當夫

妻不合或婚姻不快樂時，是否造成以生育子女來維繫婚姻的假設，其實是不正確的；反而是夫妻權力不平等時，缺乏權力之一方可能用生育子女的策略作為平衡家庭權力的方式(Myers 1997)。

既有研究針對離婚之其他成因進行許多相關討論。研究發現有基本共識，例如初婚年齡越低、教育程度越低、曾經同居，或是配偶為再婚者的離婚機率較高(Bumpass et al. 1991; Amato 1996)。除了這些社會人口變項外，原生家庭的家庭結構以及性別角色態度也會影響個人的離婚機率。Amato (1996)即指出，個人如果成長於離婚的家庭之中，那麼他對於離婚的負面評價可能較少、或者對於持久的關係抱有較低的期待，而更能夠接受離婚作為一個生命選擇。但是一般而言，離婚主要的成因還是在於年齡教育等人口特質、夫妻間人力資本的異同，以及其他相關結構性變項之影響。

誠然，離婚明顯的與個人對婚姻感受有關，但對於華人社會而言，婚姻是否滿意其實不只牽涉到個人或夫妻因素。台灣過去的研究顯示，當社會重視「傳宗接代」的家庭功能時，有無子女會影響個人對於婚姻的滿意程度（吳明燁、伊慶春 2003）。另一方面，實際子女數對子女在就學階段的夫妻之婚姻滿意程度，卻沒有顯著影響效果，反而是夫妻居住安排和代間關係影響個人是否滿意婚姻（吳明燁、伊慶春 2003）。此外，近期研究指出，青少年子女的學業表現好壞顯著影響到中年母親對婚姻生活的滿意（周玉慧等人 2010）。由此可知，在華人社會中，離婚與否的決定或許不只於夫妻兩人的關係品質，而必須考慮到子女相關因素在內。

論及華人家庭特性，垂直的父子軸重於平行的夫妻軸是家庭運作的基礎(Hsu 1948)。是故婚姻的主要功能在於延續家族命脈，而非如同西方社會所強調的夫妻感情之連結（伊慶春 1998）。有關子女因素的重要性，甚至可延伸至對子女教育狀況的滿意成為顯著影響個人婚姻感受的要件（伊慶春、熊瑞梅 1994）。然而隨著社會日益開放，不幸

婚姻導致的家庭暴力和傷害逐步被揭露，再加上個人網絡中實際接觸的離婚事件等環境因素，或許台灣和香港民眾對於離婚的態度走向更接納的態度。是故，針對子女因素的考量，將是檢視離婚態度的重要元素，期能藉此掌握家庭變遷的趨勢。

非典型婚前互動關係：以婚前性行為和同居為例

西方一系列的文獻指出，婚前同居對於個人未來的婚姻穩定度有負面的影響(Teachman and Polonko 1990; Teachman 2003)。一般提出的解釋有二：第一種解釋認為婚前同居對於婚姻穩定度的負面影響來自於選擇性的效果，亦即選擇於婚前進入同居關係的人具備某些特質，例如對於親密關係具有較低的承諾感，而這些特質導致在進入婚姻後較低的婚姻穩定度(Thomson and Colella 1992)。第二種解釋認為同居確實與婚姻穩定度有因果關係，因為同居的經驗使人學習到除了婚姻之外，親密關係尚有另一種選擇，進而對於婚姻的永續性信念產生動搖，是故在婚姻關係中遭遇逆境時，較有可能選擇結束婚姻(Teachman 2003)。一般而言，實證研究傾向於支持第一種的解釋。例如 Teachman (2003)使用美國 1995 年的資料進行分析發現，當個人與非自己未來配偶同居時，才會導致未來婚姻面臨較高的離婚風險。然而如果同居經驗僅發生於個人與其未來配偶之間，則並不造成未來離婚風險的增加。所以，Teachman 主張應該不是同居經驗本身直接對未來的婚姻穩定度造成負面影響，而是選擇進入同居關係且最後離婚的那群人擁有某些特質，亦或是來自於特定社會群體。Thornton 等人(1995)發現在美國的年輕成人中，在控制是否仍在就學的因素後，就學經驗累積越多的人，未婚同居的行為越低，且選擇進入婚姻的機率越高。換言之，個人特徵或特定社會群體，果然有較高的機率自我選擇進入同居的狀態。

台灣對於同居的研究相當缺乏，可能是由於華人社會的傳統文化價值對於同居仍持有諸多負面的評價。同居者除了身處極強烈的社會

壓力外，對於同居人、親密關係，或對婚姻關係之想像也會有所改變。以 2006 年「台灣社會變遷基本調查」為例，同居人口的比例低至 1%，以致於無法對於同居行為進行研究。然而從社會大眾對於同居的態度切入，將容許研究者對未來台灣家庭價值的變遷情形有所了解。Teachman (2003)在討論 21 世紀的美國社會時，就提出美國社會對於同居的規範性意義之改變，可能帶動實際同居行為之變遷。因此，本文擬就台灣和香港民眾對於同居態度進行分析，以作為後續研究華人社會同居現象之初步探討。此外，Teachman (2003)也進一步指出，婚前性行為與同居行為的變遷內涵和發展模式通常都非常相似，因此建議在討論婚前互動關係時，兩者應一起討論。故本文將同時考察台灣和香港民眾對於婚前性行為與同居態度之異同，並從重要影響機制之分析中，試圖描繪當前新興婚前關係的發展模式。

方法：資料與變項

　　本文所使用的資料取自「社會意向調查」2009 年 12 月定期調查，以及香港中文大學亞太研究所同時間於香港執行的「香港社會指標調查」。此二調查使用相同問卷題目，規劃原意乃在從對應資料中，比較台港兩地民眾的社會意向。該期調查的主要內容包括台灣民眾對於家庭婚姻的態度，以及對社會未來發展的看法。「社會意向調查」係以全台灣地區（排除福建省連江縣與金門縣）為範圍進行機率抽樣，並排除未滿 18 歲的民眾。台灣資料的有效樣本數為 1,295 人，香港資料的有效樣本數為 1,004 人。

　　我們以多變項線性迴歸分別對台灣及香港民眾的家庭與婚姻態度進行分析。在刪除各自變項有遺漏值的樣本後，台灣資料的最終分析樣本數為 1,210 人，香港資料由於性別角色態度的題目之遺漏值較多，最終分析樣本數為 895 人。我們分別針對四組家庭價值觀進行迴歸分

析，各組態度模型的分析樣本再度刪除依變項有遺漏值的樣本，故各組依變項分析之實際樣本數有些微不同。

依變項

本研究分析比較台灣以及香港民眾的婚姻與家庭價值觀，共使用四組與婚姻、家庭有關之態度作爲主要依變項，分述如下：

1. 擇偶之婚姻斜率：年齡與教育程度

我們分別以兩個題目測量民眾對於婚姻斜率之態度：「選擇結婚對象時，先生的年齡要比太太大」，請問您同不同意？以及「選擇結婚對象時，先生的學歷要比太太高」，請問您同不同意？回答項目爲「很同意」、「同意」、「不同意」及「很不同意」。我們建構了兩個連續變項，分別作爲「年齡婚姻斜率」與「教育婚姻斜率」的態度指標，數值越大代表越贊成傳統男高女低的婚配觀念，亦即越同意先生的年齡和教育程度要比太太高。

2. 非典型生育觀：非婚生子與婚後不育

在生育與家庭制度的關聯下，我們以兩個題目測量民眾對於非典型生育行爲之態度：「男女雙方未婚生育」，請問您同不同意？以及「男女雙方結婚後不生小孩」，請問您同不同意？回答項目爲「很同意」、「同意」、「不同意」及「很不同意」，所建構的連續變項分別作爲「未婚生子」與「婚後不生子」的態度指標，數值越大代表受訪民眾越同意未婚生子或婚後不生子此二非典型生育觀。

3. 離婚態度：有無子女之影響

在離婚決策中，子女的存在一直是最重要的考量，大多數研究指出婚姻中若有子女時，會阻擾或延遲離婚的時機。因此，在問卷建構時刻意將此一面向放入相關的離婚態度中。我們所分析的兩個題目是：「如果沒有小孩，當夫妻感情破裂、婚姻不美滿時應該離婚」，請問您同不同意？以及「如果有小孩，當夫妻感情破裂、婚姻不美滿時應

該離婚」，請問您同不同意？該題的答項為「很同意」、「同意」、「不同意」以及「很不同意」，本文使用連續變項，分別作為「無小孩可離婚」與「有小孩可離婚」的態度指標，數值越大代表受訪民眾越同意在該情境下可以離婚。

4. 非典型婚前互動關係：婚前性行為與同居

婚前男女互動關係的變遷或許是最受矚目的社會現象了。我們以目前仍有很大爭議的兩個面向進行探索性分析，試圖說明此一變遷中的婚前互動對未來家庭組成的可能影響。我們以兩題目測量民眾對於非典型婚前關係之態度：「男女雙方婚前有性行為」，請問您同不同意？以及「男女雙方不結婚而同居在一起」，請問您同不同意？回答項目為「很同意」、「同意」、「不同意」及「很不同意」。本文使用連續變項分別作為「婚前性行為」與「同居」的態度指標，數值越大代表受訪民眾越同意可以有婚前性行為或是可以不結婚而同居。

自變項

本文承前述文獻之傳統，試圖從結構性和態度性因素來討論家庭價值觀的變遷。原則上，我們以基本人口變項代表結構性因素，以與過往研究作一對話。至於態度性因素，則以大多數研究採用的性別角色態度為指標，以進行分析。此外，在擇偶之婚姻斜率中，由於全球化效果的潛在重要性，故特別加入個人網絡大小，檢視其可能影響效果。然而由於香港資料未將個人網絡納入問卷，加上有 50%的受訪者並未回答個人收入的資訊，故此二變項未能包含於香港資料的分析之中。

1. 性別角色態度

我們使用受訪者對於『「一般來說，母親不應該外出工作，應該留在家裡照顧還沒有上學的年幼子女」，請問您同不同意？』的回答，建構一個連續變項作為性別角色態度的指標。此題從 1970 年代以降，

一直是性別角色態度的核心題目，指涉年幼子女的照顧責任以及家庭中的性別分工，適合作為分析指標。回答項目為「很同意」、「同意」、「不同意」及「很不同意」，數值越大代表該名受訪者的性別角色態度越不傳統或越現代化。如表 1 可見，台灣(54%)與香港(56%)皆有超過半數的民眾表示開放的性別角色態度。

2. 人口變項

我們於分析模型中使用數個基本人口變項，其中，性別，女性編碼為 1，男性編碼為 0，台灣和香港皆約有一半多為女性樣本。年齡、教育程度及收入皆建構為連續變項，台灣和香港樣本的平均年齡為 45.6 和 44.1 歲；平均教育程度皆略高於高中（12 年）學歷；收入方面由於香港缺失值較大，故只使用台灣資料，台灣民眾的平均收入約為 36,000 元。婚姻狀態以兩個虛擬變項代表三個類別：以未婚為對照組，已婚、離婚或分居或喪偶則為比較組。台灣有 20%的未婚者、67%已婚者，另有 13%為離婚、分居或喪偶；香港則有 30%為未婚、61%已婚，另有 9%的民眾為離婚、分居或喪偶。

家庭結構的變遷與台灣民眾對於家庭態度與價值觀的變遷息息相關。具體來說，核心家庭與折衷家庭比例的消長向來反映了台灣社會對於傳統家庭和婚育價值的看法（伊慶春 2011）。台灣自 1980 年代以來，一直以核心家庭為主要家庭結構，其比例持續維持在 50%以上；聯合家庭與擴展家庭比例則逐漸降低；但單身戶比例近年逐漸提高，在過去十年間提升了約一倍，其中多數集中於未婚人口（薛承泰 2002），相當程度的反映出年輕族群不婚不育，或是遲婚遲育的現象。另外，人口學研究也指出老年人口的單身戶比例正快速提升，以 65-74 歲的女性人口為例，獨居的比例從 1984 年的 17.88%上升至 2005 年的 30.76%（楊靜利等人 2008），獨居現象確實值得進一步探討。鑑於聯合家庭與擴展家庭等比例較低，故本文將其合併為複式家庭型態之一類別。考量當前以及未來家庭結構發展趨勢，本文建構三個家庭結構

表 1 自變項、依變項的平均值、標準差與態度變項的同意比例

	台　灣			香　港		
	平均值	標準差	同意比例[a]	平均值	標準差	同意比例
自變項						
性別角色態度			53.88	2.59	0.73	55.75
女性	0.51	--		0.55		
年齡	45.57	13.65		44.09	15.25	
教育年數	12.44	3.80		12.50	3.84	
收入	36,347	30,330				
婚姻狀態						
未婚	0.20	--		0.30	--	
已婚	0.67	--		0.61	--	
離婚／分居／喪偶	0.13	--		0.09	--	
家庭結構						
核心家庭	0.56	--		0.81	--	
複式家庭	0.34	--		0.13	--	
獨居	0.10	--		0.06	--	
個人網絡						
9 人以下	0.33	--				
10 人（含）以上	0.67	--				
依變項						
婚姻斜率（年齡）			46.33			45.41
			(549/1185)[c]			(346/762)
婚姻斜率（教育程度）			28.44			30.71
			(337/1185)[c]			(234/762)
未婚生子			18.69			21.69
			(219/1172)[c]			(149/687)
結婚但不生孩子			53.07			61.72
			(622/1172)[c]			(424/687)
離婚態度（無小孩）			76.98			63.30
			(913/1186)[c]			(502/793)
離婚態度（有小孩）			51.94			49.31
			(616/1186)[c]			(391/793)
婚前性行為			57.20			49.50
			(671/1173)[c]			(350/707)
同居			52.77			55.73
			(619/1173)[c]			(394/707)
樣本數[b]	1,210			895		

[a] 態度變項的同意比例爲受訪者中塡答很同意或同意者之人數比例。性別角色態度的同意比例爲持有較自由的性別角色態度之人數比例。

[b] 刪除各自變項之缺失值後，總分析樣本數爲台灣 1,210、香港 895，但是依據各組依變項的缺失值數量不同，各組依變項實際分析的樣本數有所不同。

[c] 依變項同意比例＝（很同意或同意者之人數）／（該依變項無缺失值之樣本數）。

的類別：以核心家庭為對照組，自己一個人獨居、其他複式家庭為比較組。台灣於 2009 年約有 56%核心家庭、34%複式家庭、10%自己獨居；香港則有 81%核心家庭、13%複式家庭、6%獨居。

3. 個人網絡

在全球化趨勢的影響下，社會異質性相應提高，台灣傳統價值也不免受到與外界接觸所產生的新興價值之衝擊。過去研究發現人們對於非主流價值的容忍度會受到個人網絡所影響，亦即個人接觸陌生人的機會越多、生活環境異質性越高，則越有可能接受非主流的價值（傅仰止、伊慶春 1994；伊慶春、傅仰止 2006）。相似的，異質網絡接觸程度越高，也越有可能接受非傳統的婚姻和家庭態度。針對全球化趨勢對個人態度的影響，伊慶春、傅仰止(2006)曾使用個人網絡大小來探討公民容忍度的高低，發現此一指標有顯著效果，故本文試圖探索此一指標對家庭和婚姻態度變遷的可能效果，亦即個人網絡越大者，越可能持有較開放的態度。承上述，我們繼續採用相同指標，以受訪者回答「平常一天裡面，從早到晚大概總共跟多少人接觸？（包括講話、打電話、寫信、透過電腦網路、不管是認識不認識的都算）」作為個人網絡的指標。我們建構一個虛擬變項代表兩個類別：平均一天接觸 9 人（含）以下為對照組，以與平均一天接觸 10 人（含）以上作比較。有將近七成的台灣民眾每天至少與 10 個以上的人接觸。

研究結果

以下將分別就婚姻斜率、生育、離婚、婚前關係等四個範疇之分析結果做一說明。由於不論是台灣或香港樣本，每一價值觀下皆使用兩個指標從事分析，因此，我們將使用相同的人口背景因素和性別角色態度因素就此二對應資料，以多變量方式檢視變項顯著性以及相對的重要性在不同價值觀的影響效果。

擇偶之婚姻斜率

由表 1 中可知，不論在台灣或香港，同意丈夫年齡應該比妻子大的比例相對低於不同意的比例；但贊成丈夫教育程度要比妻子高的，則大幅度低於不贊成者，表示台港兩地就傳統婚姻斜率的態度相當一致，而且對男女婚配之差距傾向於非傳統態度——尤其對於夫妻教育差距更是明顯的持有開放或較現代化的態度。換言之，台港民眾對於婚姻斜率的內涵，皆一致性地有分歧看法。以往華人社會研究中指出的教育同質性相當程度地由反對男高女低的教育婚配態度中反映出來。

表 2 為針對此二婚姻斜率指標的複迴歸分析結果。就顯著變項而言，台港再度呈現相似的模式。以男大女小的年齡差距而言，保守的性別角色態度、女性、年齡較大、教育程度較低，較可能支持傳統的年齡和教育婚配之婚姻斜率；台灣樣本中，已婚者（與未婚組相較之下）以及個人網絡越小時，也越可能認同傳統之年齡婚姻斜率。至於男高女低的教育差距方面，不論台灣或香港，保守的性別角色態度、女性、年齡較大者，傾向於贊成傳統夫妻教育差距之婚配模式；台灣樣本中之離婚、分居、喪偶者，與未婚組相比，較不支持夫妻教育差距的婚姻斜率，此與個人網絡越大一樣，更可能支持教育婚配的同質性。

換言之，雖然針對傳統婚姻斜率之態度，以年齡和教育為指標時，台港民眾表現出不同的偏好，並對教育斜率持有較開放的態度。但是影響個人是否認同此傳統態度的機制，卻是一致的，並符合預期中的方向。人口背景方面越傳統者、性別角色態度越保守，及個人網絡較小者，對於婚姻斜率傾向於傳統的婚配模式。

非典型生育觀

如上所述，本文試圖以「未婚生子」以及「婚後不生育」兩個逐

表 2　婚姻斜率的複迴歸分析：台灣、香港

	婚姻斜率（年齡）		婚姻斜率（教育程度）	
	台　灣	香　港	台　灣	香　港
性別角色態度	-.165***	-.175***	-.136***	-.135***
	(.027)	(.031)	(.024)	(.027)
女性	.179***	.120***	.366***	.163***
	(.054)	(.046)	(.048)	(.040)
年齡	.011***	.005**	.012***	.006***
	(.003)	(.002)	(.002)	(.002)
教育年數	-.038***	-.011*	.002	-.001
	(.009)	(.007)	(.008)	(.006)
收入	-.001		-.001	
	(.001)		(.001)	
婚姻狀態（對照組：未婚）				
已婚	.145*	.026	-.041	.026
	(.080)	(.070)	(.073)	(.060)
離婚／分居／喪偶	.068	.041	-.228**	-.026
	(.111)	(.107)	(.100)	(.093)
家庭結構（對照組：核心家庭）				
複式家庭	-.083	-.015	.010	-.060
	(.059)	(.067)	(.053)	(.058)
獨居	-.076	-.027	.039	-.112
	(.104)	(.106)	(.094)	(.093)
個人網絡（對照組：9 人以下）				
10 人以上	-.118**		-.197***	
	(.059)		(.053)	
常數	2.867***	2.762***	1.952***	2.277***
	(.210)	(.170)	(.189)	(.147)
Adjusted R^2	.1602	.0829	.1302	.0900
樣本數	1,185	762	1,185	762

* $p < .1$, ** $p < .05$, *** $p < .01$

漸浮現的家庭生育現象作爲分析標的，藉由民衆表達的價值觀說明當前影響台灣和香港超低生育率的可能機制。由表 1 可以看出，針對此二指標，台港民衆再度一致地呈現出分歧的價值觀。值得注意的是，民衆對於未婚生子的價值觀最保守，僅有兩成左右表示贊成。但對於婚後不生育，則給予較爲寬鬆的容許態度，且香港(62%)比台灣(53%)更爲開放。故在討論台港民衆之非典型生育觀時，顯然有必要區辨婚姻狀況。

　　表 3 列出複迴歸分析的係數。以未婚生子而言，不論台港，現代化的性別角色態度和男性皆較可能表示支持；台灣未婚者，與已婚或離婚等其他婚姻狀態相比之下，也顯著更贊同此一生育觀念。至於婚後不生育，台港民衆都以現代化的性別角色態度、年齡較輕和教育程度較高者，最可能表示同意；但台灣樣本中，男性、收入較低及已婚者（相對於未婚者）則如同預期中的，傾向於保守觀念而不支持此一非典型生育觀。

　　有關未婚生子或婚後不生育之非典型生育觀，台灣和香港民衆明顯地將婚姻制度列入考量，以致於認可未婚生子之比例最低，但對婚後是否生育則較爲開放。但是雖然針對此二指標之整體態度差異甚大，影響台港民衆是否持有保守生育觀念的機制則相當一致：現代化的性別角色態度、年齡較輕、教育程度較高和未婚者，都更可能支持非典型的生育觀。

離婚態度

　　此次社會意向調查特別以兩個情況來測量民衆對離婚態度的變遷。值得注意的是，婚姻中有無小孩的確造成對是否應該離婚有相當不同的態度，且台灣比香港更重視孩子的因素，以致於二指標間的差距比例高達 25%，僅次於非典型生育觀的兩個指標。表 1 指出台港兩地民衆對於夫妻感情破裂而沒有子女的離婚，給予最支持的態度，且台灣

表 3 非典型生育觀的複迴歸分析：台灣、香港

	未婚生子		婚後不生育	
	台 灣	香 港	台 灣	香 港
性別角色態度	.054**	.091***	.099***	.089***
	(.025)	(.032)	(.027)	(.029)
女性	-.100**	-.114**	.148***	-.001
	(.048)	(.046)	(.054)	(.042)
年齡	-.003	-.003	-.012***	-.007***
	(.002)	(.002)	(.003)	(.002)
教育年數	-.008	.004	.044***	.012*
	(.008)	(.007)	(.009)	(.006)
收入	.0003		.002*	
	(.0009)		(.001)	
婚姻狀態（對照組：未婚）				
已婚	-.407***	.080	-.318***	.077
	(.073)	(.070)	(.081)	(.064)
離婚／分居／喪偶	-.261***	.081	-.090	.149
	(.100)	(.105)	(.111)	(.096)
家庭結構（對照組：核心家庭）				
複式家庭	.076	-.024	-.066	-.067
	(.053)	(.067)	(.059)	(.062)
獨居	.059	-.063	-.052	-.071
	(.094)	(.104)	(.105)	(.095)
個人網絡（對照組：9 人以下）				
10 人以上	-.017		-.047	
	(.053)		(.059)	
常數	2.086***	1.919***	2.306***	2.491***
	(.189)	(.168)	(.209)	(.154)
Adjusted R^2	.0461	.0183	.1618	.0567
樣本數	1,172	687	1,172	687

* $p < .1$, ** $p < .05$, *** $p < .01$

(77%)高於香港(63%)。事實上，此一題目是所有家庭價值觀的指標中，最傾向於非傳統的態度。但是若已有了子女，則贊成離婚的比例分別下降至五成上下，明顯表達有無小孩對個人離婚看法的影響。

表 4 的複迴歸分析發現相當有趣的關聯。首先，固然對於有無子女的離婚態度大相逕庭，但不論台港受訪者，影響贊成與否的機制都呈現出一致的方向。具體而言，女性、年齡輕、教育程度高、收入高的台灣民眾支持無小孩時可以離婚；香港則以女性和已婚者（相對於未婚組）達到統計顯著性。值得注意的是，性別角色態度只有在此一指標未達顯著性，或許是因為贊成無子女時可離婚的台港受訪者比例最高之故(70%)。至於有小孩時仍然認可離婚的顯著因素，現代化的性別角色態度有助於提升台灣民眾的支持態度，但已婚者較不可能贊同有小孩時離婚；香港樣本以現代化角色態度、女性和離婚喪偶者，最可能呈現出支持的態度。

值得注意的是，不論台灣或香港的女性，就有無子女的離婚情形，皆展現出非傳統的態度，不同於對其他家庭價值觀的指標。亦即女性更傾向於支持夫妻感情破裂、婚姻不美滿時，應該離婚，有無子女不是重要的區辨因素。若加上不同婚姻狀況的分析結果，似乎未婚者的態度與對照組有相當大的差異。根據附錄 1 的結果可知，針對婚姻狀態對離婚態度的顯著效果（表 4），不論是香港已婚者較可能同意無小孩時離婚、台灣已婚者較不可能支持有小孩時離婚、抑或香港離婚喪偶者較可能認可有小孩時離婚，其實主要來自於女性樣本在三組婚姻狀態中的差距較大所致，尤其是與未婚者比較之下。男性樣本在離婚態度上比較保守，而且有了孩子後，不論台港已婚男性，皆較不贊成離婚，明顯持有較保守的態度。

非典型婚前互動關係

婚前互動關係的研究中，以婚前性關係和同居最受重視。華人社

表 4　離婚態度的複迴歸分析：台灣、香港

	離婚態度（無小孩）		離婚態度（有小孩）	
	台　灣	香　港	台　灣	香　港
性別角色態度	.008	.045	.073***	.112***
	(.028)	(.027)	(.028)	(.029)
女性	.251***	.107***	.328***	.153***
	(.055)	(.040)	(.054)	(.042)
年齡	-.005*	.002	-.006**	.002
	(.003)	(.002)	(.003)	(.002)
教育年數	.017*	-.002	.018*	-.001
	(.009)	(.006)	(.009)	(.006)
收入	.002**		.004***	
	(.001)		(.001)	
婚姻狀態（對照組：未婚）				
已婚	.013	.139**	-.188**	.044
	(.082)	(.062)	(.082)	(.066)
離婚／分居／喪偶	.058	.142	.071	.161*
	(.113)	(.091)	(.113)	(.097)
家庭結構（對照組：核心家庭）				
複式家庭	-.064	-.036	-.070	-.037
	(.060)	(.058)	(.059)	(.062)
獨居	.116	.009	.006	-.031
	(.106)	(.091)	(.106)	(.097)
個人網絡（對照組：9 人以下）				
10 人以上	.025		.011	
	(.060)		(.060)	
常數	2.786***	2.310***	2.158***	1.978***
	(.214)	(.145)	(.213)	(.154)
Adjusted R^2	.0415	.0279	.0815	.0346
樣本數	1,186	793	1,186	793

* $p < .1$, ** $p < .05$, *** $p < .01$

會對這方面的研究似乎以質化探討較多，但仍多少反映出此面向之家庭變遷的社會事實。本文就此二議題考察台灣和香港民眾的價值觀異同，以及可能影響所持態度之重要機制。從表1的結果可以看出，對於婚前性行為和同居，台港民眾都有約超過一半表示同意，而且台灣在婚前性行為的認可態度上高於香港。換言之，就本文所檢視的兩項非典型婚前關係而言，台港民眾的態度已經與傳統觀念有很大的不同，且傾向於較開放或非傳統的價值取向。

表5的迴歸係數再度呈現出與其他三組價值觀的類似結果。在台灣和香港，現代化的性別角色態度、男性、年齡較輕，是贊成非典型婚前關係的共同變項（與婚姻斜率之發現相似）。而台灣受訪者中，收入較高以及未婚者（與其他婚姻狀態相比之下）較支持婚前性行為和同居的安排。至於香港民眾，已婚者反而比未婚者更可能贊同婚前性行為，這也是香港已婚者在本文所考察的家庭價值觀中，第二次表現出非傳統的態度（另一為支持上述無小孩可離婚的態度）。婚姻狀態對香港民眾的家庭價值觀可能有更複雜的動態關聯，值得未來進一步探究。因此，整體而言，現代性的相關指標與兩項非典型婚前關係的情況呈現出預期中的顯著關聯。但是我們必須指出，家庭結構首次被發現對此一面向的家庭價值觀有重要影響。首先，相對於跟家人同住者，香港6%的獨居者更可能表達贊同婚前性行為和同居的態度。台灣的發現則與預期不同：原先假設與上代同住者應受到傳統價值觀影響較深，而較不能接受非典型婚前關係。然而，表5顯示住在複式家庭中的台灣受訪者，相較於住在核心家庭者反而更支持婚前性行為，雖然顯著水準僅為$p<.1$，但此發現仍令人意外，有待後續研究進一步探索影響機制。

簡言之，上述四個主要擇偶與家庭價值觀的分析顯示，台灣與香港所呈現的模式大同小異，且態度性因素和結構性因素也產生大致相仿的效果。但是以所檢視的人口變項而言，其實各自有不同的影響，

表 5　非典型婚前關係的複迴歸分析：台灣、香港

	婚前性行爲		同　居	
	台　灣	香　港	台　灣	香　港
性別角色態度	.056**	.091***	.043*	.063**
	(.025)	(.031)	(.026)	(.031)
女性	-.241***	-.222***	-.120**	-.182***
	(.050)	(.045)	(.051)	(.044)
年齡	-.019***	-.012***	-.022***	-.012***
	(.003)	(.002)	(.003)	(.002)
教育年數	-.008	-.003	.000	.001
	(.008)	(.007)	(.009)	(.006)
收入	.003***		.002**	
	(.001)		(.001)	
婚姻狀態（對照組：未婚）				
已婚	-.212***	.131*	-.268***	.070
	(.076)	(.070)	(.077)	(.068)
離婚／分居／喪偶	-.223**	.059	-.008	.166
	(.105)	(.106)	(.106)	(.103)
家庭結構（對照組：核心家庭）				
複式家庭	.106*	.093	.043	.048
	(.055)	(.066)	(.056)	(.064)
獨居	.111	.201*	.026	.248**
	(.098)	(.107)	(.099)	(.104)
個人網絡（對照組：9 人以下）				
10 人以上	-.050		.014	
	(.055)		(.056)	
常數	3.457***	2.763***	3.384***	2.881***
	(.196)	(.163)	(.198)	(.159)
Adjusted R^2	.1329	.0928	.1478	.0880
樣本數	1,173	707	1,173	707

* $p < .1$, ** $p < .05$, *** $p < .01$

不僅會因所考察的價值觀範疇而有異，也會在同一範疇中、因不同的指標而有不同的效果。然而整體而言，不論是婚姻斜率、非典型生育觀、離婚態度或是非典型婚前關係，分析模型所涵蓋的性別角色態度以及基本人口結構因素，的確是重要的影響機制，能有效地解釋個人所持之特定家庭價值觀的偏好。

結論

　　過去幾十年來，在快速社會變遷下，華人家庭遭受了前所未有的衝擊。家庭變遷範疇很廣，故本文選擇對家庭制度影響巨大且有時效上的急迫性之四個主要議題，作為分析討論的標的：傳統男高女低的婚姻斜率、未婚生子和婚後不生育的非典型生育觀、對有無子女的離婚態度，以及婚前性行為和同居的婚前互動關係。根據 2009 年底台灣和香港同步執行、以全島性隨機樣本的電話調查資料，本文主旨為比較台港社會對上述四個家庭價值觀的變遷模式，並試圖由結構性因素和態度性因素的相對重要性，從事探索性分析，盼能對當前華人家庭所面臨的諸多個人行為與家庭決策，提供較深入的訊息。鑑於這些現象或隸屬於傳統價值觀、或被認定為具相當爭議性，故研究發現對方興未艾的家庭變遷，應有所助益。

　　針對所檢視的四個家庭價值觀，每一面向都分別使用兩個對應的指標。事實上，從家庭變遷的觀點切入時，研究者主要的關懷乃環繞在保守傳統的價值觀相對於開放現代的價值觀。就此連續譜而言，本研究針對台港社會家庭價值的發現以圖 1 示之。

　　整體而言，台灣和香港的家庭變遷模式展現出相當一致的方向。未婚生子是最大多數台港民眾所無法接受的生育行為，意涵著婚生子女在社會規範中不容挑戰的合法性。改變幅度最大的則是無子女時離婚的態度，台港受訪者皆給予此一狀況最高的支持，台灣更是如此。

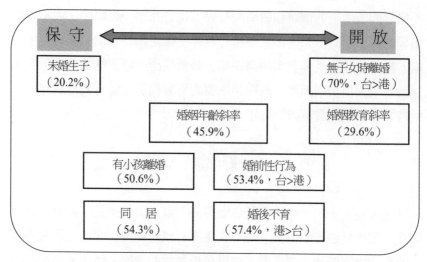

圖1　變遷中的台灣和香港之擇偶與家庭價值觀：
同意或很同意各項態度變項的人口比例
資料來源：2009年社會意向調查與社會指標調查。

然而婚姻中若有子女，則台港民眾會朝向傳統態度傾斜，約有一半表
示贊同，且台灣下降比例更大。至於男大女小的擇偶配對偏好以及非
典型的婚前互動關係，都有超過一半的受訪者表示同意，明顯呈現當
前華人家庭變遷的現象已存在強有力的價值觀改變的先驅元素。

　　至於影響家庭變遷的重要機制，本文分析發現，現代化的性別角
色態度應是最重要的影響因素，導致支持所有價值面向的非傳統態度。
家庭成員的意識形態顯然對接受開放的或較不保守的家庭價值觀，有
其顯著正面效果。至於人口變項因素固然會因為所檢視的指標而產生
不同的影響效果，但年齡輕、教育程度高、收入高、未婚者，與非傳
統的家庭價值皆展現了預期中的關聯方向。而在所涵蓋的結構性變項
中，性別差異呈現出最有趣的發現：已婚者對於婚姻斜率、非典型生
育觀和婚前關係果然持有較保守的態度傾向；但對於有無子女的離婚

決策，則表達比男性更爲支持的態度，這與其他價值指標的結果相反，且台港女性皆然。似乎華人女性在父權文化規範下，當社會脈絡變動時更願意正視夫妻軸相對於父子軸的重要性，但是否表示替換父子軸的優先性，則似乎尚未如此。

有關本文試圖引進的社會異質性效果，當以個人網絡大小作爲指標時，只對台灣樣本之婚姻斜率的態度有顯著影響，誠如假設中的方向，網絡越大越可能持有較開放的婚配觀念。然而此一效果對於其他非典型的婚姻與家庭觀並不造成明顯的效果，或許台灣外籍配偶現象的興起，相伴著近年來輿論的熱烈討論，有助於台灣民衆對婚姻斜率的開放態度。

此外值得注意的是，由於已婚者對於有無子女的離婚態度，台港民衆之看法不盡相同，故本文針對婚姻狀態和性別對離婚態度的作用，再作進一步的考察。附錄 1 指出，比較台港男女受訪者對有無子女之離婚態度而言：(1)不論婚姻中有無子女，台灣男女未婚者一致比其他婚姻狀態之對照組更爲開放；(2)香港恰恰相反，已婚男女受訪者明顯的對離婚態度趨於保守；(3)已婚男性是所有類別中，最不認同離婚的，尤其有小孩時，大多數台港已婚父親都反對離婚；(4)針對複迴歸的顯著係數則主要來自已婚或離婚者相對於未婚組的差異，亦即香港母親對夫妻不合但無小孩的婚姻贊成比例(74%)，比未婚女性(51%)高出許多；台灣母親支持有小孩時的離婚決策(58%)則遠低於未婚女性(73%)。如此看來，離婚對華人家庭制度的衝擊，必須考慮有無小孩牽涉在內，也需要區辨性別和婚姻狀態的差異。值得重視的是，台灣民衆對離婚與否表面上比香港民衆開放，但其實台港社會都將子女因素視爲優先考量，且男性更是如此。是故，呼應父權文化的期望，未來研究或許可以更具體地納入有兒子相對於有女兒的比較，以利凸顯子女因素是否受到文化規範的制約。

有關非典型婚前互動關係的態度取向，台灣民衆平均而言對婚前

性行為持有較開放的態度，香港民眾則對同居看法稍微更開放。當我們再度從婚姻狀態與性別對此價值觀的影響予以檢視時（附錄 2），未婚男女的支持度大幅超越有婚姻經驗者，其中台灣未婚男女都比香港對照組呈現更開放的態度，尤其台港女性間的差異更明顯。但相對之下，已婚者普遍不贊同非典型婚前關係，且台港差異小於與未婚組間之差異。因此，針對頗具爭議性的婚前性行為和同居之態度，不僅需要考量性別與婚姻狀態的影響，台港間的差異也需要進一步地探究。

至於回應第二次人口轉型理論的主張，本文雖未檢視實際婚姻與家庭行為的變遷，但由台灣和香港此二華人社會當前的婚姻家庭觀念顯示，有關第二次人口轉型提出的諸多現象，研究發現指出有支持、有不支持，也有傾向於同意的發展趨勢。以圖 1 的比例而言，贊成離婚的開放態度僅限於無子女的情況，而針對未婚生子則明顯的持有傳統保守態度；對於其他同居、不育、婚前性行為等，贊成比例略高於一半，似乎隱含未來可能逐步升高的趨勢。因此，華人傳統家庭價值觀固然仍有其韌性，但開放態度的興起似乎有方興未艾之勢。是否華人以及東亞社會將全面邁入第二次人口轉型的特色，抑或將在某些面向持續傳統婚姻和家庭觀念，仍有待進一步的檢視。

簡言之，現代化的進程導致華人社會經歷了巨大的家庭變遷。本文雖然受限於資料，只能檢視部分結構性和態度性因素的影響效果，但有關性別角色態度的重要發現，隱含著社會變遷在東亞社會的實質運作並非在各年齡層或各階層都有相同權重，而可能與接觸西方現代意識形態的幅度與深度有密切聯繫。然而社會科學的研究不能忽略社會結構的變異性，因此未來針對不同華人社會，甚至東亞社會的比較分析時，建議納入結構因素（例如家庭類型）、關係因素（例如家人關係）與規範性因素（例如性別角色意識）之間的可能影響以及其交互作用，並且考量文化異同性，以對影響華人家庭變遷的因素，提出更貼切的解釋。

參考文獻

台灣社會變遷基本調查(2001)中央研究院社會學研究所。

伊慶春(1998)中國式婚姻觀念的指標初探。見劉兆佳、尹寶珊、李明堃、
　　黃紹倫編，華人社會的變貌：社會指標的分析，頁 423-448。香港：
　　香港中文大學香港亞太研究所。

——(2011)民國百年來的家庭變遷。見李亦園、章英華編，中華民國發展
　　史之 7：社會發展（上冊），頁 61-91。台北：聯經、政治大學出版
　　社。

伊慶春、章英華(2008)父系家庭的持續與變遷：台灣的家庭社會學研究，
　　1960-2000。見謝國雄編，群學爭鳴：台灣社會學發展史，頁 23-73。
　　台北：群學。

伊慶春、陳玉華(2006)變遷中的華人婦女家庭地位：台灣、天津、上海和
　　香港的比較。北京：社會科學文獻出版社。

伊慶春、傅仰止(2006)台灣性容忍態度的結構背景：人口組成、都市性與
　　全球化效果。見劉兆佳、尹寶珊、李明堃、黃紹倫編，社會發展的趨
　　勢與挑戰：香港與台灣的經驗，頁 41-62。香港：香港中文大學香港
　　亞太研究所。

伊慶春、熊瑞梅(1994)擇偶過程之網絡與婚姻關係：對介紹人、婚姻配
　　對、和婚姻滿意度之分析。見伊慶春編，台灣社會的民眾意向，頁
　　135-178。台北：中央研究院中山人文社會科學研究所。

吳明燁、伊慶春(2003)婚姻其實不只是婚姻：家庭因素對於婚姻滿意度的
　　影響。人口學刊 26: 71-95。

周玉慧、吳明燁、黃朗文(2010)當中年遇到青少年：親子關係類型與父母
　　中年生活感受。台灣社會學 20: 1-37。

陳寬政、楊靜利、李大正(2006)台灣人口資料現況之檢討。二十一世紀台
　　灣人口與社會發展學術研討會論文。2006 年 5 月 26-27 日。台北：台
　　灣人口學會。

傅仰止、伊慶春(1994)容忍態度的結構肇因：都市背景、遷移經驗、異質
　　聯繫。人文及社會科學集刊 6: 257-301。

楊靜利、陳寬政、李大正(2008)台灣近二十年來的家庭結構變遷：

1984-2005。台灣的社會變遷 1985~2005：台灣社會變遷調查計畫第 11 次研討會論文。台北：中央研究院社會學研究所。

蔡淑鈴(1994)台灣之婚姻配對模式。人文及社會科學集刊 6: 335-371。

薛承泰(2002)一九九〇年代台灣地區單人戶的特性——兼論老人單人戶之貧窮。人口學刊 25: 57-89。

Amato, Paul R. (1996) Explaining the Intergenerational Transmission of Divorce. *Journal of Marriage and Family* 58(3): 628-640.

——(2000) The Consequences of Divorce for Adults and Children. *Journal of Marriage and Family* 62(4): 1269-1287.

Amato, Paul R., and Alan Booth (1996) A Prospective Study of Divorce and Parent-Child Relationships. *Journal of Marriage and Family* 58(2): 356-365.

——(1997) *A Generation at Risk: Growing Up in an Era of Family Upheaval.* Cambridge, MA: Harvard University Press.

Amato, Paul R., Laura Spencer Loomis, and Alan Booth (1995) Parental Divorce, Marital Conflict, and Offspring Well-being during Early Adulthood. *Social Forces* 73(3): 895-915.

Becker, G. D. (1981) *A Treatise on the Family.* Cambridge, MA: Harvard University Press.

Brown, Susan L. (2004) Family Structure and Child Well-Being: The Significance of Parental Cohabitation. *Journal of Marriage and Family* 66: 351-367.

Bulcroft, Richard A., and Kris A. Bulcroft (1993) Race Differences in Attitudinal and Motivational Factors in the Decision to Marry. *Journal of Marriage and Family* 55(2): 338-355.

Bumpass, Larry, and Hsien-Hen Lu (2000) Trends in cohabitation and implications for children's family contexts in the United States. *Population Studies* 54(1): 29-41.

Bumpass, Larry L., Teresa Castro Martin, and James A. Sweet (1991) The Impact of Family Background and Early Marital Factors on Marital Disruption. *Journal of Family Issues* 12(1): 22-42.

Cherlin, Andrew J., P. Lindsay Chase-Lansdale, and Christine McRae (1998) Effects of Parental Divorce on Mental Health Throughout the Life Course.

American Sociological Review 63(2): 239-249.

Fu, Xuanning, and Tim B. Heaton (2008) Racial and Educational Homogamy: 1980 to 2000. *Sociological Perspectives* 51(4): 735-758.

Goode, William J. (1961) *Contemporary Social Problems*. London: Eyre & Spottiswoode.

Goodkind, D. (1996) On Substituting Sex Preference Strategies in East Asia: Does Prenatal Sex Selection Reduce Postnatal Discrimination? *Population and Development Review* 22(1): 111-125.

Hoffman, L. W., and M. L. Hoffman (1973) The Value of Children to Parents. Pp. 19-76 in *Psychological Perspectives on Population*, edited by James T. Fawcett New York: Basic Books.

Hsu, Francis L. K. (1948) *Under the Ancestors' Shadow: Chinese Culture and Personality*. New York: Columbia University Press.

Lee, Y. J., W. L. Parish, and R. J. Willis (1994) Sons, Daughters and Intergenerational Support in Taiwan. *American Journal of Sociology* 99(4): 1010-1041.

Lesthaeghe, Ron J., and Lisa Neidert (2006) The Second Demographic Transition in the United States: Exception or Textbook Example? *Population and Development Review* 32(4): 669-698.

Lichter, Daniel T. (1995) Marriage Markets and Marital Choice. *Journal of Family Issues* 16(4): 412-431.

Manning, Wendy D., Pamela J. Smock, and Debarun Majumdar (2004) The Relative Stability of Cohabiting and Marital Unions for Children. *Population Research and Policy Review* 23(2): 135-159.

Mare, Robert D. (1991) Five Decades of Educational Assortative Mating. *American Sociological Review* 56(1): 15-32.

Morgan, S. Philip, and Linda J. Waite (1987) Parenthood and the Attitudes of Young Adults. *American Sociological Review* 52(4): 541-547.

Myers, Scott M. (1997) Marital Uncertainty and Childbearing. *Social Forces* 75 (4): 1271-1289.

Nauck, Bernhard (2007) Value of Children and the Framing of Fertility: Results from a Cross-cultural Comparative Survey in 10 Societies. *European Sociological Review* 23(5): 615-629.

Pagnini, Deanna L., and S. P. Morgan (1990) Intermarriage and Social Distance among U.S. Immigrants at the Turn of the Century. *American Journal of Sociology* 96(2): 405-432.

Pagnini, Deanna L., and Ronald R. Rindfuss (1993) The Divorce of Marriage and Childbearing: Changing Attitudes and Behavior in the United States. *Population and Development Review* 19(2): 331-347.

Pasternak, Burton (1986) Marriage and Fertility in Tianjin, China: Fifty Years of Transition. Papers of the East-West Population Center, no. 99. Honolulu: East-West Population Institute.

Raymo, James M., and Yu Xie (2000) Temporal and Regional Variation in the Strength of Educational Homogamy. *American Sociological Review* 65(5): 773-781.

Rosenfeld, Michael J. (2005) A Critique of Exchange Theory in Mate Selection. *American Journal of Sociology* 110(5): 1284-1325.

Sassler, Sharon, and Robert Schoen (1999) The Effect of Attitudes and Economic Activity on Marriage. *Journal of Marriage and Family* 61(1): 147-159.

Schwartz, Christine R., and Robert D. Mare (2005) Trends in Educational Assortative Marriage from 1940 to 2003. *Demography* 42(4): 621-646.

South, Scott J. (1991) Sociodemographic Differentials in Mate Selection Preferences. *Journal of Marriage and Family* 53(4): 928-940.

Spickard, P. R. (1989) *Mixed Blood: Intermarriage and Ethnic Identity in Twentieth-Century America*. Madison: The University of Wisconsin Press.

Stevens, G., and R. Schoen (1988) Linguistic Intermarriage in the United States. *Journal of Marriage and the Family* 50(1): 267-279.

Sweeney, Megan M., and Maria Cancian (2004) The Changing Importance of White Women's Economic Prospects for Assortative Mating. *Journal of Marriage and Family* 66(4): 1015-1028.

Teachman, Jay (2003) Premarital Sex, Premarital Cohabitation, and the Risk of Subsequent Marital Dissolution Among Women. *Journal of Marriage and Family* 65(2): 444-455.

Teachman, Jay D., and Karen A. Polonko (1990) Cohabitation and Marital Stability in the United States. *Social Forces* 69(1): 207-220.

Tepperman, Lorne, Aileen Lin, Weeda Mehran, and Chin-Chun Yi (2006) Changing Patterns of Mate Selection in Taiwan. Pp. 44-69 in *Social Development and Family Changes*, edited by Cristina Gomes. Newcastle: Cambridge Scholars Press.

Thomson, Elizabeth, and Ugo Colella (1992) Cohabitation and Marital Stability: Quality or Commitment? *Journal of Marriage and Family* 54(2): 259-267.

Thornton, Arland, William G. Axinn, Jay D. Teachman (1995) The Influence of School Enrollment and Accumulation on Cohabitation and Marriage in Early Adulthood. *American Sociological Review* 60(5): 762-774.

Trommsdorff, G., and H. J. Kornadt (2003) Parent-Child Relations in Cross-Cultural Perspective. Pp. 271-306 in *Handbook of Dynamics in Parent-Child Relations*, edited by L. Kuczynski. London: Sage.

Tsai, Yung-Mei, and Chin-Chun Yi (1997) Persistence and Change of the Chinese Family Value: The Taiwanese Case. Pp. 123-169 in *Taiwanese Society in 1990s: Taiwan Social Changes Survey Symposium Series II (part 2)*, edited by Ly-Yun Chang, Yu-Hsia Lu, and Fu-Chang Wang. Taipei: The Preparatory Office of the Institute of Sociology, Academia Sinica.

Tsay, R. M., and L. H. Wu (2006) Marrying Someone from an Outside Group: An Analysis of Boundary-Crossing Marriages in Taiwan. *Current Sociology* 54(2): 165-186.

van de Kaa, Dirk (1987) Europe's Second Demographic Transition. *Population Bulletin* 42(1): 1-43.

——(2008) Demographic Transitions. Netherlands Interdisciplinary Demographic Institute (nidi), Luxemburgo, Working Paper 2008/01.

Yi, Chin-Chun, and Chao-Wen Chan (2007) The Social Basis of Mate Selection Patterns in Taiwan: Its Linkage to Marital Satisfaction. Paper presented at Family Value, Behavior and Attitude: The 9 Conference of Taiwan Social Change Survey. Taipei: Institute of Sociolgoy, Academia Sinica.

Yi, Chin-Chun, Hsiang-Ming Kung, Yu-Hua Chen, and Joujuo Chu (2008) The Importance of Social Context in the Formation of the Value of Children for Adolescents: Social Class and Rural Urban Differences in Taiwan. *Journal of Comparative Family Studies* 39(3): 371-392.

附錄 1　婚姻狀態與離婚態度

| | 離婚態度（無小孩） | | | | 離婚態度（有小孩） | | | |
| | 女　性 | | 男　性 | | 女　性 | | 男　性 | |
	台灣	香港	台灣	香港	台灣	香港	台灣	香港
未婚	85.09%	51.18%	73.17%	50.46%	72.81%	48.82%	50.41%	40.37%
	(97/114)	(65/127)	(90/123)	(55/109)	(83/114)	(62/127)	(62/123)	(44/109)
已婚	81.93%	73.83%	72.68%	60.71%	58.02%	56.25%	39.85%	41.07%
	(322/393)	(189/256)	(290/399)	(136/224)	(228/393)	(144/256)	(159/399)	(92/224)
離婚／分居／	71.13%	74.58%	75.00%	72.22%	51.55%	66.10%	56.67%	55.56%
喪偶	(69/97)	(44/59)	(45/60)	(13/18)	(50/97)	(39/59)	(34/60)	(10/18)
樣本數	604	442	582	351	604	442	582	351

註：此表比例之計算已扣除兩離婚態度題目有缺失值之樣本。

附錄 2　婚姻狀態與非典型婚前關係

| | 婚前性行為 | | | | 同　居 | | | |
| | 女　性 | | 男　性 | | 女　性 | | 男　性 | |
	台灣	香港	台灣	香港	台灣	香港	台灣	香港
未婚	78.07%	46.34%	80.51%	73.68%	75.44%	63.41%	79.66%	72.63%
	(89/114)	(57/123)	(95/118)	(70/95)	(86/114)	(78/123)	(94/118)	(69/95)
已婚	47.46%	39.91%	60.00%	55.78%	45.94%	42.11%	47.34%	58.29%
	(187/394)	(91/228)	(237/395)	(111/199)	(181/394)	(96/228)	(187/395)	(116/199)
離婚／分居／	29.79%	34.69%	60.34%	30.77%	39.36%	53.06%	58.62%	69.23%
喪偶	(28/94)	(17/49)	(35/58)	(4/13)	(37/94)	(26/49)	(34/58)	(9/13)
樣本數	602	400	571	307	602	400	571	307

註：此表比例之計算已扣除兩離婚態度題目有缺失值之樣本。

5

香港華人家庭功能在親職壓力和
管教方式間的中介效果：社會工作的啟示

馬麗莊　賴樂嫣

香港中文大學社會工作學系

　　本文根據一項電話調查，嘗試探討親職壓力是否通過家庭功能影響管教方式，而當中父母和子女年齡是否影響有關中介作用。受訪家長親職壓力屬普通，他們的家庭功能為中等偏低，他們的管教方式反映出對子女的關心足夠，而其對子女的管教也算適中。雙變項分析顯示，母親親職壓力較高；家庭月收入和教育程度越低的家長，其親職壓力水平越高，對家庭功能的評價越負面，也越傾向減低愛護子女。家庭月收入和教育程度越高的家長，越傾向愛護子女。相關分析顯示，親職壓力越低，家庭功能越正面。然而，管教指數與家庭功能和親職壓力並不相關。檢測分析顯示，對於年紀最小子女在11歲或以下和12至17歲的母親，家庭功能在親職壓力和愛護管教方式之間，起了中介作用，但對於父親而言則沒有效果。最後，本文討論是次研究結果對社會工作實務和社會政策的啟示。

關鍵詞：香港、華人父母、家庭功能、親職壓力、管教方式

* 香港中文大學香港亞太研究所社會與政治發展研究中心資助本研究項目，僅此致謝。

Mediating Effects of Perceived Family Functioning in the Relationship Between Parenting Stress and Parental Style Among Chinese Parents in Hong Kong

Joyce L. C. Ma

Department of Social Work, The Chinese University of Hong Kong

Lauren L. Y. Lai

Department of Social Work, The Chinese University of Hong Kong

This paper reports the results of a telephone survey conducted in Hong Kong that explored whether the relationship between parenting stress and parental style of Chinese parents in Hong Kong was mediated by perceived family functioning and to examine if the mediating effect varied by parent's gender and the child's age. The results show that the respondents' parenting stress was average and their parental style was positive, indicating that Chinese parents' care and love toward their children was adequate and their effort to train and educate them, *guan*, was appropriate. The results of the bivariate analysis show that mothers, low-income parents, and parents with lower education attainment experienced higher parenting stress. Higher parenting stress was associated with lower family functioning, which was negatively related to the parental style of love. Another domain of parental style, *guan*, however, did not have any association with parenting stress and family functioning. Further analysis shows that the mediating effect of family functioning is indicated in the relationship between parenting stress and parental style of love for the mothers with the youngest child aged 11 or below and aged 12-17. Implications of the results of the study for future research and social work practice are discussed.

Keywords: Hong Kong, Chinese parents, perceived family functioning, parenting stress, parental style

引言

華人社會視教養子女爲父母的天職，對父母來說子女的出生是喜悅、也是責任。然而，父母的喜悅，可能隨著照顧子女、處理子女成長時面對的挑戰、應付家庭成員增加所帶來的經濟負擔等消逝，換來的是壓力和衝突，當中產生的負面情緒又可能牽動整個家庭的和諧穩定，並影響子女的成長。從生態系統理論(Bertalanffy 1962)來說，家庭是由多個子系統所組成的複雜系統，子系統除有各自運作模式和功能外亦彼此互相影響，整體家庭功能反映其互動和合作效果。父母子女是其中一個重要及較持久的子系統，在這子系統下，父母養育子女，讓他們學習成長、逐漸獨立自主。由此看來，父母子女相處與整體家庭功能運作在理論層面上是互相影響的，在實際家庭生活上是否如此則值得我們研究探討，而社會文化環境如何影響父母教養子女的情況，也是值得探討的。

本文嘗試探討親職壓力如何影響其管教方式，以及家庭功能在兩者之間是否存在中介作用。對研究家庭的學者來說，這方面的探討是非常重要的，尤其是在華人社會裡相關的討論並不足夠。對社會工作來說，更具實用價值，它可以讓社工們擴大專業視野，不只評估求助家庭的親職困難和壓力，也能瞭解其家庭功能和父母管教方式三者的相互關係，從而尋求多方面解決困難的途徑，減低親職壓力的辦法。

親職壓力

父母在養育子女的過程中都會感受到一定程度的壓力，親職壓力就是指父母教導子女時，在過程中可能引起的負面的心理和身體反應。子女問題是否成爲壓力來源，則視乎父母如何看待這些問題，以及能

否得到足夠的資源支持(Deater-Deckard 2004: 5-6)。父母主觀感受包括父母對子女行為和對自己為人父母能力的評估，而父母對事件的看法會影響其資源運用，從而導致採用不同處理壓力的方法和策略(Boss 1992)。

子女疾病以至日常生活瑣事均對父母構成壓力。子女患有過度活躍症（如 Fischer 1990; Theule et al. 2013）和自閉症(Estes et al. 2009; Rao and Beidel 2009)的父母，壓力水平較育有健康子女的高。日常生活瑣事也可能為父母帶來壓力(Creasey and Reese 1996; Östberg and Hagekull 2000; Crnic et al. 2005)，其影響程度甚至大於一些重要生活事件，如親人離世、失業和房屋等問題(Crnic and Greenberg 1990)。單親和教育程度較低，以及未獲支援的父母，親職壓力亦較高，他們的資源較少，處理子女問題時自然吃力。過去文獻顯示，單親母親比雙親家庭較無法享受為人父母的樂趣，她們也認為子女有較多行為問題(Chan 1994; Deater-Deckard 2004; Morgan et al. 2002; Quittner et al. 1990)。

子女年齡

至於親職壓力水平是否在子女不同成長階段而有所不同，至今似乎未有研究作比較，有關追蹤研究主要以學前子女母親為對象，探討在研究期間親職壓力水平的變化，而有關研究結論不一。以年輕母親為對象的研究發現，大部分受訪母親的壓力水平在子女兩歲到三歲期間有下降趨勢(Chang and Fine 2007)，但其他同類研究則發現親職壓力水平沒有顯著升降(Crnic et al. 2005; Deater-Deckard and Scarr 1996)。然而，Martinengo 等人(2010)的研究指出，2 至 5 歲孩子的在職父親感到工作影響了家庭生活，在職母親卻反過來感到家庭職責影響了她們的工作，但這種感受對於子女已就讀中學或外出工作的父母來說沒有這麼強烈。Dilworth (2004)的研究也發現，最小子女年紀越小的母親，越

感到家庭職責影響了工作。雖然這些研究並非直接量度親職壓力，但從父母對家庭與工作是否存在衝突的評估裡可見，父母可能要花較多時間在年幼子女身上，壓力水平亦可能較高。

父母差異

由於男女在社會教化過程的差異和兩性在社會上的分工，女性無論是感情上或行動上都比男性重視家庭生活，也更願意照顧子女，因此一般認為女性的親職壓力會處於較高水平。例如當回顧過去的生活事件時，女性較多列出的項目與家庭、健康有關，男性的清單上則有較多與經濟、伴侶關係和工作相關的事情；女性有較高比例對這些事件有負面評價，並且認為這些事件難以控制(Matud 2004)。在實際參與上，以往父親的親職參與較低，雖然近年父親照顧子女的時間增加，但母親仍然是孩子的主要照顧者，例如英國的雙職家庭裡，父親照顧子女的時間是母親的 75% (Featherstone 2009: 32-33)。此外，家庭壓力對母親身心影響似乎較大。日本的研究發現，女性身體和精神健康狀況明顯較男性差，她們需要兼顧工作和家庭而感到壓力；相比之下，社會則賦予男性專心工作的權利(Sekine et al. 2010)，因此父親在這方面的壓力比母親輕。學者們普遍認為母親是子女的主要照顧者，故此從前的研究很多只是探討母親親職壓力水平，而忽略了父親的情況。少數比較父母親職壓力水平的研究中，有些發現父母壓力水平相近，有些則顯示母親的壓力水平較高(Morgan et al. 2002)。

父母壓力水平差異，有兩面向的解釋。首先，性別角色理論指出，男女生理不同使兩性在多方面有差異，他們在社會扮演的社會角色不同，以致對生活價值取向不同，然而隨著婦女出外工作，兩性扮演的社會角色越接近，其生活價值取向也越相近。其次是社會教化理論認為，社會教化過程會塑造父母在我們心目中的角色，若認為男女在處理家事、就業角色相同的話，親職壓力水平理應相近(Morgan et al.

2002)。

在華人社會，傳統「男主外、女主內」的分工明確，母親照顧子女、父親則努力工作，支撐著家庭經濟(Yi and Chien 2002)。然而，近年隨著香港女性接受教育機會增加，教育程度提高後越來越多女性投身工作，女性勞動參與率由 1986 年的 48.9%上升至 2009 年的 53.1%（政府統計處 2010: 75）。可是，不論女性是否外出工作，她們仍然要打理家務。香港政府統計處的一項主題調查結果發現，在職女性有13.2%負責逾八成家務，男性只有 6.0%（政府統計處 2003: 105）。雖然中上層家庭有能力聘請海外家傭協助打理家務，女性也要負責訓練和監督家傭的工作(Choi and Ting 2009)。Kwok 與 Wong (2000)的研究發現，孩子在幼兒園和小學的母親，其親職壓力比父親高。另一項親職壓力研究(Leung et al. 2005)以香港母嬰健康院，以及其子女為四歲的父母為對象，但父母親職壓力差異卻未納入有關分析。

管教方式

Baumrind (1971, 2005)根據教養子女三面向：愛護、控制和回應，將父母管教方式歸類為開放權威、專制權威、寬鬆放任和疏忽四類型。第一類的父母對子女有適度的要求和回應，或是很大程度表達愛護和適度控制，是最理想且合適的父母教導子女取向。美國的研究發現，採取開放權威型管教方式的歐美裔父母，其子女的學業成績明顯較佳（如 Dornbusch et al. 1987; Chao 2001）。專制權威型的管教方式側重子女的服從性，懲罰子女但並沒有向他們解釋懲罰的原因，或是高度控制子女和很少表達愛護。西方研究顯示，專制權威型管教方式與子女侵略性行為和適應問題相關(Cheah et al. 2009)。然而，在歐美裡視為良好的管教方式，其正面效果在其他文化中未必顯著，相關研究顯示，開放權威型管教方式對子女學校成績的正面影響並非跨種族的

(Dornbusch et al. 1987; Leung et al. 1998; McBride-Chang and Chang 1998; Chao 2001)。

討論子女教育這項議題，不能脫離社會文化環境而談，以歐美社會為基礎的管教方式未必切合華人社會，皆因中西文化在社會價值取向上有明顯差異。歐美社會重視個人價值觀，華人社會在儒家文化和家族主義影響下強調集體、和諧、孝順父母，其社會教化目標(Chao 2000)和管教方式(Chan et al. 2009)與歐美國家有異。近年有學者(Chao 1994; Stewart and Bond 2002)提出，西方開放權威型和專制權威型的二元分類未能完全涵蓋華人社會「管教」這個面向。Chao (2000) 認為「管教」這個概念包含多重意思，並不等同專制和控制等西方的負面理解。若同樣以「要求」／「控制」，以及「回應」／「愛護」兩個面向量度，華人父母對前者理解為對子女持續的監管，避免子女誤入歧途；對後者則理解為對子女的一般性照顧、支持和教育。反觀，歐美對兩者分別理解為對子女的控制，以及對子女要有明顯和實際的「愛的行動」，如擁抱和稱讚子女。

以美國華裔父母和中國父母為研究對象的實證研究似乎支持管教方式的文化差異。研究發現，美國華裔父母在父母控制指數和專制權威指數的得分雖然比歐洲裔父母高，但同時在管教指數獲取較高分數；華裔父母管教指數亦與專制權威指數相關，但在歐洲裔父母卻未達統計上顯著水平(Chao 1994)。在台灣和香港，管教這項理念同時體現於開放權威型和專制權威型管教方式的父母(Chen and Luster 2002; Chan et al. 2009)。此外，以香港青年角度出發，調查他們對父母管教方式的看法，發現管教與愛護兩者有著密切的正關係(Stewart et al. 1998)，受訪的青年認為父母的管教也是愛護他們的表達。由此可見，我們的研究需要量度愛護、控制和管教，以更全面瞭解香港父母的管教方式。

華人社會除了將教育子女的責任放在母親的肩膀上，中國傳統慈母嚴父的形象深入民間，期望母親與子女建立親密關係，尤其在子女

年幼時母親對孩子的照顧無微不至(Chao 1994; Wu et al. 2002)。古詩有云：「慈母手中線，遊子身上衣」，明顯把母親建構成為慈愛、含辛茹苦將孩子養育成人的社會形象。父親則是嚴苛管教，以紀律為重。這種觀念未隨社會變遷而改變，Kim 與 Wong (2002: 195)回顧過去文獻，指出過往研究發現青年感到母親較縱容他們、容易親近，並且較少嘗試控制他們，相比之下，父親的要求比母親嚴苛。

子女年齡

為人父母的挑戰是要因應子女在不同發展階段的需要，適切地回應他們的成長需要。Erikson (1977)提出的發展理論指出，從出生到約4 歲時，孩童在早期會發展出對母親的依附信任，從而建立對他人的信任。到了小學時期，學童需要建立責任感和成功感，長期學業落後容易形成挫敗感。踏入中學階段，12 至 15 歲的青年需要鞏固自我身分，明白自己的社會角色。15 歲以後，青年開始感到需要與他人親近。由此可見，子女年幼時與父母關係較為親密，父母角色隨子女年紀漸長而改變，父母需要協助子女學習獨立自律、尋找自我發展的方向。在發展理論的提醒下，我們有理由相信，子女年齡不同，反映其成長時空不同，父母對子女的愛護和管教程度上可能也有所不同。中外臨床報導（馬麗莊 2001；Micucci 1998），青春期後的子女由於急速的身心成長，父母在管教上若沒有改變，容易產生問題。然而，也有學者(Steinberg 2001)指出，這樣的情況只出現於臨床樣本上，對一般在這發展階段的父母不一定適用。我們相信，父母對青春期前和青春期後子女的愛護和管教程度上可能有所不同。在華人社會裡，實際情況如何還有待探討。

家庭功能

　　父母壓力引致的負面情緒容易影響整體家庭氣氛和家庭功能。採取家庭系統的觀點，即子系統影響了整個系統的運作(Bertalanffy 1962)，而家庭功能同時影響父母對子女的教導，也可能是父母壓力的源頭。家庭功能反映家庭系統是否健康，對於家庭功能，一般的共識有處理身分角色問題、調節家庭系統分界、處理家庭情感氣氛、維繫家庭和處理家庭結構的改變。家庭功能是多面向的，Epstein等人(1983)根據其研究經驗，把家庭功能操作化爲問題解決、溝通、角色、感情回應、感情投入和行爲控制，以及整體家庭功能六個範疇。具體而言，提供一個良好生活環境，藉以促進家人身心健康是家庭任務之一，因此家庭著重管理包括時間、金錢等有關資源(Sabatelli and Bartle 1995)。Zubrick 等人(2000)認爲量度時間運用、經濟資本、人力及文化資本、心理資本和社會資本等的運用，能掌握受訪家庭的功能。除此之外，營造家庭良好氣氛，處理好家庭壓力，亦是家庭的重要工作。當壓力處理不當時，便會損害家人的身心健康(Sabatelli and Bartle 1995)。

親職壓力、管教方式與家庭功能

　　父母親職壓力水平過高或過低，均不利於子女管教。Abidin (1992)認爲親職壓力會直接，或通過父母的社會支援、能力、物質資源等影響其教導子女方式。親職壓力較高的父母，較容易憤怒(Lam 1999; Ohr et al. 2010)、傾向專制權威地管教子女(Deater-Deckard and Scarr 1996)，把憤怒發洩在子女身上，甚至虐兒(Rodriguez and Green 1997)。日積月累的瑣事，也令母親較少向子女展現笑容(Crnic et al. 2005)，並與其憂鬱、敵意、緊張等負面情緒和想法有相關(Ohr et al. 2010)。香港一項社

區調查發現，親職壓力削弱父母管教子女的效能感（香港國際社會服務社天水圍北綜合家庭服務中心、香港理工大學 2008）。父母的社會支援(Crnic and Greenberg 1990)和管教子女效能感(Jackson 2000)卻有效減低親職壓力對其管教方式的影響，父母自覺的管教子女能力亦能減輕親職壓力對父母精神健康的負面影響(Kwok and Wong 2000)。

　　家庭子系統之間是緊扣相連的，除了子系統內的互動外（親職壓力和教導子女的關係），父母在壓力下或會影響整體家庭系統的運作及和諧。Dyson (1997)比較育有發展遲緩和發展正常子女父母的親職壓力和家庭功能的關係，發現前者親職壓力越高，其家庭功能越差，但後者沒有顯著關係。Crnic 與 Greenberg (1990)的研究發現，日常積累下來的親職壓力與負面家庭功能有關，雖然由於研究方法的限制未能確定兩者之間的因果關係，但 Crnic 與 Greenberg 認為壓力和家庭功能欠佳有可能相互影響。

　　此外，只有少數研究嘗試探討家庭功能與管教方式的關係。例如Hill (1995)發現家庭功能與非洲裔美國父母的管教方式有關。有學者採用 Olson 與 DeFrain (2000)的理論模型，沿凝聚力和彈性兩個面向將家庭功能分類，並指出缺乏凝聚力和過於親密，以及過分自由或不會變通的情況，都不利於家庭整體運作。另有研究發現，在兩者取得平衡的家庭，父母較傾向開放權威型，而家庭功能良好的家庭，亦較不傾向專制權威型的管教方式(Mupinga et al. 2002)。Behnke 等人(2008)的研究假設墨西哥裔和歐美裔美國父母的生活事件帶來的壓力，會通過家庭凝聚力影響父母的教導方式，研究發現家庭凝聚力有部分中介效果。香港社區研究結果亦顯示，家庭功能是個人背景因素和家庭壓力事件，以及子女管教效能感的中介變項（香港國際社會服務社天水圍北綜合家庭服務中心、香港理工大學 2008）。事實上，管教方式被視為父母與子女關係的反映，因此可以推論，良好的家庭功能亦反映於正面的子女教導行為。

概括而言，文獻回顧顯示親職壓力、管教方式和家庭功能三者關係密切，但香港研究較多就三者個別探討，或在個別社區進行（香港國際社會服務社天水圍北綜合家庭服務中心、香港理工大學 2008）。故此，我們認爲應就三者的關係作更深入的探討，以填補其知識空白。

綜合以上所述，我們估計親職壓力會通過家庭功能影響管教方式（包括愛護和管教）。其二，如文獻回顧所述，母親一般比父親投入更多時間處理家庭事務和照顧子女，因此我們估計子女問題容易影響母親的家庭和諧觀感，進而影響其管教方式（包括愛護和管教）。此外，傳統文化期望的父母身分角色不同，管教方式受影響範疇亦可能不同。其三，父母會按子女年齡施行教育，我們估計面對青春期前和青春期後的子女，父母的管教方式（包括愛護和管教）在程度上可能不同，受影響的因素亦不同。

研究方法

本研究採用電話調查方法，從香港中、英文版的住宅簿中，隨機抽出若干電話，然後將已抽選的電話號碼最後兩個數字刪去，再配上由電腦產生的隨機數字；當成功接觸住戶後，再選取其中一名有 1 至 18 歲以下子女的家長作爲訪問對象。調查透過結構性問卷於 2008 年 11 月中旬至 12 月初以電話訪問了 1,002 位育有 1 至 18 歲子女的父母，回應率爲 66.9%。以這個樣本爲母體，並將可信度設於 95%，最大可能樣本誤差爲正或負 3.10% 以內 (Ma et al. 2011)。

測量工具

管教方式：參考 Stewart 等人 (1998) 選取共 11 項指標，量度家長在關懷（如「能察覺子女不開心」、「與子女一起玩」）、控制（如「立即糾正或指出子女的錯處」、「跟子女講道理」）和管教（如在子女

年幼時「盡自己的能力敎子女讀書」、「要求子女自律」）三個領域
的子女敎導行為。這項測量最大的特色是加入華人家長子女管敎這方
面的元素。答案以四分尺度量度（沒有＝1；很少＝2；間歇＝3；經常
＝4），分數越高代表該行為出現的頻率越高、管敎方式越正面。我們
採用主成分分析(Principal Component Analysis)，將 11 項量度管敎方式
的指標分為兩個主要因子，分別名為「愛護」和「管敎」。「愛護」
包括留意子女的情緒和需求（關注子女需求、察覺子女是否不開心）、
與子女交流互動（一起玩、稱讚子女、用語言和行動表達愛）。「管
敎」包括父母對子女的要求（自律、做事要全力以赴），以及敎導和
糾正子女的錯誤（盡自己能力敎子女讀書、立即糾正或指出錯處、講
道理、批評）。若將有關項目合併為指數，男女樣本「愛護」指數的
Cronbach's alpha 分別為 0.747 和 0.633，「管敎」指數分別為 0.625 和
0.580，顯示兩個領域的信度程度雖差強人意，但可以接受。值得留意
的是，在 Stewart 等人(1998)研究中被視為控制和管敎的項目，在我們
的研究中的因子分析未被分類出來。

　　親職壓力：參考瑞典親職壓力問卷(Swedish Parenthood Stress
Questionnaire) (Östberg et al. 1997; Östberg and Hagekull 2000)選取共九
項量度家長壓力，問題涵蓋家長自覺能力（如：你是否同意當子女出
生後，在處理問題時感到力不從心？）、角色限制（如：你是否同意
當子女出生後，沒有私人時間？）、社會支援（如：你是否同意當子
女出生後，需要時沒有人幫忙？）、與配偶關係（如：你是否同意當
子女出生後，你與配偶衝突增加？）、個人健康（如：你是否同意當
子女出生後，你比較過去更疲倦？），並另增一項量度家庭經濟狀況
的指標（你是否同意當子女出生後，家庭出現困難？）（表 1），問
題同樣以四分尺度量度（非常不同意＝1；不同意＝2；同意＝3；非
常同意＝4）。瑞典親職壓力問卷源自 Abidin (1990)的父母壓力指數
(Parenting Stress Index, PSI)其中的家長部分。Tam 等人(1994)的研究顯

表 1 親職壓力量表(%)

	非常不同意	不同意	同意	非常同意	不知／難說	*n*
「較以前更疲倦」	1.3	19.1	51.8	26.8	1.0	1,002
「大部分生活被子女的需要控制」	0.6	27.1	56.8	14.0	1.5	1,002
「沒有私人時間」	1.9	35.6	49.9	11.2	1.4	1,002
「在處理子女的問題時會覺得力不從心」	2.2	39.1	51.9	4.8	2.0	1,002
「與配偶較從前有更多衝突」	3.0	39.9	49.8	5.5	1.8	1,002
「有需要的時候沒有人幫忙」	3.9	57.1	34.0	3.4	1.6	1,002
「你的家庭經濟出現困難」	4.2	62.6	28.7	3.1	1.4	1,002
「與配偶的關係較從前好」	0.7	23.8	60.2	3.8	11.6	1,002
「較多與其他家長交流帶孩子的經驗」	1.6	14.9	63.7	18.8	1.1	1,002
「較以前更身心愉快」	0.5	7.6	72.0	16.8	3.2	1,002

示，親職壓力指數對於量度香港母親的親職壓力是可信和可靠的，且能準確地(93.0%)分辨處於高親職壓力和低親職壓力水平的母親。本研究的結果顯示，男性和女性受訪者的信度（男：Cronbach's alpha = 0.697；女：Cronbach's alpha = 0.623）是可信的。

家庭功能：原版本的 McMaster Family Assessment Device 完整量表共有 60 個項目(Epstein et al. 1983)，本研究參考一般家庭功能評估 12 個項目的量表，從中選取了四項正面陳述和五項反面陳述共九個項目，以量度主觀家庭功能。答案以四分尺度記錄（非常同意 = 1；同意 = 2；不同意 = 3；非常不同意 = 4；分數越高代表越不健康），健康與不健康的家庭功能的分界點是 2.0 (Miller et al. 1985)。正面量度詢問受訪者家人之間是否彼此接納和表達感受、互相信賴，以及在危機時互相扶持等，受訪者對該項的評分越高，其主觀家庭功能越高；反面量度詢問受訪者是否認為家人之間存在誤解、怨氣和不能互相傾訴等，受

訪者對該項的評分越高，其主觀家庭功能越不健康。本研究的結果顯示，男性和女性受訪者的信度（男：Cronbach's alpha = 0.747；女：Cronbach's alpha = 0.746）是可信的。

受訪者背景

本研究主要探討有不同性別和年齡子女的家長各變項的關係。子女年齡採年紀最小子女的年紀，大致按就學階段劃分為年幼（就讀小學或以下、年齡在 11 歲或以下）和青少年（就讀中學、年齡在 12 至 17 歲）兩組。同時將父母的年齡（1 = 30 歲以下，2 = 30 至 49 歲，3 = 50 歲或以上）、教育程度（1 = 小學或以下，2 = 中學，3 = 大專／大學）、家庭月收入、家庭類型和子女數目納入分析，作為控制變項。樣本有較大比例的受訪者為女性(57.8%)、40 至 49 歲(54.2%)、中學學歷(63.8%)、家庭月收入介乎港幣 1 萬至 3 萬以下(43.6%)和生活在核心家庭(78.9%)（表 2）。受訪者大多只有 1 或 2 名子女（分別為 57.4% 和 38.5%），子女年齡為 11 歲或以下和 12 至 17 歲的比例分別為 62.5% 和 37.5%。

分析方法

我們首先以單因方差分析(ANOVA)探討不同家庭月收入、教育程度和最小子女年齡（簡稱子女年齡）、父母親職壓力、管教方式（愛護、管教）和家庭功能是否存在差異。然後將樣本按性別和子女年齡劃分，探討兩個面向的管教方式與親職壓力和家庭功能的相關性。如顯著相關，則採用 Preacher 與 Hayes (2008)建議的 bootstrap 程序，檢視家庭功能在管教方式和親職壓力之間的中介效果。Bootstrap 程序指從調查樣本中重複隨機抽選 5,000 個 bootstrap 樣本，用以估量中介效果，詳情可參考 Preacher 與 Hayes (2008)。

表 2　受訪者的個人背景資料(%)

	性別		整體
	男	女	
整體	42.2	57.8	(*n*) 1,002
年齡			
29 歲或以下	2.6	3.1	2.9
30 至 39 歲	23.3	33.3	29.1
40 至 49 歲	53.4	54.7	54.2
50 歲或以上	20.7	8.9	13.8
n	421	576	997
教育程度			
小學或以下	6.2	9.6	8.2
中學	57.4	68.5	63.8
大專／大學	36.4	22.0	28.0
n	418	574	992
就業情況			
在職	90.7	52.2	68.4
主理家務	0.2	46.8	27.2
失業／待業	6.5	0.3	2.9
退休	1.4	0.2	0.7
沒有工作（其他原因）	1.2	0.5	0.8
n	418	575	993
家庭月收入（港幣）			
1 萬以下	8.7	18.4	14.2
1 萬至 3 萬以下	45.7	42.1	43.6
3 萬或以上	42.9	34.7	38.2
不知道／不定	2.7	4.8	3.9
n	403	539	942
家庭類型			
核心家庭：父母跟子女	81.4	77.0	78.9
擴大式家庭：包括父母跟子女及祖父母或父母的兄弟姐妹	16.7	17.5	17.1
單親家庭	1.9	5.5	4.0
n	420	578	998

研究結果

整體來說，受訪父母的親職壓力指數均值爲 2.47 分，稍低於尺度中點（即 2.5 分），反映受訪父母的壓力水平屬普通（表 3）。家庭功能方面，整體均值爲 2.12 分，稍高於 Miller 等人(1985)訂立的 2 分分界線，顯示受訪父母的家庭功能爲中等偏低。受訪父母愛護和管教的管教方式均值分別爲 3.44 分和 3.46 分，高於尺度中點（即 3 分），顯示家長對子女的關心程度足夠，其管教也稍高於尺度中點，尚算適中。至於父母的分別，單因方差分析發現母親的壓力水平（均值 = 2.51 分）較父親（均值 = 2.42 分）高。在管教方式方面，母親愛護和管教指數均值分別爲 3.53 分和 3.54 分，比父親的高（均值分別爲 3.32 分和 3.34分），反映母親較愛護和管教子女（表 3）。

我們再以單因方差分析探討不同家庭月收入、教育程度和子女出生年代父母的親職壓力、管教方式和家庭功能是否存在差異，結果列於表 3。首先，不同家庭月收入和教育程度的父母，對親職壓力和家庭功能評估的分別最爲明顯，家庭月收入和教育程度越低者，其親職壓力水平越高，以及對家庭功能的評價越負面。例如家庭月收入達 3萬或以上的父親，其親職壓力指數均值爲 2.37 分，但在 1 萬元以下者均值則達 2.57 分。此外，除家庭月收入與管教的管教方式未有顯著關係外，家庭月收入和教育程度不同，採取愛護或管教的管教方式有顯著差異：家庭月收入和教育程度越高者，越傾向愛護管教方式。

其次，不論父親或母親，子女年齡與愛護的管教方式有顯著關係，年幼子女的父母較傾向愛護子女。管教的管教方式方面，年幼子女母親比青少年子女母親，有較高傾向，但對於父親而言，子女年齡與管教的管教方式沒有顯著關係。至於家庭功能方面，有 11 歲或以下子女的父親（2.09 分），其家庭功能較有 12 至 17 歲（2.16 分）者正面，

表 3　不同社經背景與親職壓力指數、管教方式指數和家庭功能
　　　指數的關係

| | 親職壓力 | | 管教方式 | | | | 家庭功能 | |
| | | | 愛護 | | 管教 | | | |
	均值	n	均值	n	均值	n	均值	n
整體	2.47	991	3.44	1,000	3.46	989	2.12	988
父親	2.42	418	3.32	422	3.34	411	2.11	415
家庭月收入								
1 萬以下	2.57	34	3.17	35	3.30	33	2.29	33
1 至 3 萬以下	2.43	181	3.24	184	3.31	178	2.13	183
3 萬或以上	2.37	172	3.46	173	3.41	170	2.06	171
F 比率	7.05***		9.95***		2.73		12.89***	
教育程度								
小學或以下	2.60	25	3.01	25	3.15	23	2.29	22
中學	2.45	237	3.28	240	3.33	232	2.14	238
大專／大學	2.33	151	3.44	152	3.40	151	2.03	151
F 比率	12.44***		9.36***		3.74*		13.88***	
年紀最小子女年齡								
11 歲或以下	2.43	285	3.39	288	3.35	277	2.09	283
12-17 歲	2.38	133	3.16	134	3.34	134	2.16	132
F 比率	2.19		19.31***		.09		6.69*	
母親	2.51	573	3.53	578	3.54	578	2.13	573
家庭月收入								
1 萬以下	2.59	97	3.33	99	3.45	99	2.25	97
1 至 3 萬以下	2.54	226	3.49	227	3.57	226	2.17	224
3 萬或以上	2.44	186	3.69	186	3.60	187	2.01	187
F 比率	8.65***		30.81***		5.61**		28.43***	
教育程度								
小學或以下	2.60	54	3.22	55	3.27	55	2.29	54
中學	2.52	390	3.52	392	3.56	392	2.14	389
大專／大學	2.43	124	3.69	126	3.58	126	1.99	125
F 比率	6.63**		28.22***		15.82***		26.43***	
年紀最小子女年齡								
11 歲或以下	2.53	335	3.60	338	3.59	337	2.11	336
12-17 歲	2.48	238	3.42	240	3.46	241	2.14	237
F 比率	3.41		30.18***		16.78***		1.15	

* $p < .05$, ** $p < .01$, *** $p < .001$

但不同子女年齡母親的家庭功能評估相似。亦即子女年齡相異者，其父母親職壓力亦沒有明顯分別。

家庭功能的中介作用

我們接著採用相關分析(correlation analysis)，探討家庭功能指數、親職壓力指數和兩項管教方式（愛護和管教）指數的相關性。從表 4 可見，各指數的相關性對於有不同年齡子女的父親或母親效果基本相同：家庭功能與親職壓力的相關性較強，相關係數介於 0.424 至 0.493，即親職壓力越低者，其家庭功能越正面。兩個面向的管教方式顯著相關，除年幼子女的母親外（相關係數為 0.310），管教與愛護的相關係數均在 0.4 以上（0.412 至 0.524）。至於管教方式與家庭功能和親職壓力的關係，家庭功能越正面和親職壓力越低者，越傾向愛護管教方式，但管教指數與家庭功能和親職壓力的相關係數均未達統計上顯著水平。

我們接著檢測家庭功能的中介效果。由於管教與家庭功能和親職

表 4　親職壓力指數、管教方式指數和家庭功能指數的零序相關係數

	父親			母親		
	親職壓力	愛護	管教	親職壓力	愛護	管教
年紀最小子女年齡：11 歲或以下						
家庭功能	.462***	-.269***	-.098	.424***	-.279***	-.070
親職壓力		-.258***	-.003		-.232***	.039
愛護			.420***			.310***
年紀最小子女年齡：12-17 歲						
家庭功能	.493***	-.255**	-.043	.430***	-.314***	-.108
親職壓力		-.273**	-.129		-.135*	-.050
愛護			.524***			.412***

註：「主觀家庭功能」分數越低代表家庭功能越好，「親職壓力」分數越高代表壓力越大，「愛護、管教」分數越高代表越傾向該管教方式。
$* p < .05, ** p < .01, *** p < .001$

壓力的相關度甚弱，因此只對愛護作分析。我們採用了 Preacher 與 Hayes (2008)建議的bootstrap程序，以親職壓力爲自變項、愛護爲依變項，在控制家庭月收入、教育程度和子女數目下，檢視家庭功能的中介效果，結果列於圖 1 和表 5。在父親方面，有年幼子女者，其親職壓力都與家庭功能（路徑 a）和愛護（路徑 c）有關，壓力水平越高者，其家庭功能越不健康，以及越不傾向愛護子女。同時加入親職壓力和家庭功能後，路徑 c' 的係數減弱，但親職壓力通過家庭功能影響愛護的間接效果並不顯著，其 95%信賴區間(confidence interval)包含了零，即家庭功能沒有中介效果。有青少年子女的父親，親職壓力都與家庭功能（路徑 a）相關，但親職壓力對愛護的直接（路徑 c）和間接

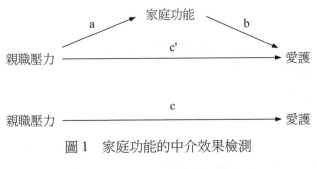

圖 1　家庭功能的中介效果檢測

表 5　家庭功能的中介效果檢測

年紀最小子女年齡	a	b	c	c'	間接效果	
					點估計	95% CI
父親						
11 歲或以下	.355***	-.265*	-.325***	-.230*	-.094	[-.2169, .0040]
12-17 歲	.375***	-.386	-.426	-.281	-.145	[-.3985, .0380]
母親						
11 歲或以下	.329***	-.144*	-.163**	-.116	-.048	[-.1015, -.0001]
12-17 歲	.366***	-.437***	-.112	-.058	-.160	[-.2931, -.0586]

註：表內數字爲非標準化係數。
* $p < .05$, ** $p < .01$, *** $p < .001$

效果（路徑 c'）均不顯著，家庭功能同樣未見有中介效果。

　　至於母親方面，對於子女在 11 歲或以下者，親職壓力與家庭功能的關係明顯，即親職壓力越大者，其對家庭功能評估越負面（路徑 a）。親職壓力亦與愛護有直接關係（路徑 c），但加入家庭功能後其相關性變得不顯著（路徑 c'），其間接效果的信賴區間介乎-0.1015 和-0.0001 之間，即親職壓力通過家庭功能影響愛護。家庭功能的中介效果同樣見於青少年子女的母親，雖然親職壓力與愛護沒有直接關係（路徑 c），但前者明顯通過家庭功能影響愛護，其間接效果的信賴區間為〔-0.2931, -0.0586〕。[1] 概括而言，家庭功能的中介效果對育有不同年齡子女的父親並不顯著，但對育有這兩組年齡組別子女的母親來說，家庭功能有明顯保護作用。

討論和結論

　　我們的研究發現，量度管教方式的指標可分為「愛護」和「管教」兩個面向，「愛護」包括顯示留意子女的情緒和需求，以及與子女的交流互動的指標；「管教」則量度父母對子女的要求，以及教導和糾正子女錯誤的方法。雙變項分析顯示，母親的親職壓力較高，但有關原因還有待日後進一步探討。家庭收入和教育程度較低的父母，相對於家庭收入和教育程度較高的父母，不僅親職壓力水平較高，其家庭功能也較差，同時也較不傾向愛護與管教的管教方式。雖然雙變項分析有其限制，未能排除影響雙變項關係的其他因素，但是，本研究數據再一次支持過往研究對於教育與親職關係(Tam et al. 2001; Deater-Deckard and Scarr 1996)的發現，反映這些弱勢家庭在教導子女、親職

1　Baron 與 Kenny (1986)指出自變項與依變項須顯著相關（路徑 c），才會有中介效果，但 Hayes (2009)認為這並非必要條件。

壓力及家庭功能三方面皆處於不利狀況，需要服務支援。

親職壓力、管教方式和家庭功能三項指數的相關分析顯示，不論父親或母親，以及子女年齡，正面家庭功能和低親職壓力有關，但與管教則沒有呈現顯著關係，似乎顯示注重子女紀律、教育是普遍家長對子女的要求，與家庭整體功能和親職壓力無關。但若再仔細看個別管教指標與兩項指標的關係，便發現家庭功能越不健康和傾向處於較高親職壓力水平者，越常批評子女（Pearson's r 分別是 0.083 和 0.144）；家庭功能越正面者，亦越常跟子女說道理和盡力教導子女讀書（Pearson's r 分別是-0.099 和-0.157）。由此可見，雖然整體管教的管教方式不受影響，但個別的教導行為仍可能有關。

我們的研究發現，親職壓力通過家庭功能影響其愛護的管教方式，主要對母親而非父親有顯著性。然而，本研究對於家庭功能中介作用的性別差異，仍難以蓋棺論定。第一，本研究方法是一次性電話調查，由於方法局限未能找出因果關係。第二，為了提高受訪率，我們未能把所有重要變項，例如婚姻滿意度(Deater-Deckard and Scarr 1996)納入研究範疇，從而削弱其解釋力。

在理論層面方面，我們的研究有以下的貢獻：第一，研究數據支持生態系統理論的基本假設，即子系統（父母子女）與家庭整體系統（家庭功能）相互的緊密關係。第二，我們的研究發現家庭整體系統在子系統所起的中介作用，是有其性別差異，而這性別差異反映社會文化環境是通過社會教化過程以及傳統文化對父母教育子女的期望和分工，影響著親職壓力和管教方式，並回應了生態系統理論提出不同層次的社會系統如何環環相扣、互相牽動，及其相互影響的情況和機制，即社會教化過程和文化信念。

綜合來說，我們的研究對社會工作的啟示包括：在專業評估時，面對求助家庭的親職和管教問題時，不僅需要評估他們的親職壓力和問題，也必須瞭解影響管教子女的相關環境因素，主要是父母收入、

教育程度、家庭功能運作等。在提供協助時，改善他們在社會不利的
個人（收入和就業培訓）和社會因素（最低工資和工時）與協助他們
建立良好的管教方式同等重要。有鑑於此，相關家庭友善政策的倡導、
家庭教育推廣和微觀社會服務支援是互相促進、互相呼應的。

最後，由於本研究方法局限，未能確定相關變項的因果關係，所
採用的測量工具，都是受訪者的主觀匯報，不一定反映受訪者管教子
女的實況。我們建議未來的研究在資源允許下，採納追蹤研究，並加
入深度訪談和田野觀察，以豐富對華人社會親職壓力、管教方式和家
庭功能的瞭解，並開拓相關的理論。

參考文獻

政府統計處(2003)主題性住戶統計調查第十四號報告書。香港：政府統計
　　處。
──(2010)香港的女性及男性主要統計數字。香港：政府統計處。
香港國際社會服務社天水圍北綜合家庭服務中心、香港理工大學(2008)天
　　水圍（北）家庭功能、親職壓力及子女管教效能感研究報告。香港：
　　香港理工大學。
馬麗莊(2001)青少年與家庭治療。台北：五南。
Abidin, Richard R. (1990) *Parenting Stress Index: Manual*. Charlottesville, VA:
　　Peditatric Psychology Press.
──(1992) The Determinant of Parenting Stress. *Journal of Clinical Child
　　Psychology* 21: 407-412.
Baron, Reuben M., and David A. Kenny (1986) The Moderator-Mediator
　　Variable Distinction in Social Psychological Research: Conceptual,
　　Strategic, and Statistical Considerations. *Journal of Personality & Social
　　Psychology* 51(6): 1173-1182.
Baumrind, Diana (1971) Current Patterns of Parental Authority. *Developmental
　　Psychology* 4(1 Pt. 2): 1-103.
──(2005) Patterns of Parental Authority and Adolescent Autonomy. *New

Directions for Child and Adolescent Development 108: 61-69.

Behnke, Andrew O., Shelley M. MacDermid, Scott L. Coltrane, Ross D. Parke, Sharon Duffy, and Keith F. Widaman (2008) Family Cohesion in the Lives of Mexican American and European Parents. *Journal of Marriage and Family* 70(4): 1045-1059.

Bertalanffy, Ludwig won (1962) General System Theory-A Critical Review. *General Systems Yearbook* 7: 1-20.

Boss, Pauline (1992) Primacy of Perception in Family Stress Theory and Measurement. *Journal of Family Psychology* 6(2): 113-119.

Chan, Yuk Chung (1994) Parenting Stress and Social Support of Mothers Who Physically Abuse Their Children in Hong Kong. *Child Abuse & Neglect* 18(3): 261-269.

Chan, S. M., J. Bowes, and S. Wyver (2009) Chinese Parenting in Hong Kong: Links among Goals, Beliefs and Styles. *Early Child Development and Care* 179(7): 849-862.

Chang, Yiting, and Mark A. Fine (2007) Modeling Parenting Stress Trajectories Among Low-Income Young Mothers Across the Child's Second and Third Years: Factors Accounting for Stability and Change. *Journal of Family Psychology* 21(4): 584-594.

Chao, Ruth K. (1994) Beyond Parental Control and Authoritarian Parenting Style: Understanding Chinese Parenting through the Cultural Notion of Training. *Child Development* 65(4): 1111-1119.

——(2000) The Parenting of Immigrant Chinese and European American Mothers: Relations Between Parenting Styles, Socialization Goals, and Parental Practices. *Journal of Applied Developmental Psychology* 21(2): 233-248.

——(2001) Extending Research on the Consequences of Parenting Style for Chinese Americans and European Americans. *Child Development* 72(6): 1832-1843.

Cheah, Charissa S. L., Christy Y. Y. Leung, Madiha Tahseen, and Schultz David (2009) Authoritative Parenting Among Immigrant Chinese Mothers of Preschoolers. *Journal of Family Psychology* 23(3): 311-320.

Chen, Fu-mei, and Tom Luster (2002) Factors Related to Parenting Practices in

Taiwan. *Early Child Development and Care* 172(5): 413-430.

Choi, Susanne Y. P., and K. F. Ting (2009) A Gender Perspective on Families in Hong Kong. Pp. 159-179 in *Mainstreaming Gender in Hong Kong Society*, edited by Fanny M. Cheung and Eleanor Holroyd. Hong Kong: The Chinese University Press.

Creasey, Gary, and Marla Reese (1996) Mothers' and Fathers' Perceptions of Parenting Hassles: Associations with Psychological Symptoms, Nonparenting Hassles, and Child Behavior Problems. *Journal of Applied Developmental Psychology* 17: 393-406.

Crnic, Keith A., and Mark T. Greenberg (1990) Minor Parenting Stresses with Young Children. *Child Development* 61(5): 1628-1637.

Crnic, Keith A., Catherine Gaze, and Casey Hoffman (2005) Cumulative Parenting Stress Across the Preschool Period: Relations to Maternal Parenting and Child Behaviour at Age 5. *Infant Child Development* 14(2): 117-132.

Deater-Deckard, Kirby (2004) *Parenting Stress*. New Haven: Yale University Press.

Deater-Deckard, Kirby, and Sandra Scarr (1996) Parenting Stress Among Dual-Earner Mothers and Fathers: Are There Gender Differences? *Journal of Family Psychology* 10(1): 45-59.

Dilworth, Jennie E. Long (2004) Predictors of Negative Spillover from Family to Work. *Journal of Family Issues* 25(2): 241-261.

Dornbusch, Sanford M., Philip L. Ritter, P. Herbert Leiderman, Donald F. Roberts, and Michael J. Fraleigh (1987) The Relation of Parenting Style to Adolescent School Performance. *Child Development* 58(5): 1244-1257.

Dyson, Lily L. (1997) Fathers and Mothers of School-Age Children with Developmental Disabilities: Parental Stress, Family Functioning, and Social Support. *American Journal on Mental Retardation* 102(3): 267-279.

Erikson, Erik H. (1977) *Childhood and Society*. London: Paladin.

Epstein, Nathan B., Lawrence M. Baldwin, Duane S. Bishop (1983) The McMaster Family Assessment Device. *Journal of Marital and Family Therapy* 9(2): 171-180.

Estes, Annettes, Jeffrey Munson, Geraldine Dawson, Elizabeth Koehler, Xiaohua Zhou, and Robert Abbott (2009) Parenting Stress and Psychological Functioning Among Mothers of Preschool Children with Autism and Developmental Delay. *Autism* 13(4): 375-387.

Featherstone, Brid (2009) *Contemporary Fathering: Theory, Policy and Practice*. Bristol: The Policy Press.

Fischer, Mariellen (1990) Parenting Stress and the Child with Attention Deficit Hyperactivity Disorder. *Journal of Clinical Child Psychology* 19(4): 337-346.

Hayes, A. F. (2009) Beyond Baron and Kenny: Statistical Mediation Analysis in the New Millennium. *Communication Monographs* 76(4): 408-420.

Hill, Nancy E. (1995) The Relationship Between Family Environment and Parenting Style: A Preliminary Study of African American Families. *The Journal of Black Psychology* 21(4): 408-423.

Jackson, Aurora P. (2000) Maternal Self-Efficacy and Children's Influence on Stress and Parenting Among Single Black Mothers in Poverty. *Journal of Family Issues* 21(1): 3-16.

Kim, Su Yeung, and Vivian Y. Wong (2002) Assessing Asian and Asian American Parenting: A Review of the Literature. Pp. 185-201 in *Asian American Mental Health: Assessment Theories and Methods*, edited by Karen S. Kurasaki, Sumie Okazaki and Stanley Sue. New York: Kluwer Academic/Plenum Publishers.

Kwok, Sylvia, and Daniel Wong (2000) Mental Health of Parents with Young Children in Hong Kong: The Roles of Parenting Stress and Parenting Self-efficacy. *Child & Family Social Work* 5(1): 57-65.

Lam, Debbie (1999) Parenting Stress and Anger: The Hong Kong Experience. *Child & Family Social Work* 4(4): 337-346.

Leung, K., S. Lau, and Lam W. L. (1998) Parenting Styles and Academic Achievement: A Cross-Cultural Study. *Merrill-Palmer Quarterly* 44: 157-172.

Leung, C., S. Leung, R. Chan, K. Tso, and F. Ip (2005) Child Behavior and Parenting Stress in Hong Kong Families. *Hong Kong Medical Journal* 11 (5): 373-380.

Ma, Joyce L. C., Timothy K. Y. Wong, Y. K. Lau, and Lauren L. Y. Lai (2011)

Parenting Stress and Perceived Family Functioning of Chinese Parents in Hong Kong: Implications for Social Work Practice. *Asian Social Work and Policy Review* 5: 160-180.

Martinengo, Giuseppe, Jenet I. Jacob, and E. Jeffrey Hill (2010) Gender and the Work-Family Interface: Exploring Differences Across the Family Life Course. *Journal of Family Issues* 31(10): 1363-1390.

Matud, M. Pilar (2004) Gender Differences in Stress and Coping Styles. *Personality and Individual Differences* 37(7): 1401-1415.

McBride-Chang, C., and Chang L. (1998) Adolescent-Parent Relations in Hong Kong: Parenting Styles, Emotional Autonomy, and School Achievement. *The Journal of Genetic Psychology* 159: 421-436.

Micucci, Joseph A. (1998) *The Adolescent in Family Therapy: Breaking the Cycle of Conflict and Control.* New York: Guilford Press.

Miller, Ivan W., Nathan B. Epstein, Duane S. Bishop, and Gabor I. Keitner (1985) The McMaster Family Device: Reliability and Validity. *Journal of Marital and Family Therapy* 11(4): 345-356.

Morgan, J., D. Robinson, and J. Aldridge (2002) Parenting Stress and Externalizing Child Behavior. *Child & Family Social Work* 7(3): 219-225.

Mupinga, Emily Evellyn, M. E. Betsy Garrison, and Sarah H. Pierce (2002) An Exploratory Study of the Relationships Between Family Functioning and Parenting Styles: The Perceptions of Mothers of Young Grade School Children. *Family and Consumer Sciences Research Journal* 31(1): 112-129.

Ohr, Phyllis S., Hilary B. Vidair, Meredith Gunlicks, Allen B. Grove, and Candice La Lima (2010) Maternal Mood, Video-Mediated Cognitions, and Daily Stress During Home-Based, Family Interactions. *Journal of Family Psychology* 24(5): 625-634.

Olson, David H., and John DeFrain (2000) *Marriage and the Family: Diversity and Strengths.* Mountain View, CA: Mayfield.

Östberg, Monica, and Berit Hagekull (2000) A Structural Modeling Approach to the Understanding of Parenting Stress. *Journal of Clinical Child Psychology* 29(4): 615-625.

Östberg, Monica, Berit Hagekull, and Sigrid Wettergren (1997) A Measure of

Parental Stress in Mothers with Small Children: Dimensionality, Stability and Validity. *Scandinavian Journal of Psychology* 38(3): 199-208.

Preacher, Kristopher J., and Andrew F. Hayes (2008) Asymptotic and Resampling Strategies for Assessing and Comparing Indirect Effects in Multiple Mediator Models. *Behavior Research Methods* 40(3): 879-891.

Quittner, Alexandra L., Robert L. Glueckauf, and Douglas N. Jackson (1990) Chronic Parenting Stress: Moderating Versus Mediating Effects of Social Support. *Journal of Personality and Social Psychology* 59(6): 1266-1278.

Rao, Patricia A., and Deborah C. Beidel (2009) The Impact of Children with High-Functioning Autism on Parental Stress, Sibling Adjustment, and Family Functioning. *Behavior Modification* 33(4): 437-451.

Rodriguez, Christina M., and Andrea J. Green (1997) Parenting Stress and Anger Expression as Predictors of Child Abuse Potential. *Child Abuse & Neglect* 21(4): 367-377.

Sabatelli, Ronald M., and Suzanne E. Bartle (1995) Survey Approaches to the Assessment of Family Functioning: Conceptual, Operational, and Analytical Issues. *Journal of Marriage and the Family* 57: 1025-1039.

Sekine, Michikazu, Tarani Chandola, Pekka Martikainen, Michael Marmot, and Sadanobu Kagamimori (2010) Sex Differences in Physical and Mental Functioning of Japanese Civil Servants: Explanations from Work and Family Characteristics. *Social Science & Medicine* 71(12): 2091-2099.

Steinberg, Laurence (2001) We Know Some Things: Parent-Adolescent Relationships in Retrospect and Prospect. *Journal of Research Adolescence* 11(1): 1-19.

Stewart, Sunita Mahtani, Nirmala Rao, Michael H. Bond, Catherine McBride-Chang, Richard Fielding, and Betsy D. Kennard (1998) Chinese Dimensions of Parenting: Broadening Western Predictors and Outcomes. *International Journal of Psychology* 33(5): 345-358.

Stewart, Sunita Mahtani, and Michael Harris Bond (2002) A Critical Look at Parenting Research from the Mainstream: Problems Uncovered while Adapting Western Research to Non-Western Cultures. *British Journal of Developmental Psychology* 20(3): 379-392.

Tam, Kwok-kwan, Yuk-chung Chan, and Chi-kin Max Wong (1994) Validation of the Parenting Stress Index Among Chinese Mothers in Hong Kong. *Journal of Community Psychology* 22(3): 211-223.

Tam, F., C. M. Lam, E. Ho., R. Cheng., and J. L. C. Ma (2001) *Report on the Consultancy Study on the Promotion of Parent Education in Hong Kong.* Final report submitted to the Board of Education, HKSAR Government.

Theule, Jennifer, Judith Wiener, Rosemary Tannock, and Jennifer M. Jenkins (2013) Parenting Stress in Families of Children with ADHD: A Meta-Analysis. *Journal of Emotional and Behavioral Disorder* 21(1): 3-17.

Wu, Peixia, Clyde C. Robinson, Chongming Yang, Craig H. Hart, Susanne F. Olsen, Christin L. Porter, Shenghua Jin, Jianzhong Wo, and Xinzi Wu (2002) Similarities and Differences in Mothers' Parenting of Preschoolers in China and the United States. *International Journal of Behavioral Development* 26(6): 481-491.

Yi, Chin-chun, and Wen-yin Chien (2002) The Linkage Between Work and Family: Female's Employment Patterns in Three Chinese Societies. *Journal of Comparative Family Studies* 33(3): 451-74.

Zubrick, S. R., A. A. Williams, S. R. Silburn, and G. Vimpani (2000) *Indicators of Social and Family Functioning.* Canberra: Department of Family and Community Services.

6

香港夫妻的性別觀念與感情關係

丁國輝

香港中文大學社會學系

　　傳統的中國婚姻強調家庭分工與角色扮演，重視尊卑秩序，妨礙了夫妻的感情交流。丈夫為了維護男子漢氣概與家庭的領導角色，往往需要壓抑內心的感情，加深夫妻感情的隔膜。不少研究證實，華人夫妻的感情較諸西方的淡薄。為了驗證這個說法，本文以香港為例，調查夫妻感情的親密程度，並探究傳統性別觀念是否影響夫妻的感情關係。本文發現，香港的男性與女性，對配偶都有親密的感情交流，符合現代社會對婚姻的期望。研究同時發現，在過去三十年來男性的夫妻感情一直提高。對女性而言，傳統的性別觀念的確會降低夫妻的親密感覺，這可能跟她們專注於家庭角色，缺乏時間培養夫妻感情有關；但對男性而言，傳統觀念卻絲毫沒有影響夫妻的感情生活，主要的原因是性別分工不再從男尊女卑的觀念出發，性別觀念並沒有引申權力關係，從而避免拉遠夫妻間的距離。

關鍵詞：夫妻關係、親密感情、性別角色、家務分工、同期群分析

Sex-Role Traditionalism and Emotional Intimacy Between Marital Partners in Hong Kong

Kwok-fai Ting

Department of Sociology, The Chinese University of Hong Kong

Emotional intimacy between partners is an important element in modern marriages that emphasizes passion and companionship. Studies comparing Chinese and Western families suggest that Chinese couples are less capable of engaging in emotional exchanges and support, primarily because of sex-role traditionalism. We examine this thesis with survey data on ever-married people in Hong Kong, a global city where Chinese traditionalism meets Western modernity. Findings suggest that both men and women exhibit a high level of emotional intimacy with their partners. Although sex-role traditionalism explains women's lower emotional intimacy, men were able to decouple their emotional life from traditionalism. This calls into question whether sex-role traditionalism inevitably links to greater social distance between marital partners because of an imbalance in marital power.

Keywords: marital relationship, emotional intimacy, sex-role, domestic division of labor, cohort analysis

導言

上世紀中葉，Burgess 等人(1963)指出婚姻關係經歷了巨大的變遷，婚姻的制度性取向漸漸轉移到非制度性的感情關係。傳統的制度性婚姻(institutional marriage)著重夫婦分工，各安本分是穩定家庭的要訣；現代的夥伴婚姻(companionate marriage)重視夫妻的伴侶關係，雙方的感情交流是促進愉快婚姻的主要動力。夥伴婚姻強調對等的家庭地位，家庭分工不包含不平等的男女關係，雙方可以擺脫角色的框架，表達內心的感受和愛意(Wilcox and Nock 2006)。這股新趨勢把美滿婚姻、幸福家庭的意義重新定位在夫妻感情上(Marshall 2008; Patrick et al. 2007)。

婚姻觀念的變遷不單在美國出現，其他工業社會的情況也差不多，夥伴婚姻可以說是現代性的重要標誌之一。香港作為一個國際金融中心，在近半個世紀持續發展的薰陶下，人們的生活方式與觸覺極具現代性，家庭的結構與關係也在不斷地演變，有很多特點都與西方接軌。不過，一些研究指出，華人和其他亞洲人的婚姻，夫妻的親密程度比西方的要低(Chen 1995; Marshall 2008; Ting-Toomey 1991)。許多學者更認為，傳統的性別觀念令男性無法表達自己內心的感情，妨礙婚姻關係的健康發展(Balswick and Peek 1971; Dosser et al. 1986)。香港是一個華人社會，傳統的性別與家庭觀念濃厚，對婚姻生活有一定的影響。在這種東西文化交匯、結合的背景下，本文把研究重點放在夫妻的親密感情(emotional intimacy)，從而理解現代化與華人夫妻關係的發展。

親密關係有很多種的表現方式，包括心有靈犀、共同信念、出雙入對、相互信任和不經意的手牽手姿態等等。過去的研究，多把這些不同的主觀感受和行為表現綜合起來，成為一個量度親密關係的指標。這樣的計量方式雖然全面，但容易把不同的內容混為一談。對於華人

家庭的婚姻生活，夫妻的感情交流也許是最弱的一環，值得特別注視，本文因此選擇夫妻的親密感情作爲研究主題。毫無疑問，感情交流是親密關係的一個必要過程。當婚姻的一方願意表達內心的感受，而另一方給予正面的回應，親密的感覺從而產生(Marshall 2008)。這裡所指的親密感情，正是這種培育親密關係的互動過程。本文的研究目標是探究性別觀念對親密感情的影響，並比較性別在這過程中的作用。

性別與婚姻關係

　　一直以來，人們多認爲男性不善於表達自己內心的感情。Balswick 與 Peek (1971)用「木訥男性」(the inexpressive male)來形容男性保留感情的傾向，指出他們因爲擔心損害男子氣概而不敢表露內心世界。這說法顯示，保留感情不單是華人的特性，而是跟性別角色有關。許多研究指出，刻板的性別角色阻礙了夫妻內心的感情交流，導致兩人缺乏親密的婚姻關係。Thompson 與 Pleck (1986)指出，人們普遍覺得男性作爲一家之主，要能履行家庭責任，特別是他們的領導角色，男性必須堅忍和冷靜，不可感情用事。男性要是把內心的感情表露出來，會給人軟弱和「娘娘腔」的感覺，難以給家人安全感。Wilcox 與 Nock (2006)注意到權威和權力會拉遠支配者與被支配者之間的人際距離。男性要是想確保他們在婚姻的支配地位，就不得不控制自己的情緒。爲此，Balswick 與 Peek (1971)警告我們，「木訥男性」會妨礙美滿婚姻的發展，最終是社會的悲劇。

　　女性的情況更爲複雜。Rubin 等人(1980)認爲，傳統的性別角色容許女性表達內心的感情。在眾多的女性特徵之中，比如富於幻想、善於聆聽、同情弱小、設身處地、主動關注、眞誠關懷和敏銳觸覺等等，都包含了感情流露。在強調性別角色的文化裡，與男性剛好相反，女性會有更多表達內心感受的空間。Williams (1988)發現，雖然親密的關

係對兩性都有好處，但對女性更為重要。許多學者認為，妻子通常比丈夫更容易表達自己的內心世界，主要是社會對女性的教化，強調培育她們專注於感情相關的工作(expressive work)；因此，女性們對婚姻的感情素質也特別敏感(Thompson and Walker 1989)。

可是，傳統的性別觀念對女性的影響不一定是這麼簡單。另一種說法認為，女性在男權社會同樣需要壓抑自己對婚姻生活的感受。Jack (1991)的辯解是，女性在婚姻的從屬地位使她們必須壓抑內心的感受，特別是那些負面情緒，因為這些情緒會有礙建立和諧的家庭生活。Neff 與 Suizzo (2006)補充說，只要婚姻出現權力不平衡，就不可能坦誠表達個人感受。他們對在戀愛中的大學生進行調查，發現處於被支配位置的戀人，會因為擔心自己的價值觀、渴望和感情冒犯對方，而減少表達自己真實的感受。感情交流是一個互動過程，若任何一方存在顧慮，真摯的感情交流、融和就不易發生。因此，刻板的性別角色規範，對夫妻的感情交流是有害而無益，男性和女性都會是受害者。

華人的傳統文化與婚姻關係

許多研究都指出，華人比西方人較少表達自己的內心感情，無論在語言或行為上都會表現得比較克制。Markus 與 Kitayama (1991)認為亞洲文化多強調群體生活，個人若要跟他人和諧相處，就得從小培育克己精神，與歐美文化的個人主義形成強烈對比。克己意味著隱藏自己真正的感受，這種傾向延伸到婚姻關係上，造成夫妻之間缺乏內心感情的溝通，間接降低婚姻的滿足感(Chen 1995; Goodwin and Lee 1994; Marshall 2008)。

Hsu (1971)認為傳統的華人家庭是由父子軸主導，夫妻關係是次要的，傳宗接代因而成為家庭的首要任務。傳統的家庭觀念以父嚴子孝作為兩代之間的行為模範，對男性的成長影響深遠。一方面，它要求

做父親的要板起面孔；另一方面，做兒子的要聽話，不隨便表露自己的喜好。這兩種行為規範同樣要求男性壓抑內在的感覺，不鼓勵流露內心的感情。這種壓抑文化最後可能創造出比西方更典型的「木訥男性」。另外，由於傳統的華人家庭不太強調夫妻關係，夫妻的性生活與感情生活通常被隱沒在家庭生活的後台。有的時候，親密的夫妻關係甚至被認為不利於家庭發展，例如妨礙男兒「志在四方」和破壞母子關係。傳統華人社會的集體主義要求「捨小我，成大我」，個人的滿足來自和諧的家庭關係，而不是浪漫的夫妻感情(Chen 1995)。

上述的討論指出，傳統思想與家庭關係是互相關聯的。隨著華人社會快速的現代化，傳統主義備受挑戰，許多華人家庭都起了變化。Shen (2005)提出，在小型核心家庭普及的情況下，華人家庭開始強調夫妻關係在家庭生活的中心位置。以香港的情況而言，2011 年的家庭住戶當中（不包括一人住戶和非家庭住戶），82.1%為核心家庭、5.9%為垂直的擴展式家庭（與父母同住）；同年的總生育率(total fertility rate)為 1.0，是世界上生育率最低的地區之一。可見，三到四人的核心家庭是香港的大趨勢，夫妻關係在現代的核心小家庭怎可能不重要？Gao (2001)的比較研究發現，感情溝通對戀愛關係的影響，於華人和美國人同樣重要。Shen (2005)以台灣家庭為例，指出夫妻的親密關係影響他們對婚姻的滿意程度。這些研究給我們的啟示是，感情因素對華人婚姻日益重要。

數據與變量

本文的研究數據來自 2009 年的「香港家庭生活調查」。這項調查一共對 1,177 位 60 歲或以下的已婚人士進行問卷訪問。訪問對象來自香港特區政府統計處提供的隨機抽樣住址，所得的樣本有效代表香港的整體狀況。扣除無法接觸的個案後，問卷的回收率達 49.9%。由於

本文關心的問題是夫妻感情，筆者將樣本縮小在 952 位在訪問期間與配偶同住人士，刪除 16.1%資料不全的個案後，研究的有效樣本爲 798 人。

夫妻的親密感情是本文的主題。在分析的時候，筆者使用問卷中「你可以同伴侶傾訴心事」和「你不開心的時候，伴侶可以分擔憂愁」兩項題目，來測量夫妻的感情交流，非常不同意得 1 分，非常同意得 7 分。第一條題目反映的是內心感情的表達，第二條是配偶的回應，兩條題目的平均得分分別爲 5.5 和 5.3，顯示香港夫妻有很親密的感情。令人感到意外的是，男性的平均得分（5.7 和 5.5）高於女性的分數（5.3 和 5.1），反映香港這個高度現代化的華人社會，男性跟女性一樣重視感情生活，「木訥男性」不一定適用於香港的男性身上。本文把兩條題目的分數相加，建立一個從 2 到 14 分的量表，以量度感情的親密程度。

本文的基本觀點是，傳統的性別觀念妨礙夫妻的感情交流。筆者分別從意識形態和行爲表現兩方面去量度性別觀念。從意識形態出發，本文採用的指標是「丈夫工作、太太主持家務是最好的安排」和「養家主要是男人的責任」。兩條題目的得分分別爲 1 到 7 分，相加起來爲 2 到 14 分，分數越高代表性別觀念越是傳統。在行爲方面，本文利用兩性在九項家務分工組成一個單一的變量，指數涵蓋的範圍廣泛，包括做飯、洗碗、購物、洗燙、送小孩上學、照料小孩、功課輔導、理財和清潔。每一個項目的得分從 -2（大多數由丈夫做）到 2（大多數由妻子做），0 分表示家務平均分配。因爲有些家務並不適用於所有的夫妻，本文計算平均分數的時候，要求樣本至少有三個適用的家務項目。

從傳統到現代是一個過程，夫妻的感情生活同樣經歷了這樣的歷史變遷。本文的調查是一個橫剖性調查(cross-sectional survey)，沒有提供多少社會變遷的資料。不過，Ryder (1965)指出，通過對不同出生同

期群(birth cohort)的比較，我們可以知道不同年代出生的人群，他們的人生經歷是否一樣。如果社會沒有大變動的話，每一個同期群的生活軌跡都會差不多。相反地，如果社會變遷是很急速的話，即使是鄰近出生的同期群，我們也能察覺到他們之間的分別。因此，本文以出生年份來分析夫妻感情的時代變遷。由於橫剖性的調查無法區分同期群和年齡效應，因此筆者在分析的時候，用了兩個生命歷程的指標來控制年齡效應，它們包括婚齡（結婚的年數）和生育狀況（有沒有六歲以下的小孩）。

本文的分析還包括以下的控制變量。傳統觀念與社會階層有密切關係，一般來說，低下階層的性別觀念比較保守和傳統。通過受訪者對家庭地位的自我評價，本文把家庭分為五個階級，1分為最底層，5分為最高層。夫妻感情的親密程度也可能受環境因素影響，本文特別考慮家庭結構和居住條件兩方面的因素。家庭結構方面，與父母同住有可能會壓縮夫妻的私人空間，減少在家裡互訴感情的機會；居住條件方面，狹窄的居住面積同樣有可能限制夫妻的私人空間。雖然問卷沒有直接量度居住空間的變量，但是本文利用受訪者對居住環境的滿意程度來反映這一因素，1分代表十分不滿意，7分代表十分滿意。在個人層面的控制變量方面，分析中納入了受訪者的接受教育年數、就業狀態（就業或非就業）和每週平均工時。

研究結果

筆者在圖1按出生年份呈現夫妻感情的親密指數，目的是要檢視時代的大趨勢並比較兩性的差異。從圖1可以得出三點結論：第一，整體的親密指數很高，離滿分（14分）不遠，顯示夫妻感情在香港婚姻占非常重要的位置；第二，男性的得分比女性高；第三，夫妻感情的親密指數一直緩慢地往上升，兩性在整段期間的升幅相若，男性的

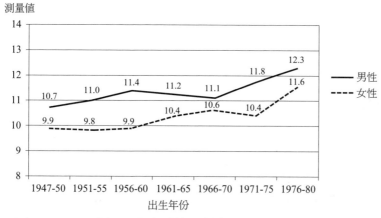

圖1　夫妻感情的親密程度

增幅為 1.6 分，女性的增幅為 1.7 分。不過，在理解這些趨勢的時候我們得十分小心，因為這些數據也可能代表年齡效應。因此，本文透過以下的多元分析，控制生命歷程的一些變化，以便看清楚時代的變遷。

表 1 的迴歸分析(regression analysis)分為兩個部分：模型 1 的重點在分析性別與同期群對親密感情的影響力，模型 2 包括所有的變量，旨在分析性別觀念對親密感情的作用。

從模型 1 的總體樣本所見，男性在親密感情的得分比女性高 0.8 分，與圖 1 的結果相符。兩性在感情交流的得分差距雖然不算很大，但這數字足以否定香港男性在感情生活上較有保留，「木訥男性」的說法並不成立。模型 2 特地控制了婚齡和生育狀況，目的在排除與年齡相關的效應，以便能夠更清楚地看到同期群所反映的時代趨勢。結果顯示，女性的出生年份沒有顯著的效應，說明女性在圖 1 表現的同期群差異，並非時代的變遷，而是生命歷程所造成的變化。對男性來說，同期群的效應卻是顯著的，並且呈線性關係；出生年份每隔十年，夫妻感情的親密程度上升 0.77 分，變化的速度不能小覷。

筆者在表 1 的模型 2 加入更多有關婚姻、家庭和個人特性的變量，

表 1　夫妻感情的迴歸分析

因變量	總體 ($N = 798$)	女性 ($N = 479$)	男性 ($N = 319$)
模型 1			
截距	8.122***	12.399***	5.903***
男性	.825***		
出生年份	.044*	-.005	.077***
婚姻／家庭狀況			
婚齡（年）	-.017	-.074**	.039
育有小孩（6 歲或以下）	-.483	-.547	-.349
R^2	.051	.046	.036
模型 2			
截距	7.176***	11.073***	4.856**
男性	.919***		
出生年份	.038	.004	.063**
婚姻／家庭狀況			
婚齡（年）	-.014	-.066*	.037
育有小孩（6 歲或以下）	-.459	-.880*	-.082
社會階層	.441***	.421**	.519**
與父母同住	.430	.884	-.247
居住環境的滿意度	.232***	.308***	.116
個人特徵			
教育（年）	-.003	-.010	-.017
在職	-.513	-.567	.230
每週工時	.001	-.006	.000
傳統性別觀念			
性別角色意識	-.042	-.095*	.020
家務分工	-.372**	-.637***	-.158
R^2	.121	.154	.093

* $p < .05$, ** $p < .01$, *** $p < .001$

然後對傳統性別觀念進行分析。首先，婚齡對女性的感情生活有負面影響，結婚的時間越長，女性對夫妻感情會越淡薄。經過對模型的檢驗後，分析發現這下降的過程大致上是線性的，婚後夫妻感情親密程度每年下降 0.066 分。對女性來說，照顧小孩同樣影響她的感情生活，把夫妻的感情親密程度拉低 0.88 分。可是，婚齡與小孩對男性是一點影響也沒有，說明婚姻過程的涵義對兩性各有不同。一般而言，女性對家庭事務的參與一般都比男性高，隨著孩子的來臨，女性會把更多的心思放在家庭事務上，同時對夫妻感情有可能產生失落的感受。

家庭所屬的社會階層對夫妻關係有明顯的影響，社會階層越高，夫妻感情的親密程度越高。社會階層的影響力，一方面可能與資源多寡有關，所謂「柴米夫妻百事哀」，另一方面可能跟家庭生活的期望有關，低下階層的家庭觀念是比較傳統的。跟父母同住並沒有減低夫妻感情的親密程度，所謂「相見好，同住難」的說法可能誇張了婆媳關係對夫妻關係造成的壓力。另外，女性較受環境因素的影響，居住條件越好越能夠幫助她們培養與配偶的親密感覺。個人的特徵，包括教育、就業和工時等因素，都不會影響夫妻感情，與本文的預期不符。這裡沒有證據支持女性就業和較長的工作時間對夫妻感情會有負面的影響。

最後，分析檢查傳統的性別觀念對夫妻感情的影響，結果部分印證了本文的觀點。通過意識形態和行為表現的分析，發現傳統的性別觀念不利於女性與配偶的感情交流，並減低夫妻間的親密程度。刻板的性別意識，例如相信男性在家庭的領導地位，會減少女性對配偶的親密感覺。傳統的家務分工也有同樣的效果，妻子要是比丈夫承擔更多家務，夫妻感情的親密程度會較低。但是，傳統的性別觀念對男性毫無影響，對他們而言性別角色與表露感情是兩回事。

結論

　　香港是一個高度現代化的華人社會，現代性與傳統觀念存在一定的緊張關係。現代社會強調夫妻平等、鼓勵以感情維繫婚姻關係；然而，傳統的華人家庭重視角色扮演，夫妻存在尊卑關係。在這樣的背景下，本文嘗試了解傳統的性別觀念對夫妻感情的影響。本文特別著重夫妻間的感情交流，原因是傳統家庭都有壓抑男性表達內心感情的傾向，造成所謂「木訥男性」的說法。如果婚姻的任何一方不能把真摯的感受表達出來，雙方就不可能有感情的互動和交流，更談不上親密的感覺。分析的結果顯示，兩性在夫妻感情的親密程度非常高，跟傳統華人家庭所描繪的典型夫妻關係不一樣。更值得注意的是，男性在夫妻感情的親密程度比女性稍高，說明香港男性並沒有表達內心感情的障礙，「木訥男性」並不存在。如果我們從時代變遷的角度看夫妻感情，每一代的男性都比前一代有更高訴求，表示未來的婚姻會更注重夫妻感情的交流。

　　從理論的角度出發，本文最關心的問題是傳統的性別觀念是否影響夫妻的感情交流。一般的看法認為，傳統觀念對男性的影響大於女性，本文研究結果卻與這一預期剛好相反，傳統的性別觀念對男性的感情交流毫無影響，但對女性的感情交流則產生負面作用。女性與配偶的親密程度受傳統的性別觀念影響，這可能是因為傳統的女性事事以家庭為先，較少時間培養夫妻感情。女性在家務的負擔越重，對夫妻感情越不利，可以說明這一點。

　　較難解釋的是，男性與配偶的親密程度跟傳統觀念脫離關係。本文假設這樣的一個可能性：傳統的性別觀念影響夫妻感情，是因為前者引申家庭分工與權力分配，而權力關係是阻礙感情交流的關鍵。在經濟尚未發展的傳統社會，家庭成員眾多，集中權力於家長，有助於

爭取生存資源。但是，隨著生育子女的數目減少，大多數的夫妻不與父母同住，現代的核心家庭人數減少，集中權力以便有效地指揮的需要已大為降低。對於男性而言，傳統的性別觀念引申家庭分工，但不一定引申權力關係。如果傳統的性別觀念與權力關係脫離關係，前者不一定會妨礙夫妻感情。為了檢驗這一假設，本文利用問卷裡的三條問題，包括昂貴消費品、重大開支（例如買屋或者投資）和生育的決定權，建構一個家庭權力分布的綜合量表，分數越高代表男性的家庭權力越大、權力分布越傳統。傳統的性別觀念和男權的相關係數，男性的數字為 0.02、女性為 0.08，在統計上都不顯著。這說明香港人的性別觀念與家庭權力分布無關，初步印證了以上的假設。

　　本文的研究設計有不少的限制，使討論有一定的局限性。首先，這研究需要追蹤性的調查，才能確定時代的變化。也就是說，年輕的一輩是否比他們的前輩更重視夫妻感情，還是不能從本研究得到完全的確認。另外，親密感情是一個互動的過程，但是在量度這個概念時，問卷只能從受訪者的角度去看這一點，而沒有配偶的相關資料佐證。此外，本文只從受訪者的主觀角度去探究親密感情，未來的研究需要擴展這概念，例如從行為的層面進一步考察本文的主要命題。

參考文獻

Burgess, E. W., H. J. Locke, and M. M. Thomes (1963) *The Family: From Institution to Companionship*. Upper Saddle River, NJ: Prentice-Hall.

Balswick, J. O., and C. W. Peek (1971) The Inexpressive Male: A Tragedy of American Society. *The Family Coordinator* 20(4): 363-368.

Chen, G. M. (1995) Differences in Self-Disclosure Patterns among Americans Versus Chinese: A Comparative Study. *Journal of Cross-Cultural Psychology* 26(1): 84-91.

Dosser, D. A., J. O. Balswick, and C. F. Halverson (1986) Male Inexpressiveness and Relationships. *Journal of Social and Personal Relationships* 3(2): 241-258.

Gao, G. (2001) Intimacy, Passion, and Commitment in Chinese and US American Romantic Relationships. *International Journal of Intercultural Relations* 25(3): 329-342.

Goodwin, R., and I. Lee (1994) Taboo Topics among Chinese and English Friends: A Cross-Cultural Comparison. *Journal of Cross-cultural Psychology* 25(3): 325-328.

Hsu, F. L. K. (1971) *Kinship and Culture*. Chicago, IL: Aldine Publishers.

Jack, D. C. (1991) *Silencing the Self: Women and Depression*. Cambridge, MA: Harvard University Press.

Markus, H. R., and S. Kitayama (1991) Culture and the Self: Implications for Cognition, Emotion, and Motivation. *Psychological Review* 98(2): 224-253.

Marshall, T. C. (2008) Cultural Differences in Intimacy: The Influence of Gender-Role Ideology and Individualism-Collectivism. *Journal of Social and Personal Relationships* 25(1): 143-168.

Neff, K. D., and M. A. Suizzo (2006) Culture, Power, Authenticity and Psychological Well-being within Romantic Relationships: A Comparison of European Americans and Mexican Americans. *Cognitive Development* 21(4): 441-457.

Patrick, S., J. N. Sells, F. G. Giordano, and T. R. Tollerud (2007) Intimacy, Differentiation, and Personality Variables as Predictors of Marital Satisfaction. *The Family Journal: Counseling and Therapy for Couples and Families* 15(4): 359-367.

Rubin, Z., C. T. Hill, L. A. Peplau, and C. Dunkel-Schetter (1980) Self-Disclosure in Dating Couples: Sex Roles and the Ethic of Openness. *Journal of Marriage and the Family* 42(2): 305-317.

Ryder, N. B. (1965) The Cohort as a Concept in the Study of Social Change. *American Sociological Review* 30(6): 843-861.

Shen, A. C. T. (2005) Factors in the Marital Relationship in a Changing Society: A Taiwan Case Study. *International Social Work* 48(3): 325-340.

Thompson, E. H., and J. H. Pleck (1986) The Structure of Male Role Norms.

American Behavioral Scientist 29(5): 531-543.

Thompson, L., and A. J. Walker (1989) Gender in Families: Women and Men in Marriage, Work, and Parenthood. *Journal of Marriage and the Family* 51 (4): 845-871.

Ting-Toomey, S. (1991) Intimacy Expressions in Three Cultures: France, Japan, and the United States. *International Journal of Intercultural Relations* 15 (1): 29-46.

Wheeler, L., H. T. Reis, and M. H. Bond (1989) Collectivism-Individualism in Everyday Social Life: The Middle Kingdom and the Melting Pot. *Journal of Personality and Social Psychology* 57(1): 79-86.

Wilcox, W. B., and S. L. Nock (2006) What's Love Got to Do With It? Equality, Equity, Commitment and Women's Marital Quality. *Social Forces* 84(3): 1321-1345.

Williams, D. G. (1988) Gender, Marriage, and Psychological Well-Being. *Journal of Family Issues* 9(4): 452-468.

7

因應經濟危機與評估政府效能：
2009年台港民意比較

蕭新煌
中央研究院社會學研究所

尹寶珊
香港中文大學香港亞太研究所

　　本文勾勒在全球金融危機和經濟衰退的環境下，台港民眾如何認知和評估經濟風險，以及相關的回應方式和政治態度。根據研究所得：一、台灣的全球化和對外依賴程度雖低於香港，但台灣人對經濟風險的危機感卻顯著高於香港人。二、台港民眾對失業及收入減少的擔憂，都高於對金融海嘯衝擊個人生活的評估，兩地相較，又以台灣人的主觀壓力較大。三、台灣人對於獲得經濟援助難度的評估，顯著高於香港人；兩地民眾對於求助對象卻有相似的模式，大都會先向家人求援，會立刻向政府求助的不到一成。四、台港民眾雖不視政府為主要的經濟求助對象，但對政府應負起降低經濟風險和提供社會保障的責任卻有一定的共識，均高度認為政府有責任處理失業問題、為失業人士提供基本生活保障。五、收入和階層較低的台港民眾，都有較高的經濟危機感和憂慮，也深感求助無門的無奈，但不同社經背景人士對政府的期待與政策取向則有基本的共識。

關鍵詞：風險、風險評估、政府效能、台灣、香港

---

* 本文所引用的香港調查，承蒙香港特別行政區大學教育資助委員會屬下的研究資助局資助（研究計劃項目編號CUHK452508），特此致謝。

Responses to the Economic Crisis and Assessments of Government Performance: Public Opinion in Taiwan and Hong Kong in 2009

Hsin-Huang Michael Hsiao

Institute of Sociology, Academia Sinica

Po-san Wan

Hong Kong Institute of Asia-Pacific Studies, The Chinese University of Hong Kong

This article outlines perceptions of economic risk and political attitudes in Taiwan and Hong Kong in the wake of the global financial crisis. This study found that: (1) Although globalization is less marked in Taiwan than in Hong Kong, the Taiwanese have a significantly greater sense of crisis regarding economic risk than Hong Kong people. (2) Taiwan and Hong Kong people are more concerned about unemployment and income reductions than about the impact of the financial tsunami on their personal lives. Again, the Taiwanese perceive themselves to be under more pressure than Hong Kong people. (3) Taiwanese regard economic assistance as being significantly more difficult to obtain than do Hong Kong people. In both societies, however, the vast majority would turn to family members first for help; less than ten percent would immediately turn to the government for help. (4) There is a definite consensus that the government should be responsible for reducing risks to the economy and for providing social security, and a strong belief that the government should deal with the problem of unemployment and guarantee a basic livelihood for the unemployed. (5) Finally, people of lower income and class in Taiwan and Hong Kong have a greater sense of economic crisis and concern, but people of different socioeconomic backgrounds generally share similar views with respect to their expectations of the government and the direction of government policies.

Keywords: risk, risk assessment, government performance, Taiwan, Hong Kong

前言

台灣和香港在 1960 至 1990 年代初的經濟發展被世界銀行譽爲「東亞奇蹟」(World Bank 1993)；嗣後 20 年，兩地經濟繼續增長，[1] 2009 年，香港人均本地生產總值達 30,100 美元，居亞洲前列（香港特別行政區政府 2010: 35），台灣亦達 16,359 美元（行政院主計總處 2013）。

台灣和香港均屬小型經濟體，內需市場不足，經濟發展除高度依賴融入區域以至全球經濟體系外，內部結構亦須向高增值的知識型經濟轉型。就全球化而言，根據安永(Ernst and Young)和經濟學人智庫(Economist Intelligence Unit)編製的「2010 年安永全球化指數」，在全球 60 個最大經濟體中，香港高居榜首，台灣排名全球第 12、亞洲第三（安永 2011）。[2] 此趨勢雖造就了兩地傲人的經濟成長，但一旦遭遇全球社經風險，亦會首當其衝，如 1997 年的亞洲金融危機和 2008 年席捲全球的國際金融海嘯，便透過眾多環節——包括對外貿易、資產市場、企業營運、勞動市場、本地需求等——嚴重影響台灣和香港的經濟，圖 1 簡示了兩次外在經濟危機對兩地生產總值的打擊。

經濟發展往往是政治支持度的重要支柱(Wade 1990; Hetherington 2005; Wong et al. 2009)。經濟形勢逆轉，加上產業轉型和人口老化，除

1　以香港爲例，在 1989 至 2009 年間，香港經濟增長逾倍，本地生產總值平均每年實質增長 3.8%，人均本地生產總值平均每年實質增長 2.7%（香港特別行政區政府 2010: 35）。

2　該指數按貿易開放度、資本流動、科技及意念交流、勞動力流動，以及文化整合性五大類共 20 個指標計算（安永 2011）。另可參閱 Globalization and World Cities Research Network 對台北和香港作為世界城市的評估(Taylor 2006)。

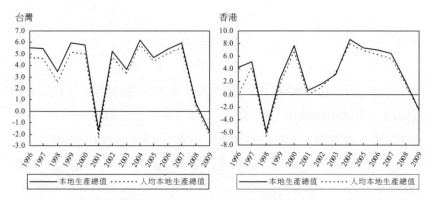

圖 1　本地生產總值：與一年前比較的實質增減率，1996-2009 年
資料來源：中華民國統計資訊網(2013)、行政院主計總處(2013)、政府統計處(2013a)。

導致民生受困、社會矛盾激增外，也會削弱民眾（尤其是基層以至中
產階級）的信心，讓社會瀰漫著惶恐的氣氛，對政府的要求和失望亦
日高，最後，滿意度下降當然就威脅到政府治理威信和社會穩定。如
在台灣，國民黨於 2008 年總統選舉以「振興經濟」為訴求而致勝，但
民眾對政府未能兌現其「六三三」選舉承諾——經濟成長率 6%，人均
所得三萬美金，失業率 3%——大表不滿，擔憂台灣的經濟競爭力會因
政府缺乏能力而「穩定下滑」（自由時報 2010/9/12）。在香港，隨著
經濟環境持續惡化，社會問題湧現，政府官員協調和化解社會危機的
能力，受到社會輿論的批評和質疑。港人對政府種種不滿的累積，終
於導致 2003 年 50 萬人上街遊行要求還政於民、問責高官和行政長官
因公眾壓力請辭、政府民望不斷尋底等後果（王家英、尹寶珊 2009;
Wong and Wan 2007）。

　　在全球化年代，「風險社會」是理解現代社會的重要角度(Beck
1999; Adam et al. 2000)。現代風險主要是人為的風險(Giddens 2003)，
包括科技風險和社會（經濟）風險，而且它們的特徵具有潛藏性、複
雜性和異質性(Briggs 2007)。現代風險一旦轉化為災難，其影響的幅

度、深度與速度也都會是前所未見的，而且風險也會越來越不可測。因此，掌握各種風險的狀況、提高防範意識，以及制訂對策，是政府有效治理的前提。傳統的風險防治思維和機制顯然已不足以處理現代風險，如在亞洲金融風暴之後，世界銀行成立的「社會風險管理小組」(Social Risk Management Group)便大力倡議社會保障以至於可持續經濟和人文發展的關鍵，是在於協助所有個體、家庭和社區克服來自四方八面的風險；小組爲此設計嶄新的「社會風險管理架構」(social risk management)，和運用此架構的「風險和脆弱性分析工具」(risk and vulnerability analysis)。社會風險管理架構的重點有兩方面：(1)社會風險管理策略：務求兼顧預防策略、紓解策略和應對策略；(2)社會風險管理安排：主要包括非正式安排、市場化安排和公共安排。管理安排須釐淸和合理分配個人、家庭、社區、非政府組織、市場、政府，以至國際組織的風險管理權責；風險和脆弱性分析工具則旨在確認主要的風險、脆弱社群和合適的社會風險管理策略(Holzmann et al. 2003)。

　　傳統的風險管理機制強調專家系統和知識技術，較忽略普羅大眾的主觀認知；但在當前的「風險社會」下，由於現代風險的潛藏性，民眾對風險的認知、判斷和應對，均對風險的防範和控制具有舉足輕重的影響(De Weerdt 2005; Olofsson and Öhman 2007)。如國際風險管理委員會(International Risk Governance Council 2005)的風險管理綜合分析架構，便淸楚展示了無論在風險管理的預先評估、風險評核、容忍度和可接受度判斷，以及風險管理階段，民眾的認知、價值觀、意向和行爲等都是風險管理鏈的重要環節。

　　就社會內部而言，經濟轉型會帶動職業、收入，以至社會的兩極化趨勢(Chiu and Lui 2004; OECD 2008; Milanovic 2011)。在台灣，2009年最高兩成住戶可支配所得爲最低兩成住戶的 6.34 倍，較 2008 年增加 0.29 倍，基尼係數(Gini coefficient)亦由 0.341 上升至 0.345，兩者均

爲歷史次高（行政院主計處 2010: 8）。[3] 在香港，貧富不均的程度和惡化速度向來都很嚴重，以基尼係數爲例，1986、1991、1996、2001、2006 及 2011 年的數值，分別爲 0.453、0.476、0.518、0.525、0.533 及 0.537（香港特別行政區政府 2012: 81），是已發展國家中貧富懸殊最嚴重的社會之一。社會兩極化會讓風險分配的不平等問題日益惡化，形成「馬太效應」。然而，個別群體若無法應付日益惡化的社會風險，將極有可能形成風險擴散的「回力鏢效應」，最終衝擊到整體政治、經濟和文化的發展，導致其他人也難以逃避風險分配的命運(Beck 1992)。在這種狀況下，政府就必須負擔必要的責任去重新分配社會的資源和機會，利用不同途徑，包括透過社會保障和公共服務的提供，規範和干預過於依賴市場而引發的種種社會矛盾或風險(Svallfors 2004)，簡言之，這涉及政府效能是否能因應與解決社會風險和經濟危機。

政府介入提供更多社會福利措施必須動用公帑，而增加公帑開支又會提高加稅的機會，因此，不同社群對政府的福利承擔常有不同的立場。就理論層面而言，由於低層階級（尤其是工人階級）擁有的資源較少，在市場中的競爭力較弱，面對的市場風險較多，他們自然會比其他較具市場優勢的階級，傾向支持一個較全面的福利制度和以福利主義爲訴求的政黨。然而，鑒於每個社會內部的人口與階級組成、福利政策的財務與組織安排，以及福利政策承擔的多寡等各有不同，上述通則必須因應具體狀況而加以修正(Myles and Quadagno 2002)。如在產業結構已轉向服務行業的社會，工人階級不斷萎縮，從事服務業、自視爲中產階級的人口比例便越來越高。中產階級與工人階級存在兩大差異：一是中產階級的勞動市場競爭力較強，較傾向透過市場而非福利政策解決個人的福利需要(Marklund 1988)；二是中產階級較強調

3　兩者分別次於 2001 年的 6.39 倍及 0.350（行政院主計處 2010: 8）。

個體主義，對福利政策所隱含的集體主義傾向較為保留(Ervasti 2001)。然而，不少實證研究顯示，中產階級對某些福利政策也強調普遍主義，如退休保障，以確保自己同樣受惠(Baldwin 1990)。此外，當整體經濟環境惡化、失業率攀升、社會流動障礙增加，受衝擊的就不止於藍領工人，而是各個階級（呂大樂、王志錚 2003；呂大樂 2011；Korpi and Palme 2003），並促使中產階級尋求更多的制度保障，增加對福利政策的認同與依賴。

再者，不同的社會會因其獨特的歷史和發展條件而存在著不同類別、數量、市場競爭力相對缺乏的「弱勢團體」。這些群體未必限於工人階級，而可能是傳統婦女、無依老人、受排擠的新移民和被歧視的少數族群。為了獲得生活的保障，這些弱勢團體都可能希望政府提供更完善的社會福利。很多研究已顯示，婦女、老人和新移民都是社會福利的重要支持者（馬麗莊等人 2004；Hoel and Knutsen 1989）。亦有論者認為，婦女較傾向支持社會福利，未必純然因為她們在勞動市場中的競爭力較男性為低，而是政府在提供福利服務過程中所製造的職位，多為女性占據，使女性對政府提供的就業機會變得依賴(Hobson 1990; Sainsbury 1996)。

本文旨在勾勒在全球金融危機和經濟衰退的環境下，台灣和香港人民如何面對、認知和評估社會的經濟風險，以及其自保回應方式，並且評估政府的應變和解決效能。研究重點包括兩地民眾：(1)在廣義層面，對經濟風險的嚴重度評估；(2)在具體層面，對國際金融海嘯的負面影響評估；(3)對個人及家庭經濟的憂慮；(4)解決經濟困難的能力和途徑；(5)對政府的相關期待，包括對風險處理責任、政府介入社會福利提供，和公帑應承擔多少福利服務的取向；以及(6)比較不同社群對於失業問題的觀感和政策取向的異同。

資料來源與變項測量

本文所用的調查資料來自我們於 2009 年中進行的「社會風險認知和意向：台港比較」電話調查。調查總體是定居於台灣和香港，年滿 18 歲，且家中裝有電話的民眾。調查採取兩階段的隨機抽樣，[4] 並分別委託中央研究院調查研究專題中心及香港中文大學香港亞太研究所執行，台港各成功訪問 1,073 和 1,003 人，在 95% 的信心水平下，抽樣誤差分別約為 ± 2.99% 和 ± 3.09%。以下是本文一些主要變項的測量方法。

經濟風險嚴重度評估：在全球經濟一體化和內部經濟轉型的雙重壓力下，完全就業的年代幾已劃上句號，因此，我們以「台灣／香港失業問題嚴重」此指標測量民眾對經濟風險的嚴重度評估；[5] 回應以五分尺度量度（由 1 分代表毫無威脅，至 5 分代表有很大威脅），分數越高代表對受訪者的主觀威脅越大，風險嚴重度越高。此外，為探討經濟風險的相對威脅，我們也要求受訪者評估其他領域社會風險對個人生活的威脅，包括全球性傳染病蔓延、台灣／香港空氣污染惡化、台灣／香港食物安全降低、台灣／香港政府治理能力降低，以及現代人生活壓力問題嚴重等五項。

國際金融海嘯的影響：從社會整體和個人生活兩層面測量民眾對

4　第一階段是電話號碼的抽選。抽樣方法是以全台灣／香港的住宅電話號碼為種子號碼，配合「+2」方法組合成抽樣框架，再以電腦輔助電話訪問(CATI)系統隨機抽出號碼。第二階段是受訪者的抽選。當成功接觸住戶後，台灣是利用洪氏戶中抽樣法，而香港是按「即將度過生日原則」，抽取其中一名年滿 18 歲的住戶成員作為訪問對象。

5　問題是：「如果 1 分代表『毫無威脅』，5 分代表『有很大威脅』，假如有以下的問題出現，您估計會對您個人的生活帶來多大威脅呢？」

此次經濟危機衝擊的評估；[6]回應以五分尺度量度（由1分代表毫無影響，至5分代表有很大影響），分數越高代表國際金融海嘯的負面影響越大。

經濟憂慮：以失業和收入減少兩指標測量民眾對經濟的憂慮，[7]回應以五分尺度量度（由1分代表毫不擔心，至5分代表很擔心），分數越高代表對經濟的憂慮越大。

經濟支援和求助對象：從支援難度和求助對象兩方面探討民眾解決經濟困難的能力和途徑；[8]支援難度以五分尺度量度（由1分代表很容易，至5分代表很不容易），分數越高代表獲取經濟支援的難度越高；求助對象包括家人、親戚、朋友、政府、銀行或財務機構、不會找人幫忙等。

對政府的期待：從風險處理責任、政府介入社會福利提供，以及公帑的社會福利承擔三方面，探討民眾對政府的相關期待。

第一，風險處理責任歸屬：詢問受訪者上述六種社會風險該循何種途徑處理，包括靠政府的公共安排，還是靠自己的非正式安排；[9]回應以五分尺度量度（由1分代表完全靠自己，至5分代表完全靠政府），分數越高代表對政府處理風險的要求越高。

第二，政府應提供的社會福利項目：借用國際社會調查計劃

---

6 問題是：「現在的國際金融海嘯對台灣／香港的負面影響程度有多大？」和「現在的金融海嘯對您個人生活的負面影響程度有多大？」

7 問題是：「您擔不擔心您自己或者家人失業？」和「您擔不擔心您自己或者家人會減薪或收入減少？」

8 問題是：「當您遇到自己無法解決的經濟困難時，容不容易找到別人或者機構幫忙？」和「如果真的遇到自己無法解決的經濟困難時，您主要會找什麼人或者機構幫忙？」

9 問題是：「要解決以上提到的問題，有人說要靠政府，也有人說不如靠自己，如果1分代表『完全靠自己』，5分代表『完全靠政府』，請問您對於以下的問題有什麼看法？」

(International Social Survey Programme, ISSP)的六項指標，包括爲失業人士提供基本生活保障、確保物價平穩、爲病人提供一般人可負擔的醫療服務、爲老人提供基本生活保障、降低貧富收入差距，以及爲經濟困難人士提供基本住屋(Svallfors 2004)，要求受訪者評估政府在這些福利服務中應該負起的責任；[10] 回應以五分尺度量度（由 1 分代表絕對不是，至 5 分代表絕對是），分數越高代表越傾向肯定政府應提供該方面的福利服務。

第三，政府應多支出的社會福利項目：利用五項指標，包括失業救濟、社會救濟／綜合社會保障援助（綜援）、醫療服務、老年服務和公營住宅，探討民衆對公帑應承擔多少社會福利服務的取向，[11] 回應以五分尺度量度（由 1 分代表大幅減少，至 5 分代表大幅增加），分數越高代表越傾向支持政府增加該方面的福利服務支出。

個人社經背景：被納入分析的變項包括性別（女 = 0，男 = 1）、年齡（分爲三個虛擬變項，18-29 歲、30-54 歲、55 歲或以上；多變項分析時，以 55 歲或以上爲對照組）、學歷（分爲三個虛擬變項，包括初中或以下、高中職、大專或以上；多變項分析時，以初中或以下爲對照組）、住戶月收入（分爲三個虛擬變項，包括低收入[台幣 30,000 ／港幣 10,000 元以下]、中等收入[台幣 30,000-79,999 ／港幣 10,000-29,999 元]、高收入[台幣 80,000 ／港幣 30,000 元或以上]；多變項分析時，以低收入爲對照組），以及社會階層認同（分爲三個虛擬變項，包括下層、中下層、中層或以上；多變項分析時，以下層爲對照組）。

---

10 問題是：「您認為以下幾方面的工作，是不是政府的責任？」

11 問題是：「以下是一些政府的支出項目。請問您希望政府在這些項目增加支出，還是減少支出？如果您回答『增加』，可能政府會加稅以應付增加的支出。」

對經濟危機的評估

經濟風險嚴重度評估

台港民眾對不同領域的社會風險都具有一定的危機感，六項風險的嚴重度均值都高於五分尺度的中點（即 3 分），然而，沒有一項高於「有威脅」（即 4 分）的水平。換言之，受訪者對六項風險的嚴重度評估，均在「普通」與「有威脅」之間——台灣的嚴重度均值介乎3.29 分（全球性傳染病蔓延）至 3.87 分（食物安全降低），香港則介乎 3.25 分（全球性傳染病蔓延）至 3.65 分（空氣污染惡化）。

台灣民眾的危機感似乎較香港民眾強烈，六項風險的主觀嚴重度均值也都較高，其中四項還達統計顯著水平，包括失業問題嚴重、食物安全降低、政府治理能力降低和現代人生活壓力問題嚴重，食物安全降低和政府治理能力降低兩項的均值差異更高達 0.44 分和 0.41 分。

在相對嚴重性方面，如按嚴重度均值排序，兩個社會的民眾對不同領域社會風險的危機感雖有一定差異——如位於榜首者，在台灣是食物安全降低，香港則是空氣污染惡化，但失業問題嚴重此一經濟風險在台港都高居第二位，嚴重度均值分別為 3.73 分和 3.45 分，各有61.0%及 52.9%的受訪者認為失業問題嚴重對個人的生活帶來威脅，持相反意見者只有 17.0%和 21.9%（表 1）。

國際金融海嘯影響評估

就社會整體而言，台港兩社會的民眾對國際金融海嘯的警覺性都極高，台港的評估尺度均值分別高達 4.43 分和 3.96 分，有86.2%的台灣民眾和 71.0%的香港民眾認為有負面影響，持相反意見者分別只有2.1%和4.8%。

就個人生活而言，民眾均認為影響較輕，台港的評估尺度均值分

表 1　風險嚴重度評估

| | 嚴重度評估(%) | | | | | 尺度均值 | 台港比較（F 比率） |
	毫無威脅	無威脅	普通	有威脅	有很大威脅		
本地失業問題嚴重（經濟）							
台灣	7.6	9.4	21.9	23.9	37.1	3.73	27.924***
香港	8.1	13.8	25.2	31.0	21.9	3.45	
全球性傳染病蔓延							
台灣	9.1	12.2	36.4	25.1	17.2	3.29	0.605
香港	6.7	15.5	38.1	24.9	14.7	3.25	
本地空氣污染惡化							
台灣	4.1	7.9	31.6	27.9	28.5	3.69	0.593
香港	3.7	9.3	27.5	37.2	22.4	3.65	
本地食物安全降低							
台灣	4.3	6.8	23.0	29.2	36.7	3.87	82.461***
香港	4.7	12.9	34.6	29.8	18.0	3.43	
本地政府治理能力降低							
台灣	5.1	9.6	30.1	23.1	32.0	3.67	68.439***
香港	6.8	17.2	35.6	24.1	16.2	3.26	
現代人生活壓力問題嚴重							
台灣	8.5	9.8	33.6	25.2	22.9	3.44	11.462***
香港	8.7	16.3	30.9	27.7	16.3	3.27	

*** $p < .001$

別是 3.53 分和 2.99 分，有 54.5%的台灣民眾和 31.7%的香港民眾判斷有負面影響，感到沒有負面影響者則占 19.1%和 31.7%。

　　值得留意的是，香港的全球化程度和對外依賴度雖較台灣高，但香港民眾對國際金融海嘯的負面影響評估（尤其是對個人生活），卻明顯較台灣民眾樂觀和容忍。在台灣，認爲此次經濟危機對社會和個人有很大影響者分別高達 59.6%和 22.7%，香港的相關比例卻只有 30.2%和 9.1%（表 2）。

表2　國際金融海嘯負面影響評估

	負面影響評估(%)					尺度均值	台港比較（F 比率）
	毫無影響	無影響	普通	有影響	有很大影響		
對社會整體							
台灣	0.3	1.8	11.7	26.6	59.6	4.43	167.059***
香港	0.2	4.6	24.2	40.8	30.2	3.96	
對個人生活							
台灣	4.8	14.3	26.4	31.8	22.7	3.53	123.284***
香港	10.4	21.3	36.5	22.6	9.1	2.99	

*** $p < .001$

經濟憂慮與支援

經濟憂慮

　　台港兩社會民眾對失業及收入減少這兩項具體經濟困境的憂慮，均顯著高於對泛稱國際金融海嘯對個人生活衝擊的主觀評估。

　　在憂慮失業方面，台港民眾的評估尺度均值分別是 3.82 分和 3.15 分，有 65.3%的台灣民眾和 43.3%的香港民眾表示擔心自己或家人失業，不擔心者分別只有 15.2%和31.8%。台灣民眾憂慮較深。

　　在憂慮收入減少方面，台灣民眾的評估尺度均值都更高，分別達 3.92 分和 3.28 分，有 68.9%的台灣民眾和 51.0%的香港民眾表示擔心自己或家人會減薪或收入減少，不擔心者分別只有 12.7%和27.6%。同樣，台灣民眾較擔心。

　　台灣民眾對經濟的憂慮顯著高於香港民眾，台灣表示很擔心自己或家人失業、減薪或收入減少者分別占 36.2%和38.9%，香港的相關比例卻只有 11.4%和10.6%（表3）。

經濟支援

在台灣，高達 51.1%受訪者表示自己一旦遇上個人無法解決的經濟困難時，難以找到其他人或機構幫忙（當中 16.9%表示很不容易），表示容易的只有 16.2%；尺度均值是 3.47 分。

在香港，民眾除有較低的經濟憂慮外，主觀上對經濟支援的困難度的評估也顯著低於台灣，認為自己會難以找到其他人或機構幫忙解決經濟困難的比例只占 32.8%（當中 8.2%表示很不容易），表示容易的占 25.7%；尺度均值是 3.12 分（表 4）。

表 3　對失業和收入減少的憂慮

	憂慮程度(%)					尺度均值	台港比較（F 比率）
	毫不擔心	不擔心	普通	擔心	很擔心		
擔心自己或家人失業							
台灣	3.8	11.4	19.5	29.1	36.2	3.82	176.035***
香港	7.5	24.3	25.0	31.9	11.4	3.15	
擔心自己或家人會減薪或收入減少							
台灣	3.0	9.7	18.4	30.0	38.9	3.92	173.799***
香港	6.0	21.6	21.3	40.4	10.6	3.28	

*** $p < .001$

表 4　獲取經濟支援的難度

	困難程度(%)					尺度均值	台港比較（F 比率）
	很容易	容易	普通	不容易	很不容易		
台灣	4.6	11.6	32.8	34.2	16.9	3.47	57.460***
香港	3.2	22.5	41.5	24.6	8.2	3.12	

*** $p < .001$

求助對象

　　兩地民眾雖然對於獲取經濟支援的難度，有明顯的自評差別，但對於求助對象方面則有相似的模式（表 5）：(1)表示不會向人求助者不到一成（台灣 5.6%，香港 8.6%），另約一成堅持要自己想辦法解決，如向銀行或金融機構借貸（台灣 12.2%，香港 9.0%）。(2)縱使求助於人，對象也多限於個人的原屬群體，約五成六會尋求自己家人援助（台灣 56.0%，香港 56.7%），不到一成請親戚幫忙（台灣 7.4%，香港 8.1%），另有接近一成會求助於朋友（台灣 9.4%，香港 9.7%）。(3)表示會向政府求助的雖然相對不多，但台港各有 8.5%和 7.4%，反映了民眾在面對經濟困難時，對政府支援也似乎有一些期待，與求助於親戚的比例差不多。

　　面對最新一波經濟危機，約半數台灣民眾和三分之一香港民眾表示在有需要時難以取得經濟支援，求助對象亦多限於個人的原屬群體。這求助模式再次佐證了華人社會傾向依靠自己或原屬群體解決困難、不願向外人求助的文化傳統（蕭新煌 1991），但鑒於家庭結構變化、生育率下降、人口老化等趨勢，對家庭的福利功能必然會構成嚴重的

表 5　尋求經濟支援的主要對象(%)

	台灣	香港
家人	56.0	56.7
親戚	7.4	8.1
朋友	9.4	9.7
政府	8.5	7.4
銀行或財務機構	12.2	9.0
其他	0.8	0.5
不會找人幫忙	5.6	8.6
	($\chi^2 = 13.169*$)	

* $p < .05$

衝擊，因此政府萬萬不能再推託公部門的責任，而一味寄望於家庭來
承擔經濟困境時之社會福利救濟和社會安全功能(Hsiao 2010)。

對政府的期待

風險處理責任

　　根據Beck (1992, 1999)的風險社會理論，很多社會風險和災難是源
於「組織化的失責」(organized irresponsibility)，非個人所能解決。

　　台港民眾對六項風險處理責任的意向都有一個基本的共通點：政
府的責任較大！但「公共」與「私人」領域分明——對於失業問題嚴
重，以及政府治理能力降低、食物安全降低和空氣污染惡化等「公共」
領域的風險，民眾認為解決問題的責任主要在於政府（台灣的評估尺
度均值介乎 3.24 分至 3.73 分，香港則介乎 3.45 分至 3.79 分）。但對
不分畛域的全球性傳染病蔓延，民眾的意向相當務實，傾向認為政府
與個人都有責任（台港的均值分別是 3.00 分和 2.87 分）。至於面對現
代人生活壓力問題，此一較「私人」領域的風險，民眾認為解決問題
的責任主要還是在於個人（台港的均值分別是 2.45 分和 2.37 分）。

　　兩地相較，香港民眾對政府處理全球性傳染病蔓延的責任要求較
台灣民眾低，對處理政府治理能力降低和「私人」領域風險的責任要
求則與台灣民眾相若，但對處理其他「公共」領域風險（包括失業問
題嚴重、食物安全降低和空氣污染惡化）的責任要求則又高於台灣民
眾（表6）。

政府介入社會福利提供

　　ISSP 的指標涉及社會福利多個範疇，表 7 臚列出兩地民眾的評估
結果。我們可見，大多數受訪者對六個指標都持正面的看法，每項指
標的尺度均值都高於五分尺度的中點（即 3 分），在台灣，最高的達

表 6　風險處理責任

	處理責任(%)					尺度均值	台港比較（F 比率）
	完全靠自己	主要靠自己	一半半	主要靠政府	完全靠政府		
本地失業問題嚴重							
台灣	6.5	10.5	49.9	18.6	14.6	3.24	17.913***
香港	6.4	12.1	30.9	31.8	18.8	3.45	
全球性傳染病蔓延							
台灣	6.2	10.5	64.7	14.2	4.4	3.00	9.998**
香港	11.0	22.3	43.5	14.9	8.2	2.87	
本地空氣污染惡化							
台灣	4.3	8.6	55.1	17.8	14.2	3.29	13.783***
香港	4.1	13.0	35.7	27.8	19.5	3.46	
本地食物安全降低							
台灣	4.7	8.0	42.2	23.2	21.9	3.50	38.014***
香港	4.1	8.2	21.1	37.8	28.7	3.79	
本地政府治理能力降低							
台灣	5.3	6.2	32.5	22.4	33.6	3.73	0.009
香港	5.6	9.5	26.3	24.1	34.5	3.72	
現代人生活壓力問題嚴重							
台灣	18.1	29.7	44.4	4.2	3.5	2.45	3.739
香港	19.9	36.4	33.7	7.1	2.9	2.37	

** $p < .01$, *** $p < .001$

4.21 分（確保物價平穩），最低的也有 3.28 分（爲經濟困難人士提供基本住屋），香港的相關數字是 3.98 分（爲病人提供一般人可負擔的醫療服務）和 3.31 分（降低貧富收入差距），這些數據反映兩地民衆都普遍認同政府應積極提供這些社會福利項目給人民。

　　如以百分比衡量，認爲政府應該在不同社會福利範疇承擔責任的比例遠遠超出持反對意見者。在台灣，最多民衆認爲政府「絕對是」或「主要是」應該負起責任的福利服務是確保物價平穩(78.7%)，其餘依次是爲病人提供一般人可負擔的醫療服務(70.9%)、爲老人提供基本生活保障(63.8%)、降低貧富收入差距(53.0%)、爲失業人士提供基本生

表 7　對政府積極推動社會福利項目的評估

	政府的責任(%)					尺度均值	台港比較（F比率）
	絕對不是	主要不是	一半是	主要是	絕對是		
爲失業人士提供基本生活保障							
台灣	3.1	7.4	46.3	23.8	19.4	3.49	7.715**
香港	3.3	13.3	40.3	28.9	14.1	3.37	
確保物價平穩							
台灣	1.1	1.5	18.7	32.6	46.1	4.21	101.541***
香港	3.1	9.5	20.7	39.3	27.4	3.78	
爲病人提供一般人可負擔的醫療服務							
台灣	1.1	1.9	26.1	32.6	38.3	4.05	2.679
香港	2.5	6.2	17.1	38.9	35.3	3.98	
爲老人提供基本生活保障							
台灣	1.0	3.1	32.1	30.2	33.6	3.92	0.195
香港	2.7	5.8	20.1	37.4	34.0	3.94	
降低貧富收入差距							
台灣	5.3	8.3	33.5	22.0	31.0	3.65	46.131***
香港	7.2	15.0	35.8	23.8	18.1	3.31	
爲經濟困難人士提供基本住屋							
台灣	6.8	11.7	43.5	22.4	15.6	3.28	73.525***
香港	3.7	9.2	27.0	34.7	25.4	3.69	

** $p < .01$, *** $p < .001$

活保障(43.2%)和爲經濟困難人士提供基本住屋(38.0%)；持反對意見的相關數據分別只有 2.6%、3.0%、4.1%、13.6%、10.5%和 18.5%。

　　香港民衆支持政府積極推動社會福利的傾向亦相當強烈，但對不同福利範疇的優先選擇則與台灣有一定的差異：最多民衆認爲政府「絕對是」或「主要是」應該負起責任的福利服務是爲病人提供一般人可負擔的醫療服務(74.2%)，其餘依次是爲老人提供基本生活保障(71.4%)、確保物價平穩(66.7%)、爲經濟困難人士提供基本住屋(60.1%)、爲失業人士提供基本生活保障(43.0%)和降低貧富收入差距

(41.9%)；持反對意見的相關數據分別只有 8.7%、8.5%、12.6%、12.9%、16.6%和22.2%。

值得留意的是，兩地民眾最優先支持的福利範疇都是惠及一般民眾的福利保障措施（包括醫療服務、老人生活保障和確保物價平穩），而針對特定經濟弱勢團體的福利範疇（包括降低收入差距、提供基本生活保障和提供基本住屋），則是不怎麼重視。

公帑承擔社會福利服務

對政府的期待並不必然表示個人願意分擔有關支出，在福利開支的問題上也從來沒有免費午餐，那麼台港民眾如何看待以政府經費支付福利項目呢？從表 8 的調查結果可見，對以稅收得來的公帑支付不同社會福利服務的認同度，明顯地較前述對政府介入提供社會福利項目者低──台灣的尺度均值是介乎 3.87 分（老年服務）至 3.22 分（公營住宅），香港則介乎 3.69 分（老年服務）至 3.00 分（社會救濟）。

具體地說，在列出的五項社會福利服務項目中，最多台灣民眾認為要增加開支的是老年服務(66.5%)，其餘依次是社會救濟(60.3%)、失業救濟(41.3%)、醫療服務(40.6%)和公營住宅(35.1%)；持反對意見的相關數據分別只有 1.5%、5.7%、10.8%、10.5%和17.8%。最多香港民眾認為要增加開支的也是老年服務(63.9%)，其餘依次是醫療服務(55.6%)、公營住宅(37.2%)、失業救濟(34.9%)和社會救濟(19.0%)；持反對意見的相關數據各有 2.0%、6.3%、10.8%、9.1%和19.6%。

同樣地，台港民眾最表支持的福利範疇也都是惠及一般民眾的老年服務，但對於針對經濟弱勢團體的福利範疇，兩地民眾卻有相當分歧的取向，最明顯的是對增加社會救濟開支的立場。在台灣，60.3%受訪者認同增加這方面的公帑開支，但在香港，同意增加開支者只有19.0%，反而是要求減少的有 19.6%，台港民眾對社會救濟的差別看法，是否只是反映了兩地現有的救濟措施多寡，或是另有深一層對急

表 8　對以公帑支付社會福利服務的態度

	公帑開支(%)					尺度均值	台港比較（ F 比率）
	大幅減少	減少	維持不變	增加	大幅增加		
失業救濟							
台灣	1.5	9.3	47.9	30.3	11.0	3.40	12.412***
香港	1.0	8.1	56.0	32.1	2.8	3.28	
社會救濟							
台灣	0.6	5.1	34.0	42.9	17.4	3.71	432.192***
香港	1.4	18.2	61.4	17.5	1.5	3.00	
醫療服務							
台灣	2.7	7.8	48.9	33.1	7.5	3.35	33.032***
香港	0.7	5.6	38.1	49.1	6.5	3.55	
老年服務							
台灣	0.2	1.3	31.9	44.3	22.2	3.87	33.065***
香港	0.2	1.8	34.0	56.7	7.2	3.69	
公營住宅							
台灣	4.3	13.5	47.0	25.7	9.4	3.22	2.783
香港	0.6	10.2	52.0	34.3	2.9	3.29	

*** $p < .001$

難救濟背後「救急」的不同態度？

　　總體來說，民眾對增加公帑以支付福利服務的取向，並不如對政府介入提供福利服務般積極。他們對以公帑支付福利服務的態度並非毫無取捨，縱使在經濟形勢逆轉的時期，台港民眾認同增加失業救濟支出者分別只有41.3%和34.9%，遠低於對老年服務的支持，這態度或許也反映了兩地民眾對自力更生和工作倫理的重視。

在經濟危機中誰最擔憂失業

　　在亞洲金融危機之前，台港的失業人口比例均維持在非常低的水平。在台灣，1970 年代中至 1990 年代中的失業率大都在 2%以下，但

在 2000 年以後，失業率多超過 4%，2009 年達 5.85%（中華民國統計資訊網 2013；圖 2）；香港的情況更惡劣，失業率由 1997 年前的低水平（如在 1988、1993 和 1997 年分別是 1.4%、2.0% 和 2.2%），攀升至 1999、2003 和 2009 年的 6.2%、7.9% 和 5.3%（政府統計處 2013a；圖 2）。兩地的失業率雖比許多國家低，但失業率倍增對民眾的實質和集體心理壓力都不容低估。如在台灣，勞工保險於 1968 年增列失業給付，[12] 在 1999 至 2009 年間，領取失業給付的個案由 39,471 件增加至 1,119,303 件；香港沒有強制性的勞工保險，符合資格的失業人口可申請政府補助，[13] 此等個案由 1996 年的 10,131 件，曾上升至 2004 年的 48,450 件，近年雖已減少，但在 2009 年仍然有 33,379 件（圖 3）。

不同社會經濟背景的人對失業的風險認知、感受，以及政策取向，都可能會有不同的反應。我們以五項個人社經背景為自變項，分別以失業風險嚴重度評估、失業憂慮、獲取經濟支援難度，以及對政府的失業風險處理責任、為失業人士提供保障和公帑承擔失業救濟的取向為依變項，進行迴歸分析，結果簡列於表 9。

就性別而言，在台灣，兩性對獲取經濟支援難度、失業風險處理責任，以及公帑承擔失業救濟三方面的觀感，均沒有顯著的分別。然而，女性對失業的風險嚴重度評估和憂慮雖較男性為高，但對政府為失業人士提供保障的支持度卻明顯低於男性。在香港，兩性對失業的憂慮和因應政策取向倒是有一定的共識，差異只見於對獲取經濟支援

---

12 被保險人申請失業給付的條件包括：非自願離職；離職退保前三年內保險年資合計滿一年；具有工作能力及繼續工作意願；向公立就業服務機構辦理求職登記，14 日內仍無法推介就業或安排職業訓練。

13 申請人不須繳付保費，健全成人的申請資格包括：成為香港居民最少七年、通過入息及資產的審查，以及工作收入或工作時數少於社會福利署所定標準者，必須積極地尋找全職工作及參加自力更生支援計劃。

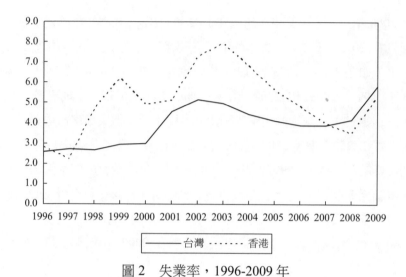

圖 2　失業率，1996-2009 年

資料來源：中華民國統計資訊網(2013)、政府統計處(2013a)。

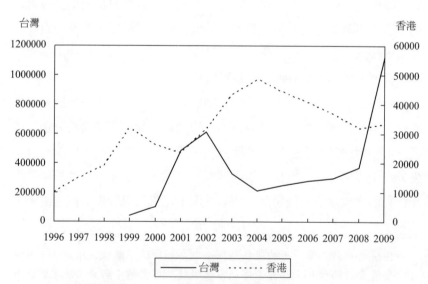

圖 3　失業給付／綜援的個案件數，1996-2009 年

資料來源：中華民國統計資訊網(2013)、政府統計處（歷年）。

表 9　個人社經背景與失業觀感及政策取向的迴歸分析

	失業風險嚴重度評估		失業憂慮		獲取經濟支援難度		失業風險處理責任		為失業人士提供保障		公帑承擔失業救濟	
	台灣	香港	台灣	香港	台灣	香港	台灣	香港	台灣	香港	台灣	香港
男性	-.187*	.090	-.213**	-.054	-.025	.187**	-.073	.066	.232***	.024	.077	.031
	(.081)	(.081)	(.074)	(.075)	(.068)	(.067)	(.070)	(.077)	(.066)	(.069)	(.058)	(.047)
年齡（55 歲或以上）												
18-29 歲	.489**	.106	.110	.047	-.433**	-.128	-.481***	.237	-.026	.021	-.081	.194*
	(.158)	(.137)	(.144)	(.128)	(.133)	(.117)	(.137)	(.132)	(.130)	(.117)	(.113)	(.081)
30-54 歲	.217*	.287*	.020	.015	-.132	.033	-.240*	.015	-.014	.046	-.232**	.121
	(.110)	(.114)	(.100)	(.107)	(.093)	(.101)	(.095)	(.110)	(.090)	(.097)	(.079)	(.068)
學歷（初中或以下）												
高中職	-.236	.008	-.122	.064	-.033	-.107	.141	.006	-.028	.009	-.142	-.154*
	(.122)	(.114)	(.111)	(.106)	(.102)	(.097)	(.106)	(.108)	(.100)	(.097)	(.087)	(.068)
大專或以上	-.302*	-.021	-.220	.053	-.124	-.163	.230*	-.053	.002	.027	-.252**	-.259***
	(.125)	(.129)	(.113)	(.120)	(.105)	(.108)	(.109)	(.123)	(.102)	(.110)	(.089)	(.075)
住戶收入（低收入）												
中等收入	-.230*	-.204	-.089	-.281*	-.153	-.232*	-.121	.193	.072	-.216*	-.078	-.077
	(.112)	(.124)	(.102)	(.116)	(.094)	(.105)	(.098)	(.118)	(.092)	(.106)	(.080)	(.075)
高收入	-.553***	-.490***	-.526***	-.713***	-.419***	-.457***	-.219	.145	.020	-.236*	-.148	-.250**
	(.129)	(.140)	(.117)	(.131)	(.109)	(.118)	(.112)	(.134)	(.106)	(.120)	(.092)	(.083)
社會階層認同（下層）												
中下層	-.191	-.257*	-.102	-.369**	-.161	-.019	-.153	-.048	.009	.066	-.009	-.067
	(.131)	(.120)	(.119)	(.113)	(.110)	(.102)	(.114)	(.115)	(.108)	(.103)	(.094)	(.073)
中層或以上	-.529***	-.279*	-.578***	-.426***	-.431***	-.207	-.219*	-.028	-.153	-.094	-.153	-.052
	(.120)	(.129)	(.109)	(.120)	(.101)	(.108)	(.104)	(.123)	(.099)	(.110)	(.086)	(.078)
截距	4.484	3.733	4.625	3.860	4.190	3.546	3.664	3.252	3.463	3.526	3.868	3.481
Adjusted R^2	.100	.034	.132	.086	.093	.078	.016	.003	.012	.003	.047	.046
n	896	855	895	850	885	759	893	852	894	851	886	809

註：表格內為標準化迴歸係數，括弧內為標準誤。

* $p < .05$, ** $p < .01$, *** $p < .001$

難度的態度——在遇到經濟困難時，女性自評找到別人或者機構幫忙的難度似乎較男性為低，也就是說陷於經濟困境時，女性較男性向外求助有門。

就年齡而言，在台灣，不同年齡層對失業的憂慮，以及對政府為失業人士提供保障的支持度，均有相若的反應。此外，若與年長者相比，年輕人對失業的風險嚴重度評估顯著偏高，但自覺獲取經濟支援的難度，和對政府處理失業風險的要求卻較低。同樣地，中年人對失業的風險嚴重度評估雖較年長者高，但對政府處理失業風險的要求，和增加公帑以承擔失業救濟的支持度也都較低。在香港，不同年齡層的差異更少，只有中年人對失業的風險嚴重度評估較年長者高，以及年輕人比年長者更傾向認同增加公帑以承擔失業救濟。

就學歷而言，在台灣，中等學歷與低學歷人士對於六項與失業相關的評估，都沒有顯著差異；高學歷與低學歷人士對於失業憂慮、獲取經濟支援難度，以及政府為失業人士提供保障三方面的看法，都相當接近；但高學歷人士對失業風險的嚴重度評估和增加公帑以承擔失業救濟的支持度，顯著低於低學歷人士。在香港，個人學歷僅對公帑承擔失業救濟取向呈顯著的獨立影響力——中等和高學歷者比低學歷者較傾向不支持政府增加公帑以承擔失業救濟。

就住戶收入而言，在台灣，與低收入者相比，中等收入者僅對失業風險有較低的嚴重度評估，高收入者對失業有更低的嚴重度評估和憂慮，獲取經濟支援的難度也較低，但他們對政府的相關期待和政策取向，與低收入者倒沒有顯著的差別。在香港，收入相異者對失業的風險認知、感受和政策取向，則存在較顯著的差異（唯一的共識是對政府處理失業風險責任的看法），如中等和高收入者除有較低的失業風險嚴重度評估和獲取經濟支援難度外，對政府為失業人口提供保障的支持度亦不像低收入者那麼殷切。此外，高收入者對失業風險的嚴重度評估也顯著偏低，同時，也較不支持增加公帑以承擔失業救濟。

　　就社會階層而言，在台灣，中下層與下層的認同者於六項與失業相關問題的回應，並沒有顯著的差異，中層或以上者對失業風險的嚴重度評估、對失業的憂慮和獲取經濟支援的難度，一如預測，是較下層者爲佳，對政府處理失業風險的要求也較低，但兩組人士對政府爲失業人口提供保障，以及增加公帑以承擔失業救濟的支持度，卻沒有顯著差別。在香港，不同階層認同者之間的差異較不明顯，只有中下層或以上認同者對失業的風險嚴重度評估和憂慮，低於下層者。這樣的結果，並不意外。

　　整體來說，台港兩地不同背景民眾對失業風險的感受、經濟求助的難易自評，以及對不同求助對象的期待，都呈現相似的異同模式，收入較多和社會階層較高者對失業問題持較低的風險評估和憂慮，獲取經濟支援的難度亦較低。在政治態度方面，不同背景的人對政府的期待與政策取向則相對接近，背景差異較顯著的包括：在政府處理失業風險方面，台灣的年長者和社會階層偏低者，均有較強烈的要求；在政府爲失業人士提供保障方面，台灣的男性和香港的低收入人士支持政府介入的程度較高；在增加公帑以承擔失業救濟方面，台灣的中年高學歷人士，以及香港的中高學歷和高收入人士的支持度也都較低。

結論

　　台灣和香港的經濟發展高度依賴融入國際經濟體系，但承受全球社經風險亦首當其衝。掌握風險狀況、提高防範意識、釐清和合理分配個人以至政府的風險管理角色，以及制訂對策，是兩地政府想有效治理經濟風險的必要前提，而民眾對風險的認知、判斷和應對，也是風險管理的重要環節。本文運用 2009 年的調查資料，勾勒在全球金融危機和經濟衰退的環境下，台港民眾如何認知和評估經濟風險，以及相關的回應方式和政治態度。

在社會經濟風險認知方面，台港民眾對失業風險有相當強的危機感（相信對個人生活帶來威脅者各占61.0%和52.9%），對國際金融海嘯的警覺性也很高（認為會帶來社會整體負面影響者各占 86.2%和71.0%，對個人生活有負面影響者各占54.5%和31.7%）。台灣的全球化程度和對外依賴度雖然仍低於香港，但台灣民眾對經濟風險以及國際金融海嘯的危機感，尤其是金融海嘯對個人生活的威脅，卻顯著高於香港民眾。

對生活壓力的敏感度方面，台港民眾對失業及收入減少的憂慮，都高於對金融海嘯衝擊個人生活的評估（擔心自己或家人會陷入失業困境者各占65.3%和43.3%，擔心自己或家人會減薪或收入減少者各占68.9%和51.0%）。兩地相較，又以台灣民眾所呈現的主觀壓力較大。

在面對經濟困難如何得助方面，台灣民眾對於獲取經濟支援的難度評估，顯著高於香港民眾（在遇上個人無法解決的經濟困難時，坦言難以找到其他人或機構幫忙者各占51.1%和32.8%）。然而，兩地民眾對於求助對象卻有相似的模式，大都會先向自己的家人求援，會立刻向政府求助的不到一成。

在政府政策和角色的期待方面，台港民眾雖不視政府為主要的經濟求助對象，但對政府應負起降低經濟風險和提供社會保障的責任卻有一定的共識，均高度認同政府有責任處理失業問題（各占 83.1%和81.5%，其中，49.9%和30.9%認為政府與個人的責任各占一半）。主張政府有責任為失業人士提供基本生活保障者各占89.5%和83.3%（當中46.3%和40.3%認為政府有一半的責任）。認同政府增加失業救濟支出的比例雖分別只占41.3%和34.9%，但支持維持不變者也達47.9%和56.0%。

不同社經背景的台港民眾，在面對和克服經濟危機衝擊方面，倒是有相似的模式：收入和階層較低者，都有較高的失業危機感和憂慮，也深感求助無門的無奈。畢竟經濟危機和金融風暴對較低階級者無異

是雪上加霜。在政治態度方面，不同背景人士對政府的期待與政策取向則相對接近，背景差異較顯著的包括：台灣的年長者和社會階層偏低者，對期待政府處理失業問題有較強烈的要求；台灣的男性和香港的低收入人士對政府為失業人士提供基本生活保障的角色，也有較高的支持；但是，台灣的中年和高學歷人士，以及香港的中高學歷和高收入人士，對於政府增加公帑提供失業救濟金，則不那麼支持和殷切。

過去十年間，在全球經濟危機連番爆發下，台港民眾已深深體認到經濟繁榮、社會平等和充分就業的榮景不再，對政府推動更積極的社會福利和社會安全制度，乃有前所未有的期待與要求。然而，在公共財政緊絀、福利開支卻必須膨脹的雙重壓力下，台港兩地政府對福利發展該如何掌握乃越來越頭痛。由於台港政府和社會對社會福利的個人和社會責任孰先孰後、經濟成長和社會福利孰重孰輕的爭議，迄今未有定論和共識，以致在面對一再爆發的全球或區域經濟和金融風暴，也就只能頭痛醫頭、腳痛醫腳，一味用即興、臨時之對策和措施，而毫無強化社會福利發展策略、厚植中低階級福祉、拉近貧富差距之用心。以致不但沒有著手規劃「居安思危」的社會安全政策和風險預防對策，而預測、預防和處理風險的能力又一再失靈，等到再面臨「居危思危」的風暴時，恐怕又會再次措手不及，徒讓台港弱勢群眾和人民徒呼奈何。

上述這些台港經驗的初步剖析，似乎也越來越符合 Beck (2009)所謂「風險社會」的條件，即社會風險的不確定性和不可預測性已節節上升，社會和政府處理社會風險的能力每況愈下，社會風險的後果也一再大幅增加。看來，台港的政府和知識界是有必要嚴肅正視和增加對風險社會的瞭解，並且提早思考因應之道。

參考文獻

中華民國統計資訊網(2013)總體統計資料庫。http://ebas1.ebas.gov.tw/
　　pxweb/Dialog/statfile9L.asp

王家英、尹寶珊(2009)政策表現與政府認受性：民意對香港政府的政策啟
　　示。香港：香港中文大學香港亞太研究所。

安永(2011)香港全球化指數排名居首。http://www.ey.com/CN/zh/Newsroom/
　　News-releases/2011_Hong-Kong-tops-The-Globalization-Index

自由時報(2010)翁啟惠：獨厚電子業 經濟難成長，9 月 12 日。http://www.
　　libertytimes.com.tw/2010/new/sep/12/today-e1.htm

行政院主計處(2010)國民所得統計及國內經濟情勢展望。http://www.stat.
　　gov.tw/public/data/dgbas03/bs4/ninews/9908/newtotal9908.pdf

行政院主計總處(2013)國民所得統計常用資料。http://www.dgbas.gov.tw/
　　public/Attachment/322216211271.xls

呂大樂(2011)中產心事：危機之後。香港：上書局。

呂大樂、王志錚(2003)香港中產階級處境觀察。香港：三聯。

政府統計處（歷年）香港統計年刊。香港：政府統計處。

──(2013a)香港統計資料。http://www.censtatd.gov.hk/hkstat/sub/bbs_tc.jsp

香港特別行政區政府(2010)香港 2009。香港：香港特別行政區政府。

──(2012)二○一二年半年經濟報告。http://www.hkeconomy.gov.hk/tc/pdf/
　　er_c_12q2.pdf

馬麗莊、王家英、黃大偉、王卓祺(2004)醫療政策與弱勢社群：婦女及低
　　下階層的聲音。見劉兆佳、王家英、尹寶珊編，香港社會政治的延續
　　與變遷，頁 95-116。香港：香港中文大學香港亞太研究所。

蕭新煌(1991)台灣的老人福利與家庭福利功能之再探討。見喬健主編，中
　　國家庭及其變遷，頁347-355。香港：香港中文大學香港亞太研究所。

Adam, Barbara, Ulrich Beck, and Joost Van Loon (eds.) (2000) *The Risk Society
　　and Beyond: Critical Issues for Social Theory*. London: Sage.

Baldwin, Peter (1990) *The Politics of Social Solidarity: Class Bases of the
　　European Welfare State 1875-1975*. Cambridge: Cambridge University
　　Press.

Beck, Ulrich (1992) *Risk Society: Towards a New Modernity*. London: Sage.

——(1999) *World Risk Society*. Cambridge: Polity Press.

——(2009) *World at Risk*. Cambridge: Polity Press.

Briggs, David J. (2007) A Framework for Integrated Assessment. Paper presented at the INTARESE (Integrated Assessment of Health Risks of Environmental Stressors in Europe) User Workshop, Brussels, 5 July.

Chiu, Stephen W. K., and Tai-lok Lui (2004) *Global City, Dual City? Globalization and Social Polarization in Hong Kong since the 1990s*. Hong Kong: Hong Kong Institute of Asia-Pacific Studies, The Chinese University of Hong Kong.

De Weerdt, Joachim (2005) *Measuring Risk Perceptions: Why and How*. Washington, DC: World Bank.

Ervasti, Heikki (2001) Class, Individualism and the Finnish Welfare State. *Journal of European Social Policy* 11(1): 9-23.

Giddens, Anthony (2003) *Runaway World: How Globalisation is Reshaping Our Lives*. New York: Routledge.

Hetherington, Marc J. (2005) *Why Trust Matters: Declining Political Trust and the Demise of American Liberalism*. Princeton: Princeton University Press.

Hobson, Barbara (1990) No Exit, No Voice: Women's Economic Dependency and the Welfare State. *Acta Sociologica* 33(3): 235-250.

Hoel, Marit, and Oddbjørn Knutsen (1989) Social Class, Gender, and Sector Employment as Political Cleavages in Scandinavia. *Acta Sociologica* 32 (2): 181-201.

Holzmann, Robert, Lynne Sherburne-Benz, and Emil Tesliuc (2003) *Social Risk Management: The World Bank's Approach to Social Protection in a Globalizing World*. Washington, DC: World Bank.

Hsiao, H. H. Michael (2010) Facing and Coping with the Economic Crisis in Taiwan: A Study of Public Opinion in 2009. *Vietnam Social Sciences* 5 (139): 35-44.

International Risk Governance Council (2005) *Risk Governance: Towards an Integrative Approach*. Geneva: International Risk Governance Council.

Korpi, Walter, and Joakim Palme (2003) New Politics and Class Politics in the Context of Austerity and Globalization: Welfare State Regress in 18

Countries, 1975-95. *American Political Science Review* 97(3): 425-446.

Marklund, Staffan (1988) *Paradise Lost? The Nordic Welfare States and the Recession, 1975-1985*. Lund: Arkiv.

Milanovic, Branko (2011) *The Haves and the Have-Nots: A Brief and Idiosyncratic History of Global Inequality*. New York: Basic Books.

Myles, John, and Jill Quadagno (2002) Political Theories of the Welfare State. *Social Service Review* 76(1): 34-57.

OECD (2008) *Growing Unequal? Income Distribution and Poverty in OECD Countries*. Paris: OECD.

Olofsson, Anna, and Susanna Öhman (2007) Views of Risk in Sweden: Global Fatalism and Local Control—An Empirical Investigation of Ulrich Beck's Theory of New Risks. *Journal of Risk Research* 10(2): 177-196.

Sainsbury, Diane (1996) *Gender, Equality, and Welfare States*. Cambridge: Cambridge University Press.

Svallfors, Stefan (2004) Class, Attitudes and the Welfare State: Sweden in Comparative Perspective. *Social Policy and Administration* 38(2): 119-138.

Taylor, Peter J. (2006) Shanghai, Hong Kong, Taipei and Beijing within the World City Network: Positions, Trends and Prospects. GaWC Research Bulletin 204. http://www.lboro.ac.uk/gawc/rb/rb204.html

Wade, Robert (1990) *Governing the Market*. Princeton: Princeton University Press.

Wong, Timothy K. Y., and Po-san Wan (2007) Citizens' Evaluations of Legitimacy in Post-colonial Hong Kong: Results of a Longitudinal Study. Pp. 75-107 in *The Hong Kong Special Administrative Region in Its First Decade*, edited by Joseph Y. S. Cheng. Hong Kong: City University Press.

Wong, Timothy K. Y., H. H. Michael Hsiao, and Po-san Wan (2009) Comparing Political Trust in Hong Kong and Taiwan: Levels, Determinants, and Implications. *Japanese Journal of Political Science* 10(2): 147-174.

World Bank (1993) *The East Asian Miracle: Economic Growth and Public Policy*. New York: Oxford University Press.

8

台灣兩岸政策態度的世代差異

陳志柔　于德林

中央研究院社會學研究所

　　本文探討台灣社會對兩岸政策態度的世代差異，並呈現世代差異的內容和影響機制。資料來源為 2010 年執行的社會意向調查。主要的發現包括：教育對兩岸政策態度的影響力存在於年長世代中；其中，高教育程度者對於 ECFA 和開放陸生，相對而言比低教育程度者更傾向贊成。不論年輕或年長世代，對於承認大陸學歷和開放陸客自由行，高教育程度者，相對而言都比低教育程度者傾向贊成。性別的影響力亦呈現世代的差異。年輕世代的女性，對於開放陸生來台，相對而言比年輕男性傾向反對；而年長世代的女性，對於開放陸客自由行，相對而言比年長男性傾向反對。然而，就承認大陸學歷和增加陸客人數而言，不論年輕或年長世代的女性，相對而言都比男性傾向反對；但在經濟開放的 ECFA 議題上，兩個世代都沒有存在性別差異。族群對兩岸政策態度的影響力也只反映在年輕世代的外省族群中。政黨支持對於中國政策的影響，沒有明顯的世代差異。

關鍵詞：兩岸政策、中國政策、社會意向調查

Attitudes Toward China-Related Policies and Their Variation Across Generations in Taiwan

Chih-Jou Jay Chen

Institute of Sociology, Academia Sinica

Te-Lin Yu

Institute of Sociology, Academia Sinica

This paper examines the social basis of China-related policies and the variation across generations in Taiwan. Drawing on data from Taiwan Social Image Survey conducted during 2010, the project investigates Taiwanese people's attitudes toward various China-related policies, including (1) the Economic Cooperation Framework Agreement (ECFA), (2) allowing Chinese students to study in Taiwan, (3) recognizing Chinese diplomas and degrees, (4) allowing self-guided individual Chinese tourists in Taiwan, and (5) increasing the daily quota of Chinese tourists on group tours in Taiwan. The study found that the Taiwanese people's stance towards diverse China-related policies varied across generations and was indeed affected by their socio-political backgrounds. On the one hand, men in general, pan-blue supporters, and higher-income citizens were more likely to support Taiwan government's China-related policies; on the other hand, women in general, non-pan-blue supporters, and lower-income citizens tended towards non-supportive stances of the same policies. On economic opening and trade, women's opinions did not differ significantly from men's. On non-economic policies, however, women were more likely to take an opposing position than men. These divisions of opinion reflect the social impacts of rapidly changing cross-strait relations in Taiwan.

Keywords: cross-strait relationship, China-related policies, Social Image Survey

問題緣起和性質

自從 2008 年政黨輪替以來，兩岸關係及相關議題已成爲政府的政策重心、經濟成長的動力來源，也是社會輿論的爭議焦點。2010 年 6 月的「江陳會談」，正式簽署「兩岸經濟合作架構協議」(Economic Cooperation Framework Agreement, ECFA)，兩岸經濟彼此開放、依賴更甚以往；金流、物流、人流互動頻繁密切相依。與此同時，社會交流議題接踵而至，2010 年 8 月，立法院完成「陸生三法」修正案，[1] 逐步落實陸生來台就學及大陸學歷採認。繼 2008 年 7 月開放陸客團體來台觀光以來，2011 年底時，陸客來台日均人數已達 3,574 人（作者計算自陸委會網站）。2011 年 6 月，開放陸客來台觀光自由行正式啓動。自 2013 年 4 月起，來台大陸遊客人數限額，由每日四千人調高至五千人，個人自由行也將從每天一千人調高至兩千人。

上述各項議題，執政黨強調將爲台灣帶來黃金十年，亦即馬英九總統承諾的政見，符合國家產業發展目標，實現社會期待並促進兩岸和平，但反對者卻疾呼經濟開放將帶來產業空洞化及貧富差距擴大，他們憂心台灣的國家主權在談判過程中逐漸弱化，北京將逐步實現其「以經促統」的終極目標（鉅亨網 2011）。隨著兩岸相關議題在媒體、國會喧囂擾攘一番之後，國民黨政府的執政優勢，基本上完全主導了這些議題的政策走向。2011 年以來，它們已經逐一付諸實施。

兩岸議題在媒體及國會的喧囂擾攘，始終呈現藍綠兩邊各據一方，各說各話相互扣帽。台灣的兩岸政策辯論，很少脫離簡單的二分情節

---

1 「陸生三法」係指與開放陸生來台就學及大陸學歷採認政策相關的三部法律，包括〈台灣地區與大陸地區人民關係條例〉、〈大學法〉及〈專科學校法〉。

（非友即敵），民眾受其影響之餘，對於兩岸政策也常常呈現非黑即白的藍綠二分思維。在議題爭嚷不休之際，民眾的態度傾向及思辯過程，往往受到漠視。媒體比如《中國時報》、《自由時報》、〈TVBS電視台〉或《天下雜誌》等，偶爾引用民調數字呈現民眾的態度傾向，但結果常帶有黨派色彩，結果常有出入，但我們仍不瞭解：哪些因素影響了台灣民眾的兩岸政策態度？縱使藍綠基本盤民眾受到政黨的高度影響，那其他所謂的「中間選民」或「兩黨皆非」的民眾，他們的意見傾向為何？除了政黨傾向會影響兩岸議題的態度，是否存在其他影響因素，如社經地位、性別及南北差異等，也會影響民眾對相關議題的意見？又，針對不同的兩岸政策議題（如經濟面的 ECFA 和社會面的開放陸生來台），是否存在不同的社會支持基礎？

上述這些問題，在沒有系統性的調查研究之前，仍是待解的問號。但最核心的問題之一，是對這些議題態度的世代差異。過去 60 餘年以來，台灣社會歷經了威權統治及民主轉型、經濟起飛和結構轉型、城鄉發展及省籍情結，這些政治、經濟、社會等方面的改變，不同世代群體的經驗差異懸殊，從而極可能影響他們對當前政府公共政策——尤其是兩岸政策——的態度。因此，本文以世代差異為焦點，探討台灣社會對兩岸政策的態度，是否存在世代差異？差異的內容和程度為何？

資料與變項

本文以 2010 年執行的兩次「社會意向調查」電話訪談為資料來源，訪問對象為台灣地區 18 歲以上的民眾。第一波調查於 6 月 1-22 日執行，共計完成 1,242 份樣本（在 95%的信心水準下，抽樣誤差約為±2.78%）；第二波於 12 月 16-26 日執行，完成 1,238 份樣本（在

95%的信心水準下，抽樣誤差約爲±2.8%）。[2]第一波電訪調查的議題之一是民眾對 ECFA 議題的瞭解情況和支持傾向，並進一步詢問受訪者對於兩岸關係、承認大陸學歷及開放陸生來台的看法。第二波調查的議題則包含了陸客自由行及提高陸客來台觀光人數的意見。

在電訪操作中，我們選取第一波調查的其中三道題及第二波調查的二道題，如下：[3]

(1)贊不贊成簽訂 ECFA？

(2)贊不贊成承認大陸學歷？

(3)贊不贊成開放陸生來台灣讀書？

(4)贊成開放陸客自由行？

(5)大陸遊客來台觀光人數可以增加？

對上述這些特定議題的贊成與否，反映了台灣民眾的什麼態度呢？又有什麼世代差異呢？簽訂 ECFA 呈現的是對於「經濟開放、經貿交往」的態度；陸生來台是「文教交流」的具體指標；承認大陸學歷，基本上代表對中國大陸的「制度認可」；陸客自由行和增加陸客人數，反映了「社會交往、人際接觸」的態度傾向（當然，也可能包含了經

---

2 有關這兩次調查的操作過程，參見「社會意向調查」執行報告，中央研究院社會學研究所（楊文山 2011a, 2011b）。

3 實地操作電訪時，具體問題是：(1)「整體來說，請問您贊不贊成兩岸政府簽訂ECFA（經濟合作架構協議）？」；(2)「請問您贊不贊成政府承認大陸的學歷？」；(3)「請問您贊不贊成政府開放陸生來台？」；(4)「請問您贊成還是不贊成，開放陸客自由行？」；(5)「目前大陸遊客來台觀光人數每日三千人，請問您認為人數可以增加、減少或維持現狀？」。在答案選項部分，第(1)題關於 ECFA 的答案選項爲「贊成」或「不贊成」或「不知道」，第(5)題關於增加觀光人數的選項包括「增加、減少、維持現狀」及「沒有意見、不知道、拒答」。其他各題選項答案包括「非常贊成、還算贊成、不太贊成、非常不贊成」及「不知道、拒答」；我們再加以合併爲「贊成」（非常贊成和還算贊成）和「不贊成」（不太贊成和非常不贊成）兩種類型。

濟動機和期待）。

　　著眼於世代差異的考察，我們將樣本分為兩個群體，以民國50年（1961年）出生為分界點，分成兩個世代：年輕世代（民國50年及以後出生者）和年長世代（民國50年以前出生者）；相關文獻中劃分世代的原則，一般考慮的是當時重要事件的影響（如重要政策的頒布）。民國57年（1968年）台灣開始實施九年國民義務教育，而民國50年出生者，於民國57年開始讀小學，蒙受到義務教育的恩澤，或許與之前的世代有教育資源上的落差。是以本文以民國50年出生為界分為兩個世代。

　　由表1變項的次數分配顯示，在「經濟開放」部分，就年輕世代而言，贊成者多於反對者。就簽訂ECFA而言，贊成與反對比例是57%與43%。對於年長世代而言，贊成與反對的差距更大，分別是61%與39%。

　　在「文教交流」議題方面，在年輕世代中，支持者略多於反對者，開放陸生來台灣讀書贊成與反對的比例分別是52%與48%。在年長世代中，也是贊成者多於反對者，但差距比年輕群體稍大，贊成與反對的比例分別是54%與46%。

　　在「制度認可」及「社會交往」的議題態度方面，不論年輕或年長世代，大體上都是反對者略多於贊成者。就年輕世代而言，承認大陸學歷贊成與反對的比例分別是47%與53%；開放陸客自由行贊成與反對的比例分別是46%與54%。同樣地，就年長世代而言，承認大陸學歷贊成與反對的比例分別是47%與53%；而開放陸客自由行贊成與反對的比例分別是49%與51%。最後，增加大陸遊客來台觀光人數方面，有世代上的顯著差異($p < .05$)。就年輕世代而言，贊成與反對的比例分別是44%與56%，就年長世代而言，差異則不明顯，贊成與反對的比例分別是52%與48%（請參閱表1）。

　　為求解釋民眾的兩岸政策態度，我們納入的自變項包括：個人社

會位置、社經地位、居住地區、政黨支持、統獨傾向，以及其他態度變項。分別說明如下：

　　個人社會位置：包括性別、年齡、婚姻、族群等四項。年齡為受訪者當年度的自報年齡，婚姻狀況分為未婚和已婚兩類，族群分為閩

表1　台灣民眾對於中國政策的態度傾向

依變項	年輕世代 （1961年後出生）		年長世代 （1961年前出生）		χ^2
	n	%	n	%	顯著 水準
經濟開放					1.8
(1)贊成簽訂 ECFA？					
贊成	333	57	217	61	
不贊成	253	43	137	39	
文教交流					0.2
(2)贊成開放陸生來台灣讀書？					
贊成	375	52	239	54	
不贊成	340	48	206	46	
制度認可					0.01
(3)贊成承認大陸學歷？					
贊成	333	47	204	47	
不贊成	379	53	230	53	
社會交往					1.2
(4)開放陸客來台個人自由行？					
贊成	304	46	214	49	
不贊成	356	54	219	51	
(5)陸客來台觀光人數增加？					6.3*
贊成	273	44	191	52	
不贊成	347	56	174	48	

資料來源：(1)-(3)，2010年第一波社會意向調查（2010年6月1-22日執行）；(4)-(5)，2010年第二波社會意向調查（2010年12月16-26日執行）。
註：表格內百分比之數值為列百分比、χ^2為卡方檢定。
* $p < .05$, ** $p < .01$, *** $p < .001$

南人、客家人和外省人（大陸各省市）等三個類別（台灣原住民因樣本數過少而去除），測量操作上以受訪者父親的籍貫爲指標。

社經地位：以教育和收入爲指標。教育程度編爲三類：國中以下（9年或9年以下）、高中職（10-12年）、大專以上（13年以上）。因爲這兩波電訪分別使用個人平均月收入及全家平均月收入兩種不同的指標，因此收入的指標無法保持一致性。電訪中詢問個人或全家收入時，有14個選擇區間，從最低的「沒有收入」到最高的「月收入20萬以上」。

地區：我們將受訪者接受訪問的電話所在地區分成兩類，「南台灣」（即：台南、高雄、屏東）和其他地區。藉此我們試圖釐清南北差異的影響因素是否存在。

政黨支持：電訪中詢問受訪者「請問在民進黨、國民黨、親民黨和台聯黨四個政黨中，您比較支持哪一個政黨？」。我們將選項合併爲五類：泛藍（國民黨和親民黨）、泛綠（民進黨和台聯黨）、選人不選黨、都支持、都不支持。

統獨傾向：第一波的電訪問題爲「關於台灣和大陸的關係，請問您的看法比較偏向儘快統一、儘快宣布獨立還是維持現狀？」，答項合併爲四類：統一（含「儘快統一」及「維持現狀，以後走向統一」）、獨立（含「儘快宣布獨立」和「維持現狀，以後走向獨立」）、看情形（即：「維持現狀，看情形再決定獨立或統一」）、維持現狀（即：「永遠維持現狀」）。第二波的電訪問題稍有不同：「就台灣和大陸的關係而言，請問您覺得台灣未來獨立比較好，還是和大陸統一比較好，還是維持現狀比較好？」。

ECFA對貧富差距的影響：電訪問題爲「請問您認爲兩岸簽訂ECFA（經濟合作架構協議），對於台灣的貧富差距是會擴大、縮小、還是沒有影響？」藉此測量民眾所認知的ECFA對貧富差距的影響程度，我們將之分成以下三類：貧富擴大、貧富縮小和沒有影響。

ECFA 的考量基礎：電訪問題為「對於兩岸協商，有人認為台灣的經濟利益重要，有人認為台灣的國家主權重要，請問您認為哪一個比較重要？」由此測量個人對於兩岸協商的考量基礎，選項有三：經濟利益、國家主權、經濟主權皆重。

對陸客的印象觀感：我們以三個電訪問題，瞭解民眾對於來台陸客的印象，問題一是「開放大陸遊客來台觀光之後，請問你覺得您個人對大陸社會的整體印象，感覺上是比以前更親近？比以前更疏遠？還是沒有改變？」，選項分成「比以前更親近」和「比以前更疏遠或沒有改變」兩類。問題二是「請問您對於來台旅遊的大陸遊客，有沒有一些好的印象？」，選項歸類分「有一些好的印象（包括正面的行為、態度）」和「沒有什麼正面印象和沒有意見」兩類。問題三是「請問您對於來台旅遊的大陸遊客，有沒有一些壞的印象？」選項分成「有一些壞的印象（包括負面的行為、態度）」和「沒有什麼負面印象和沒有意見」兩類。

為了探討各自變數對於世代間的影響，我們做了以下交叉分析：

社會意向第一波資料

年齡、教育程度、性別、婚姻狀態、地區、個人平均月收入、政黨支持、ECFA 對貧富的影響和兩岸協商著重之處等因素，都在世代上達到顯著差異($p < .05$)。

年輕世代和年長世代的教育程度分配呈現相反的趨勢，前者多集中在大專以上（超過一半以上），而後者則以國中以下最多（占46%）。就性別而言，年輕世代的男性較多，年長世代的則女性較多。若考慮婚姻狀況，年輕世代的有三成五的受訪者未婚，而年長世代幾乎都已婚（占 97%）。以地區而言，在台南、高雄或屏東地區，年輕世代的受訪者有二成四，而年長世代則占 30%。論及個人平均月收入，年輕世代高於年長世代，前者的個人平均月收入，在 3 萬元到 4 萬元

之間，而後者的個人平均月收入，在 2 萬元到 3 萬元之間。

由政黨傾向數據可知，不論年輕世代或年長世代均以泛藍支持者最多，分別占 33%和 38%；「都支持」的則為最少（均為 4%）；其中差別較大的是「都不支持」的比例，在年輕世代中占 32%，而在年長世代中僅占 21%。談到 ECFA 對貧富差距的影響，不論年輕或年長世代，都以認為貧富差距會擴大者最多，前者占 69%，後者則為 60%；認為沒影響者兩個世代相差 8 個百分比，年輕世代占 23%，而年老世代則為 31%。若論兩岸協商的考量基礎，兩個世代都認為台灣的經濟利益較重要者最多，但年輕世代（占 61%）明顯多於年長世代（占 48%）；認為國家主權較重要者，年長世代則多於年輕世代，兩者相差 10 個百分比。

社會意向第二波資料

年齡、教育程度、性別、婚姻狀態、全家平均月收入、統獨傾向和對陸客的印象觀感等因素，都在世代上達到顯著差異($p < .05$)。

年輕世代和年長世代的教育程度分配呈現相反的趨勢，前者多集中在大專以上（占 56%），而後者則以國中以下最多（占 48%）。就性別而言，年輕世代的女性較多，年長世代的則男性較多。若考慮婚姻狀況，年輕世代的有三成一的受訪者未婚，而年長世代幾乎都已婚（占 96%）。論及全家月收入，年輕世代高於年長世代，前者的全家月收入，落入 6 萬元以上，不到 7 萬元的區間，而後者的全家月收入，落入 4 萬元以上，不到 5 萬元的區間。

由統獨傾向數據可知，不論年輕世代或年長世代均以「維持現狀」者最多，都超過七成，分別占 79%和 70%；贊成「統一」的則最少，分別占 6%和 8%；其中差別較大的是「獨立」的比例，相差 8 個百分比，在年輕世代中占 15%，而在年長世代中占 23%。談到開放觀光後對陸客的印象觀感的影響：首先，對大陸社會的整體印象，感覺上「沒

表 1.1 台灣民眾世代差異的交叉分析(I)

第一波社會意向調查	年輕世代 （1961 年後出生）		年長世代 （1961 年前出生）		χ^2
自變項	*n*	%	*n*	%	顯著水準
教育程度					218.2***
國中以下	67	9	222	46	
高中職	248	34	113	23	
大專以上	417	57	150	31	
性別					7.0***
女性	334	46	259	53	
男性	399	54	227	47	
婚姻狀態					170.0***
已婚	475	65	468	97	
未婚	258	35	16	3	
地區					6.4*
台南高雄屏東	172	24	145	30	
其他地區	560	77	338	70	
籍貫					1.3
客家人	93	13	58	12	
閩南人	532	74	348	73	
外省人	92	13	72	15	
政黨支持					21.3***
泛藍	236	33	176	38	
泛綠	124	17	80	17	
選人／政策不選黨	101	14	95	20	
都支持	27	4	20	4	
都不支持	230	32	98	21	
統獨傾向					6.1
統一	61	8	47	11	
獨立	154	21	94	22	
看情形	302	42	152	35	
維持現狀	205	28	139	32	
ECFA 貧富影響					9.1**
貧富擴大	417	69	205	60	
貧富縮小	44	7	34	10	
沒影響	141	23	105	31	
兩岸協商著重					20.5***
經濟利益	440	61	214	48	
國家主權	209	29	176	39	
經濟主權皆重	73	10	61	14	
	n	平均數	*n*	平均數	*T*
年齡	733	37.1	486	60.9	-47.1***
個人平均月收入	710	5.3	469	4.6	4.3***

資料來源：2010 年第一波社會意向調查（2010 年 6 月 1-22 日執行）。

註 1：表格內百分比之數值爲列百分比、χ^2 爲卡方檢定、*T* 爲獨立樣本 *t* 檢定。

註 2：年輕世代的個人平均月收入 5.3，落入 3 萬元以上，不到 4 萬元的區間。年長世代的個人平均月收入 4.6，落入 2 萬元以上，不到 3 萬元的區間。

* *p* < .05, ** *p* < .01, *** *p* < .001

表 1.2　台灣民眾世代差異的交叉分析(Ⅱ)

第二波社會意向調查	年輕世代 （1961 年後出生）		年長世代 （1961 年前出生）		χ^2
自變項	n	%	n	%	顯著水準
教育程度					208.8***
國中以下	78	11	239	48	
高中職	220	32	131	26	
大專以上	386	56	129	26	
性別					10.1**
女性	378	55	229	46	
男性	309	45	272	54	
婚姻狀態					125.5***
已婚	475	69	477	96	
未婚	209	31	22	4	
地區					.6
台南高雄屏東	175	26	118	24	
其他地區	512	75	383	76	
籍貫					5.7
客家人	71	11	69	14	
閩南人	515	76	342	70	
外省人	89	13	76	16	
政黨支持					5.1
泛藍	221	33	180	38	
泛綠	125	19	76	16	
選人／政策不選黨	110	16	85	18	
無	217	32	133	28	
統獨傾向					13.7***
統一	41	6	33	8	
獨立	98	15	101	23	
維持現狀	523	79	305	70	
開放陸客來台觀光後，感覺 比以前親近					7.7**
有	248	37	195	46	
沒有	417	63	231	54	
對於來台旅遊的陸客，有好 的印象					7.4**
有	156	26	134	34	
沒有	438	74	256	66	
對於來台旅遊的陸客，有壞 的印象					9.5**
有	302	48	164	38	
沒有	327	52	263	62	
	n	平均數	n	平均數	T
年齡	687	37.4	501	61.4	-46.7***
全家月收入	567	8.3	375	6.5	7.2***

資料來源：2010 年第二波社會意向調查（2010 年 12 月 16-26 日執行）。
註 1：表格內百分比之數值爲列百分比、χ^2 爲卡方檢定、T 爲獨立樣本 t 檢定。
註 2：年輕世代的全家月收入 8.3，落入 6 萬元以上，不到 7 萬元的區間。年長世代的
全家月收入 6.5，落入 4 萬元以上，不到 5 萬元的區間。
* p < .05, ** p < .01, *** p < .001

有比以前更親近」者占多數，年輕世代和年長世代皆超過半數，前者占 63%，後者占 54%。其次，對於來台旅遊的大陸遊客，有沒有一些好的印象？不論年輕或年長世代，都以回答「沒有」者居多（皆超過六成），前者占 74%，後者占 66%。最後，對於來台旅遊的大陸遊客，有沒有一些壞的印象？不論年輕或年長世代，都以回答「沒有」者居多（皆超過半數），前者占 52%，後者占 62%。

分析結果

針對不同出生世代的對中政策態度，我們以二元邏輯迴歸模型檢測各個自變項的影響程度。第一，就「經濟開放、經貿互通」的政策範疇而言，表 2 呈現的是影響不同出生世代民眾對贊成簽訂 ECFA 要素的迴歸模型。由表中可知，不論年輕或年長的世代，在以下各方面都呈現相同的趨勢，而就政黨認同而言，泛綠、「選人／政策不選黨者」和「兩黨都不支持者」，都比泛藍支持者更不贊成兩岸政府簽訂 ECFA ($p < .05$)。若從統獨傾向來看，傾向獨立者比維持現狀者，更不贊成兩岸政府簽訂 ECFA ($p < .05$)。若論及簽訂 ECFA 造成的貧富差距影響，認為簽訂 ECFA 會擴大貧富差距者，比認為簽訂 ECFA 沒有影響者，更不贊成兩岸政府簽訂 ECFA ($p < .001$)。再者，認為兩岸協商應看重經濟利益者，比看重國家主權者，更贊成兩岸政府簽訂 ECFA ($p < .001$)。

而出生世代的差異顯示在以下幾個方面：年齡、婚姻狀態、族群、個人平均月收入和部分政黨認同的影響力出現在年輕世代中，對年長世代則沒有差異，也就是在年輕世代中，年齡越大者越贊成兩岸政府簽訂 ECFA ($p < .05$)。未婚者比已婚者更贊成兩岸政府簽訂 ECFA ($p < .05$)。個人平均月收入越高者，越贊成兩岸政府簽訂 ECFA ($p < .01$)。籍貫為外省人者比閩南人更贊成兩岸政府簽訂 ECFA ($p < .01$)，而「兩

表 2　影響贊成兩岸政府簽訂 ECFA 要素的二元邏輯迴歸模型

	年輕世代 （1961 年以後出生） β	年長世代 （1961 年以前出生） β
年齡	0.041*	-0.003
教育程度（國中以下）		
高中職	0.047	1.471*
大專以上	0.429	1.676**
女性（男性）	-0.176	-0.341
未婚（已婚）	0.654*	0.413
台南高雄屏東（其他地區）	0.123	0.795
個人平均月收入	0.165**	0.070
籍貫（閩南人）		
客家人	0.178	-0.382
外省人	1.421**	1.108
政黨支持（泛藍）		
泛綠	-2.724***	-3.701***
選人／政策不選黨	-1.320***	-1.262*
都支持	-1.218*	-0.589
都不支持	-1.416***	-2.498***
統獨傾向（維持現狀）		
統一	0.268	-0.063
獨立	-0.771*	-1.567*
看情形	-0.468	0.310
ECFA 貧富影響（沒影響）		
貧富擴大	-1.753***	-3.499***
貧富縮小	0.156	-0.791
兩岸協商著重（國家主權）		
經濟利益	1.230***	1.737***
經濟主權皆重	0.415	0.573
Intercept	-0.702	2.478
χ^2	282.868***	249.758***
df	20	20
n	531	296

註 1：依變項：1 =「贊成兩岸政府簽訂ECFA」、0 =「不贊成兩岸政府簽訂ECFA」。
註 2：變項名稱括號內為對照組、β為邏輯迴歸係數。
* $p < .05$, ** $p < .01$, *** $p < .001$

黨都支持者」比泛藍支持者更不贊成兩岸政府簽訂 ECFA ($p < .05$)。

另外，教育的影響力主要出現在年長世代中，對年輕世代則沒有差異，亦即在年長世代中，教育程度為大專以上或高中職者，比國中以下者更傾向贊成兩岸政府簽訂 ECFA ($p < .05$)，亦即教育程度越高越傾向贊成。

第二，就文教交流的政策範疇而言，表 3 呈現影響不同出生世代民眾對贊成開放陸生來台要素的二元邏輯迴歸模型。不論年輕或年長世代，就政黨認同而言，泛綠的支持者都比泛藍支持者不贊成政府開放陸生來台($p < .001$)。而「兩黨都不支持者」比泛藍支持者更不贊成政府開放陸生來台($p < .05$)。再者，認為兩岸協商應看重經濟利益者，比看重國家主權者，更贊成政府開放陸生來台($p < .05$)。

出生世代的差異顯示在以下幾個方面：性別、個人平均月收入和統獨傾向的影響力出現在年輕世代中，對年長世代則沒有差異，也就是在年輕世代中，女性比男性更不贊成政府開放陸生來台($p < .01$)。再者，個人收入越高者越傾向贊成政府開放陸生來台($p < .001$)。就統獨傾向來說，傾向獨立者比維持現狀者，更不贊成政府開放陸生來台($p < .05$)。

教育和部分政黨認同的影響力主要出現在年長世代中，在年輕世代則沒有差異，亦即在年長世代中，大專以上教育程度者比國中以下者，更傾向贊成政府開放陸生來台($p < .01$)。再者，就政黨認同而言，「選人／政策不選黨者」和「兩黨都支持者」，都比泛藍支持者不贊成政府開放陸生來台($p < .05$)。

整體而言，關於陸生來台這個兩岸政策議題，年輕世代和年長世代存在不同的影響模式。主要差別在於在年輕世代中，性別、收入和統獨立場，顯著地影響了他們是否贊成政府開放陸生來台的政策。但在年長世代中，教育（大專以上）、非泛藍（相對於泛藍），才比較是顯著影響的因素。

表 3　影響贊成政府開放陸生來台要素的二元邏輯迴歸模型

	年輕世代 （1961 年以後出生）	年長世代 （1961 年以前出生）
	β	β
年齡	0.001	-0.022
教育程度（國中以下）		
高中職	0.235	0.424
大專以上	0.641	1.092**
女性（男性）	-0.478**	-0.061
未婚（已婚）	0.393	-0.266
台南高雄屏東（其他地區）	0.098	0.212
個人平均月收入	0.125***	-0.046
籍貫（閩南人）		
客家人	-0.138	-0.205
外省人	0.342	0.733
政黨支持（泛藍）		
泛綠	-1.317***	-4.070***
選人／政策不選黨	-0.376	-1.455***
都支持	0.210	-1.545*
都不支持	-0.485*	-2.149***
統獨傾向（維持現狀）		
統一	0.498	1.097
獨立	-0.598*	-0.830
看情形	0.097	0.249
兩岸協商著重（國家主權）		
經濟利益	0.503*	0.776*
經濟主權皆重	0.418	0.362
Intercept	-0.838	2.155
χ^2	119.147***	193.425***
df	18	18
n	657	372

註 1：依變項：1 =「贊成政府開放大陸學生來台灣讀書」、0 =「不贊成政府開放大陸學生來台灣讀書」。

註 2：變項名稱括號內為對照組、β 為邏輯迴歸係數。

* $p < .05$, ** $p < .01$, *** $p < .001$

　　第三，就「制度認可」的政策範疇而言，表 4 呈現影響不同出生世代民眾對贊成政府承認大陸學歷要素的二元邏輯迴歸模型。不論年輕或年長世代，教育程度為大專以上者比國中以下者，更傾向贊成承認大陸學歷(*p* < .01)。女性比男性更不贊成承認大陸學歷(*p* < .05)。就政黨認同而言，泛綠都比泛藍支持者傾向不贊成承認大陸學歷(*p* < .001)。又從統獨傾向來看，傾向統一者比維持現狀者，更可能贊成承認大陸學歷(*p* < .05)。另外，兩岸協商著重經濟利益者，都比重視國家主權者，更贊成政府承認大陸學歷(*p* < .001)。

　　出生世代的差異顯示在以下幾個方面：族群、個人平均月收入的影響力出現在年輕世代，對年長世代則沒有差異，也就是在年輕世代中，籍貫為外省人者比閩南人更贊成政府承認大陸學歷(*p* < .01)。而個人平均月收入越高者，越傾向贊成政府承認大陸學歷(*p* < .01)。而部分的教育程度、政黨認同、統獨傾向和兩岸協商著重之處的影響力主要出現在年長世代，對年輕世代則沒有差異，亦即年長世代越傾向贊成政府承認大陸學歷(*p* < .05)。如教育程度為高中職者，比國中以下者，傾向贊成政府承認大陸學歷(*p* < .05)。另外，就政黨認同而言，「選人／政策不選黨者」和「兩黨都不支持者」，都比泛藍支持者不贊成政府承認大陸學歷(*p* < .01)。若從統獨傾向來看，傾向獨立者比維持現狀者，更不贊成承認大陸學歷(*p* < .05)。最後，兩岸協商著重經濟和主權兩者皆重要者，比重視國家主權者，更贊成政府承認大陸學歷(*p* < .05)。

　　第四，就「社會交往」的政策範疇而言，表 5 顯示影響不同出生世代民眾對贊成政府開放陸客自由行要素的二元邏輯迴歸模型。不論年輕或年長世代，開放陸客來台觀光後，教育程度為大專以上者比國中以下者，傾向贊成政府開放陸客自由行(*p* < .05)。其中，對陸客感覺親近者，更傾向贊成政府開放陸客自由行(*p* < .01)，對來台陸客有好印象者，也更傾向贊成政府開放陸客自由行(*p* < .05)。而對來台陸客有壞

表 4　影響贊成政府承認大陸學歷要素的二元邏輯迴歸模型

	年輕世代 （1961 年以後出生）	年長世代 （1961 年以前出生）
	β	β
年齡	0.026	0.008
教育程度（國中以下）		
高中職	0.756	0.802*
大專以上	1.229**	1.034**
女性（男性）	-0.451*	-0.585*
未婚（已婚）	0.341	0.203
台南高雄屏東（其他地區）	-0.322	0.345
個人平均月收入	0.116**	-0.036
籍貫（閩南人）		
客家人	-0.020	-0.005
外省人	0.831**	0.773
政黨支持（泛藍）		
泛綠	-1.476***	-2.652***
選人／政策不選黨	-0.517	-0.901**
都支持	-0.100	-0.340
都不支持	-0.417	-1.314***
統獨傾向（維持現狀）		
統一	0.840*	1.501**
獨立	-0.452	-0.943*
看情形	-0.062	0.370
兩岸協商著重（國家主權）		
經濟利益	0.731***	1.230***
經濟主權皆重	0.246	0.976*
Intercept	-2.580**	-0.962
χ^2	161.337***	172.457***
df	18	18
n	655	372

註 1：依變項：1＝「贊成政府承認大陸學歷」、0＝「不贊成政府承認大陸學歷」。
註 2：變項名稱括號內爲對照組、β爲邏輯迴歸係數。
* $p < .05$, ** $p < .01$, *** $p < .001$

表 5　影響贊成開放陸客自由行要素的二元邏輯迴歸模型

	年輕世代 （1961 年以後出生）	年長世代 （1961 年以前出生）
	β	β
年齡	0.022	-0.025
教育程度（國中以下）		
高中職	0.760	0.350
大專以上	1.218**	0.956*
女性（男性）	-0.066	-1.321***
未婚（已婚）	0.559*	-0.169
台南高雄屏東（其他地區）	0.095	-0.405
全家平均月收入	0.068	-0.064
籍貫（閩南人）		
客家人	0.575	-0.555
外省人	0.075	0.771
政黨支持（泛藍）		
泛綠	-0.596	-0.616
選人（或政策）不選黨	-0.432	-0.894
無	-0.070	-1.011*
統獨傾向（維持現狀）		
統一	0.442	2.407*
獨立	-0.470	-0.284
開放陸客來台觀光後，感覺 　比以前親近（沒有）	0.719**	1.017**
對於來台旅遊的陸客，有好 　的印象（沒有）	0.858***	0.913*
對於來台旅遊的陸客，有壞 　的印象（沒有）	-0.555*	-0.904**
Intercept	-2.752**	2.409
χ^2	85.949***	96.217***
df	17	17
n	437	234

註1：依變項：1＝「贊成開放大陸遊客來台個人自由行」、0＝「不贊成開放大陸遊客來台個人自由行」。
註2：變項名稱括號內為對照組、β為邏輯迴歸係數。
* $p < .05$, ** $p < .01$, *** $p < .001$

印象者，則更不傾向贊成政府開放陸客自由行($p < .05$)。

觀察出生世代的差異，顯示在以下幾個方面：婚姻狀態的影響力出現在年輕世代中，對年長世代則沒有差異，也就是在年輕世代中，未婚者比起已婚者，更傾向贊成政府開放陸客自由行($p < .05$)。

性別、政黨認同、統獨傾向的影響力主要出現在年長世代中，對年輕世代則沒有差異，亦即年長世代越傾向贊成政府承認大陸學歷($p < .05$)。女性比起男性，更傾向贊成政府開放陸客自由行($p < .001$)。就政黨傾向而言，「無政黨支持者」比起泛藍支持者，更傾向贊成政府開放陸客自由行($p < .05$)。從統獨傾向來看，傾向統一者比維持現狀者，更贊成政府開放陸客自由行($p < .05$)。

最後，「社會交往」範疇的第二個指標呈現影響不同出生世代民眾對贊成陸客來台人數增加要素的二元邏輯迴歸模型。由表6模型可知，不論年輕或年長世代，女性都比男性，泛綠都比泛藍政黨的支持者，更不贊成政府增加陸客來台人數($p < .05$)。而開放陸客來台觀光後，對陸客感覺親近者，更傾向贊成政府增加陸客來台人數($p < .001$)。再者，對來台陸客有好印象者，也更傾向贊成政府增加陸客來台人數($p < .05$)。

出生世代的差異僅顯示在年輕世代中，主要是在以下幾個方面：部分政黨支持、統獨傾向和對於陸客來台有壞印象的影響力出現在年輕世代中，在年長世代則沒有差異，也就是在年輕世代中，「無政黨支持者」比泛藍支持者，更不贊成政府增加陸客來台人數($p < .05$)。傾向獨立者比維持現狀者，更不贊成政府增加陸客來台人數($p < .01$)。再者，對來台陸客有壞印象者，也傾向不贊成政府增加陸客來台人數($p < .05$)。

表 6　影響贊成陸客來台人數增加要素的二元邏輯迴歸模型

	年輕世代 （1961 年以後出生）	年長世代 （1961 年以前出生）
	β	β
年齡	0.006	-0.013
教育程度（國中以下）		
高中職	0.040	-0.416
大專以上	0.659	-0.447
女性（男性）	-0.616**	-0.954**
未婚（已婚）	-0.192	0.823
台南高雄屏東（其他地區）	0.026	0.175
全家平均月收入	-0.048	0.038
籍貫（閩南人）		
客家人	0.025	-0.794
外省人	-0.425	0.798
政黨支持（泛藍）		
泛綠	-0.865**	-1.487*
選人（或政策）不選黨	-0.369	-0.049
無	-0.700*	-0.124
統獨傾向（維持現狀）		
統一	0.081	1.689
獨立	-0.965**	0.465
開放陸客來台觀光後，感覺 　上比以前親近（沒有）	0.818***	1.295***
對於來台旅遊的陸客，有好 　的印象（沒有）	0.832**	0.765*
對於來台旅遊的陸客，有壞 　的印象（沒有）	-0.492*	-0.151
Intercept	0.241	0.376
χ^2	85.753***	68.152***
df	17	17
n	418	203

註 1：依變項：1＝「贊成人數可以增加」、0＝「人數可以減少或維持不變」。
註 2：變項名稱括號內為對照組、β為邏輯迴歸係數。
* $p < .05$, ** $p < .01$, *** $p < .001$

討論與小結

　　上述的分析，呈現台灣民眾對於中國相關議題的態度傾向有世代的不同，且各項議題的社會支持基礎，有共通性、也有差異性；教育、性別、收入等因素，在不同世代，有不同的影響。關於對中國相關議題的態度，以往台灣民眾對外來移民或外來配偶的態度，也值得參考比較。例如，陳志柔、于德林(2005)〈台灣民眾對於外來配偶移民政策的態度〉一文，發現除了族群和國家認同以外，政黨支持和族群成見影響了給予大陸配偶公民權的態度，但卻沒有影響給予東南亞配偶公民權的態度。本文發現，政黨變項的確對於中國議題態度有顯著的影響。但另一方面，關於對大陸配偶移民政策的態度，家庭收入與政策態度沒有相關性，且控制了相關變項之後，教育的影響力也不顯著，顯示社經地位對於中國大陸配偶的移民政策態度並沒有影響（陳志柔、于德林 2005；蔡明璋 2011）。但是，教育及收入對於當今台灣與中國大陸的社會交往議題，在不同世代呈現了不同的影響。

　　在個人背景方面，教育程度的影響力幾乎都反映在年長世代這個群體上（除了社會交往中贊成大陸遊客來台觀光人數增加與否不顯著外），教育程度高者對中政策的態度都傾向贊成的立場，尤其是對於經濟開放的ECFA議題和文教交流（開放大陸生來台讀書）的政策（其中教育程度在年輕世代對中政策的態度上都無影響力）。但不論年輕或年長世代，對於制度認可（承認大陸學歷）和社會交往（開放陸客自由行）的政策，高教育程度者相對而言都比低教育程度者（國中以下），傾向贊成、較為開放；但在社會交往（陸客來台人數增加）的兩岸政策，在兩個世代中並沒有教育程度上的顯著差別。

　　造成世代差異的可能原因是教育對於年長世代而言是較具重要性的人力資本，所以偏向經濟開放的 ECFA 議題和文教交流（開放大陸

生來台讀書）的政策，都比較屬於經濟方面的考量，而教育程度高者多屬菁英份子，較具競爭優勢，相較於低教育程度者，原則上較持開放態度。反觀就年輕世代而言，由於國民義務教育的增加（六年延長至九年）以及高等教育的擴張和普及，教育相對較為貶值，加上由教育程度代表人力資本或社經地位的指標，可能效度降低，因而顯示出教育在年輕群體中，沒有成為影響兩岸政策態度的顯著因素。

但不論年輕或年長世代，對於制度認可（承認大陸學歷）和社會交往（開放陸客自由行）的政策，高教育程度者相對而言都比低教育程度者（國中以下），傾向贊成、較為開放。這似乎反映了高教育對於一般容忍度或說開放性提升的作用或影響，因為教育程度高者容忍異質的能力也較高，而教育的作用可以提升人對事物複雜性的認知，也比較能設身處地理解社會的異端，所以比較不會興起對異己的排斥（傅仰止、伊慶春 1994）。

就性別而言，在制度認可（承認大陸學歷）和社會交往（陸客來台人數增加）的政策上，不論年輕或年長世代的女性，相對而言都比男性傾向反對、較為保留；但在經濟開放的 ECFA 議題上，兩個世代都沒有存在性別差異。這反映台灣女性對於政府的兩岸政策態度，存在跟男性不同的態度和思路。女性相對於男性，除了以後可能的就業歧視，以及同工不同酬的問題等等，女性和男性的學歷即使相等也常常不是等值，所以模型中控制了教育的情況下（亦即學歷相等的情況下），性別影響仍顯著，也就是說，女性可能基於職場競爭的考量，對於承認大陸學歷有所保留。而在社會交往（陸客來台人數增加）方面，不論年輕或年長世代，或多或少都持保留的態度。一個合理的可能假設是，女性不認為她們會在兩岸的社會深化交往中得意或獲益，甚至可能失意又失利。過去二十年來，以男性為主的台商台幹們西進大陸，縱使賺錢供養台灣的妻小，但妻小更重視的婚姻穩定和家庭美滿，卻多被犧牲。雖然台商台幹家庭僅占少數，但媒體報導及日常生

活中的經驗，讓台灣女性認為她們會在兩岸的社會交往中，成為潛在的受害者，或至少不會是受益得利者。藉由 ECFA，台灣經濟可能再發展，但經濟發達賺錢後，多是男人享受；社會交往後的爛攤子，往往由女人來收拾。

除了上述的推論解釋性別差異以外，學者也曾探討解釋性別在政黨認同、投票行為、政治態度上的差異性，值得借鏡。例如，關於美國政策議題的性別差距解釋，在 1976-92 年期間，女性較男性更關注社會福利議題，男性較女性更關注經濟議題(Kaufmann 2002)，而男女在議題排序的差異比在議題態度的差異，對於投票行為更有影響（楊婉瑩 2006）。以美國 2004 年的總統選舉為例，由於伊拉克戰爭及反恐戰爭的關係，南方選民在傳統上的男女議題差異大幅減少，但可能未來由於伊拉克戰爭結束及恐怖份子威脅減低，以往男女在議題順序上的差異又會重新明顯化(Kaufmann 2006)。是以，由國際及台灣的政黨認同研究看來，性別差距會呈現男女對社會議題的態度差異，也會影響後續的政黨認同或選舉行為（楊婉瑩、劉嘉薇 2009；Norris 2003）。

在本文中，性別的影響力亦呈現世代的差異，各別來看，年輕世代的女性，對於文教交流（開放大陸生來台讀書）的政策，相對而言比年輕男性傾向反對、較為保留；而年長世代的女性，對於社會交往（開放陸客自由行）的相關議題，相對而言比年長男性傾向反對。這似乎反映的是上一段論述中，女性不認為她們會在兩岸的社會深化交往中得意或獲益，甚至可能失意又失利的假設，不過由於年長的世代，相較於年輕世代的女性，覺得受害更深，所以越是反對。

至於族群對兩岸政策態度的影響力也只反映在年輕世代的外省族群中，包括經濟開放的 ECFA 和制度認可（承認大陸學歷）議題，與閩南人相比，都較持贊成的態度。基本上外省人相較於閩南人更為採取贊成的態度，這是由於外省籍民眾在個人經驗、家庭傳承、文化親

近性上，源於中國大陸，因此他們的「我群」範圍在血緣、語言、文化上，更能容納大陸，可以說外省人與大陸人士之間具有文化上的親近性。另外，就「我群與他群」的社會心理機制而言，此時群體的劃分未必基於文化親近性，以人口數量而言，是社會構成中「強勢」的他群（本省人）與「弱勢」的我群（外省人及其他少數民族）之別。弱勢的我群需要與外來者結盟，因此常會持較開放的態度。另外，若以政經地位或社會文化背景而言，主客則易位，在這樣的社會脈絡下，本省人有可能產生「我群與他群偏見」，且感覺中國強勢文化的威脅，因此更加確立其對中政策的排斥態度。此外，本省人比外省人，更有可能基於本土主義的社會心理機制，認為對中政策應該有更嚴格的限制。

另一方面，經濟開放的對中政策態度則是年輕世代的外省族群相較於閩南人，較採取贊成的態度（年長世代的外省人則沒有差別）。僅以外省第二代和大陸人士較具文化親近性可能的解釋恐怕還不夠完整，或許還伴隨更多的觀光實質利益考量，因為年輕世代相較於年長世代而言，對於工作、職業生涯的擴大需求更是強烈。

政黨支持對於中國政策的影響，符合一般的常識：不論年輕或年長世代，泛綠支持者（相對於泛藍）逢中必反，相對而言，泛綠支持者傾向反對各項對中政策（除了社會交往中開放陸客自由行部分無影響力）。更值得注意的是，所謂的中間選民（非藍、非綠者）的態度傾向，明顯的與泛藍支持者不同調，相較而言傾向不贊成各項對中政策（ECFA、陸生來台、承認大陸學歷和陸客人數增加）。

不論年輕或年長世代，對於經濟開放的 ECFA 議題上，支持獨立者相對而言比支持維持現狀者，傾向反對、較為保留。而兩個世代中支持統一者，對於制度認可（承認大陸學歷）的政策，相對而言比支持維持現狀者傾向贊成、較為開放。獨派反對但統派贊成各項兩岸政策，台灣的政黨動員及政治論述以及統獨意識形態，會對兩岸政策的

態度發生影響，而泛綠政黨基於國家安全、兩岸敵對的政治狀態，以及自身群眾基礎的態度傾向，對中政策比較持反對開放的態度。

統獨傾向的影響力亦呈現世代的差異，各別來看，年輕世代中支持獨立者，對於文教交流（開放大陸生來台讀書）和社會交往（陸客來台人數增加）的政策，相對而言比支持維持現狀者傾向反對、較為保留；年長世代中支持獨立者，對於制度認可（承認大陸學歷），相對而言比支持維持現狀者傾向反對、較為保留；而年長世代中支持統一者，對於社會交往（開放陸客自由行）的政策，相對而言比支持維持現狀者傾向贊成、較為開放。

至於所謂的中間選民（非藍、非綠者）的態度傾向，在 2010 年兩岸開始大量接觸時，他們的態度是否與泛藍支持者不同，或者與泛綠支持者較為接近，這是後續必須持續觀察及深入研究的議題。

參考文獻

陳志柔、于德林(2005)台灣民眾對外來配偶移民政策的態度。台灣社會學 10: 95-148。

傅仰止、伊慶春(1994)容忍態度的結構肇因：都市背景、遷移經驗、異質聯繫。人文及社會科學集刊 6(2): 257-301。

楊文山(2011a)2010 年台灣地區第一次社會意向調查報告（尚未釋出）。中央研究院社會學研究所委託並執行。台北：中央研究院社會學研究所。

——(2011b)2010 年台灣地區第二次社會意向調查報告（尚未釋出）。中央研究院社會學研究所委託並執行。台北：中央研究院社會學研究所。

楊婉瑩(2006)性別重組或解組？比較歐美投票性別差距的解釋模式。問題與研究 45: 103-131。

楊婉瑩、劉嘉薇(2009)探討統獨態度的性別差異：和平戰爭與發展利益的觀點。選舉研究 16: 37-66。

鉅亨網(2011)前進 2012 藍綠擘劃十年願景。http://news.cnyes.com/special/2012double10/index.shtml

蔡明璋(2011)從接觸到接受？婚姻移民支持態度的再檢視。研究台灣 7: 1-23。

Kaufmann, Karen M. (2002) Culture Wars, Secular Realignment and the Gender Gap in Party Identification. *Political Behavior* 24: 283-307.

——(2006) The Gender Gap. PS: Political Science & Politics 39: 447-453.

Norris, Peppa (2003) The Gender Gap: Old Challenges, New Approaches. Pp. 146-170 in *Women and American Politics*, edited by Susan J. Carroll. New York: Oxford University Press.

9

香港與台灣民眾的主觀貧富差距及政治後果：2003至2009年

黃子為　葉國豪

香港中文大學香港亞太研究所

　　本文旨在探究香港與台灣民眾整體主觀貧富差距的差異和變化趨勢、個人主觀貧富差距的差異，以及對政治態度的影響。藉由在香港與台灣所執行的「社會意向調查」2003年至2009年一共12組的相關數據，本文有以下主要研究發現：第一，兩地的主觀貧富差距有統計上顯著的差異，然而與客觀的指標趨勢不同，台灣民眾的主觀貧富差距顯著地比香港民眾嚴重；第二，貧窮及有個人不公平經驗的民眾認為貧富差距較嚴重；第三，主觀貧富差距與對執政／親政府政黨的支持，以及對司法體系的公正性評價呈負相關。本文因此呼籲兩地政府應重視主觀貧富差距，以應對社會與政府管治的困境。

關鍵詞：主觀貧富差距、政府滿意度、政治信任、政黨支持、港台兩地比較

* 本文所用資料乃來自「社會意向調查」，該研究由台灣中央研究院社會學研究所與香港中文大學香港亞太研究所共同主持，香港2009年的社會意向調查由香港政府大學教育資助委員會屬下研究資助局資助（研究計劃項目編號：452508），謹此鳴謝。

Perceived Income Inequality and Its Political Consequences in Hong Kong and Taiwan from 2003 to 2009

Kevin T. W. Wong

Hong Kong Institute of Asia-Pacific Studies, The Chinese University of Hong Kong

Jackson K. H. Yeh

Hong Kong Institute of Asia-Pacific Studies, The Chinese University of Hong Kong

This chapter aims to explain the difference in perceived income inequality between Hong Kong and Taiwan, as well as its trend, individual variation in perceived income inequality, and the impact of perceived income inequality on political attitudes. Based on 12 datasets of the Social Image Survey conducted in Hong Kong and Taiwan from 2003 to 2009, we find that: 1) there is a statistically significant difference in perceived income inequality between Hong Kong and Taiwan. Perceived income inequality in Taiwan is higher than in Hong Kong, although subjective income inequality in Taiwan is lower than in Hong Kong; 2) the poor and those with experience of unfairness in daily life perceive higher levels of income inequality; and 3) perceived income inequality is negatively associated with political support for the ruling party / pro-government parties and evaluation of the fairness of the justice system. Therefore, it is necessary for both the Hong Kong and Taiwan governments to reduce perceived income inequality in order to solve social and governance problems.

Keywords: perceived income inequality, government satisfaction, political trust, partisan support, comparative study of Hong Kong and Taiwan

前言

　　過去十年，貧富差距是香港與台灣兩地社會的焦點議題。香港 2006 年的收入最高百分之二十的家庭與收入最低百分之二十的家庭的收入比例是 19.66 倍，而台灣的比例在 2001 年達到 6.39 倍；香港 2006 年的基尼係數(Gini Coefficient)高達 .533，台灣 2001 年則高達 .350。上述兩個指標都達到過去二十年兩地的新高（政府統計處 2007: 14；行政院主計處 2009：表 4）。不少人批評政府與親政府政黨長期漠視公眾需求，所得再分配機制日漸失靈，政府政策偏袒大財團與富人。貧富差距日益嚴重，對兩地構成政治、社會，甚至道德層面的嚴峻挑戰。

　　客觀貧富差距一直是港台兩地學術界的研究重點，不同於前人研究，本文嘗試解釋港台兩地的主觀貧富差距(perceived income inequality)差異及其對政府滿意度、政治體制看法，以及政黨支持等政治態度的影響。本文分為六個部分，第一部分藉由文獻回顧探討影響主觀貧富差距的因素，以及對政治態度的影響，進而提出本文的假設；第二部分說明本文使用的數據與資料來源、變項及研究方法；第三部分探討港台兩地主觀貧富差距的趨勢；第四部分解釋主觀貧富差距的個人差異；第五部分檢視主觀貧富差距與不同政治態度之間的關係；第六部分討論港台兩地差異的可能因由；最後是本文總結。

文獻回顧與假設

　　許多因素會影響民眾對貧富差距的感受。舉例而言，意識形態 (Kluegel and Smith 1986; Kelly and Evans 1993; Evans 1997; Gijsberts 2002; Rohrschneider and Whitefield 2004)、規範的評價(Gijsberts 2002; Hadler 2005; Wu 2009; Wong et al. 2009)，以及經濟體制轉型(Kelley and

Zagorski 2005)均爲重要的因素。

　　過往研究較多針對個別社會內部民衆主觀貧富差距差異，然而較少解釋社會間的差異(Halder 2005: 131)。民衆的態度可能或多或少地反映著外在眞實世界的情況，客觀的經濟數據（例如量度不平等的基尼係數），也可能影響民衆的主觀貧富差距。Halder (2005)針對全球 30 個國家所做的比較研究指出，當經濟情況越富裕，民衆越不同意收入差異(differences in income)較大，但是客觀貧富差距的程度（以基尼係數來量度）與收入差異在統計上並無顯著相關。Loveless 與 Whitefield (2011)針對 12 個中歐及東歐新興民主國家的研究也指出，主觀的社會不平等(social inequality)與客觀貧富不均（以基尼係數來量度）之間沒有統計上顯著關聯性。Keller 等人(2010)針對歐盟國家的研究也指出，各國針對不平等的態度存在廣泛的差異，而認爲貧富差距很嚴重的比例，也與客觀貧富差距的指標不總是一致。[1]

　　本文研究的香港與台灣兩地，均是資本主義市場經濟，以及中華文化主導的社會，兩地亦享有相近的經濟發展水平，然而香港的客觀貧富差距卻比台灣大。爲了比較兩地社會主觀貧富差距的差異，本文假設：

1　值得注意的是，Keller 等人(2010)原文是指「當前貧富差距問題容忍度」(inequality tolerance)與「客觀貧富差距」的指標不一致。他們以受訪者是否同意「貧富差距很嚴重」(inequalities are too large)的說法來量度「當前貧富差距問題容忍度」，這方法只是直接量度「主觀貧富差距」(perceived income inequality)，而假設認爲貧富差距很嚴重者不能容忍當前貧富差距問題。然而，正如本文將會進一步說明的，「主觀貧富差距」與「貧富差距問題容忍度」事實上應區別爲兩個不同的概念，同意「貧富差距很嚴重」者不一定不能容忍當前貧富差距問題，不宜混淆。故此 Keller 等人的研究實則處理「客觀貧富差距」與「主觀貧富差距」的關係，而非與「當前貧富差距問題容忍度」的關係。

假設 1：在收入越不平等的社會，民眾會感受到越嚴重的貧富差距。

　　在個人層面，基於結構位置論(structural position thesis)的自利(self-interest)解釋觀點認爲，主觀貧富差距主要受個人在社會階層體系中的位置所形塑，例如社經地位、階級以及收入。有研究指出，民眾的社會階層越低會覺得社會越不平等(Loveless and Whitefield 2011: 252)。在美國，絕大多數位於較低社會階層的非裔美國人對貧富差距多抱持著更爲批判與異議的態度(Kluegel and Smith 1986)。在後共產主義的東歐國家，階級位置標誌著許多資源與條件的不平等，牽涉民眾的經歷與經濟利益(Evans 1997)。過往許多研究也指出，個人的主觀幸福感(subjective well-being)受到個人的特徵，例如年齡、健康情況與收入等因素，以及其參考團體所影響(Van Praag 2010)。然而，研究發現在香港不同社經地位民眾的主觀貧富差距的差異並不大(Wong et al. 2009: 671)。本文假設弱勢群體，例如長者、女性、低教育程度及工人等，會感受到較嚴重的貧富差距。

假設 2：弱勢群體會感受到越嚴重的貧富差距。

　　個人經驗也會影響對貧富差距的感受。個人可能會在與其他人比較後感受到相對剝奪(relative deprivation)，進而將個人不公平的經驗投射到整個社會。舉例而言，主觀的社會階層流動經驗會影響對貧富的態度與歸因(Kreidl 2000)。亦有研究指出當民眾感覺到付出與收穫總是不成比例時（不論是回報不足或是過度回報），會認爲收入差異較大(Hadler 2005)；另有研究指出，相對剝奪感是決定民眾對收入分配(income distribution)看法的最重要決定因素，現實生活中的相對剝奪感越強烈，越注重平等的收入分配(Szirmai 1986)。這種態度與看法使本文更爲重視個人的經歷及其與主觀貧富差距之間的關係。基於上述的討論，本文假設：

假設 3：有個人不公平經驗的民眾，會感受到越嚴重的貧富差距。

貧富差距的政治影響長久以來都是政治科學研究中的重要議題。許多證據顯示，貧富差距的惡化往往造成負面的政治後果，例如：降低人民對選舉的參與意欲(Solt 2008)、減少和平示威抗議(Dubrow et al. 2008)，以及增加民眾暴力衝突與政權更迭的機會(Nel 2008)。關於貧富差距對政治態度的影響，文獻大致可以區分為以下三種類型。

第一類文獻強調貧富差距與民眾對政府的態度之間的關係。貧富差距日益惡化會使民眾對程序公正性(procedural fairness)以及政府政策公平性產生質疑，進而對政府失去信心。Tyler 等人(1985)曾指出，政治評價往往受對政府程序公正性的看法所影響，而對政府程序公正性的看法是獨立於政策結果。當民眾對政府程序公正性產生質疑時，他們對執政團隊的評價就會降低，對於制度的支持也會下降。因此Rahn與Rudolph (2005)認為，當民眾感受到貧富差距日益惡化，便會認為這是政府財富分配決策不公平所致，於是失去對政府的信任。Kelleher與Wolak (2007)對美國民眾對州政府信任的研究發現，生活在貧富差距較嚴重州區的民眾，對該州州長有較差的評價。

第二類文獻嘗試解釋貧富差距如何影響民眾對於政治制度的評價。不同於探討政府民意的文獻，對於政治制度態度的文獻強調制度對貧富差距日益嚴重的責任，而非政府本身的責任。根據制度理論，Mishler與Rose (2001)強調政治制度結構會影響政府表現與政策產出，進而深刻的影響貧富差距。他們總結認為，民眾對於政治制度的態度是對貧富差距趨勢的理性回應，而當貧富差距的情況改善時，民眾亦會更正面地評價政治制度。在歐洲 20 個民主國家的政治信任研究中，Anderson 與 Singer (2008)發現生活在貧富差距較嚴重國家的民眾，對當地政治制度的評價也較為負面。

第三類文獻探討貧富差距與政黨支持之間的關係。過去的研究證實民眾的政黨支持總是受到宏觀經濟環境所左右(Haynes and Jacobs

1994)。Cusack 等人(2006)指出當貧富差距惡化,民眾對財富再分配的要求會更強烈。這論點獲 Finseraas (2009)對 22 個歐洲國家的研究所支持,研究指出生活在貧富差距較嚴重國家的民眾,會更強烈要求財富再分配。鑑於左翼與親工人階級的政黨應會更支持再分配政策,這意味著貧富差距惡化將促使民眾支持左翼與親工人階級的政黨。這項關於貧富差距與政黨支持之間關係的推測,獲 Galbraith 與 Hale (2008)的研究所支持,他們分析 1969 至 2004 年美國貧富差距對投票選擇的影響,發現貧富差距與在選舉中投票給親勞工的民主黨有正向關係。

　　一般而言,關於貧富差距的影響的理論均假設個人都關注貧富差距,並且能夠確實地感受到其真正的程度。然而這些假設與事實並不相符,對於前一種假設,事實上民眾對於貧富差距的敏感程度不盡相同。舉例而言,Anderson 與 Singer (2008)曾指出那些將自己定位於政治左派的民眾,比那些右派的民眾對於貧富差距的嚴重情況更為敏感,因此,當貧富差距越來越嚴重時,他們對政治制度的態度比右派的民眾更為負面;至於後一種假設,在同一個社會中,有些民眾比其他人認為貧富差距更為嚴重。正因如此,政治態度理應是受到主觀貧富差距,而非實際的貧富差距(actual income inequality)所影響。但是過往很少有研究檢視主觀貧富差距與政治態度之間的關係,本文正希望填補這研究闕漏。

　　Singer 與 Rosas (2007)在一項阿根廷選舉研究中發現,當選民感到經濟不平等逐漸改善時,他們會更傾向支持現任總統。Singer 與 Rosas 認為,因為政府對於不受歡迎的政策及其社會後果負有責任,所以主觀貧富差距惡化會產生對政府觀感的負面影響。許多社會中的民眾都視貧富差距為一個重要社會問題,而貧富差距往往也與其他許多社會問題有密切的關聯性,例如暴力、藥物濫用、心理疾病、監禁,以及缺乏信任(Wilkinson and Pickett 2009)。民眾認為政府有責任與能力去解決這些社會問題,貧富差距日益嚴重意味著政府未能恪盡其責。耿

曙與張雅雯(2007)的研究指出，台灣感覺貧富差距變大的民眾相較貧富差距沒有改變的民眾而言，越傾向質疑政府保護本國弱勢階級和推動產業的能力。簡言之，主觀貧富差距程度是檢視政府整體執政能力的有效指標。因此本文假設：

假設 4：民眾主觀貧富差距越嚴重，會對政府有越負面的態度。

此外，民眾可能會認為貧富差距是源於政治制度的拙劣甚至是錯誤的設計。本文因此假設：

假設 5：民眾主觀貧富差距越嚴重，會對政治制度有越負面的態度。

最後，本文認為主觀貧富差距與政黨支持有關聯性。不同於西方社會，香港與台灣的政治分歧並非以傳統的左、右意識形態區分，因此關於貧富差距影響左、右政黨支持的相關理論並不適用於本文。[2]故此，本文關注主觀貧富差距如何影響對執政／親政府政黨的政治支持。除了假設 4 之外，本文認為民眾不僅將貧富差距惡化歸咎於政府，也會歸咎於執政黨及其盟友，並且轉而支持反對黨以作為一種懲罰。本文假設：

假設 6：民眾主觀貧富差距越嚴重，支持執政／親政府政黨的機會越可能少於支持反對黨。

如果假設 6 成立的話，將存在兩種可能的解釋，可以說明為何主觀貧富差距嚴重使民眾對反對黨的支持較高，而非執政／親政府政黨。第一個解釋是民眾對執政／親政府政黨的支持減少，第二個解釋是民眾對反對黨的支持增加。本文假設：

2　俞振華、蔡佳泓(2012)關於政策意向的研究曾指出，目前台灣的政黨政治缺乏真正代表勞工或農民等弱勢族群的政黨，選舉制度亦不利此類型小黨的發展，因此中下階層的民眾得不到政黨的支持，也不會發展出用自身需求決定政治支持的模式，相對地會從誰帶給這個地區或這個階層比較多的好處來思考。

假設 6a：民眾主觀貧富差距越嚴重，會越少機會支持執政／親政府政黨。

假設 6b：民眾主觀貧富差距越嚴重，會越大機會支持反對黨。

數據、變項的量度與研究方法

本文以「社會意向調查」(Social Image Survey)中所蒐集的數據來檢證研究假設。「社會意向調查」是台灣中央研究院社會學研究所與香港中文大學香港亞太研究所共同主持的一項長期電話調查研究計畫。本文使用「社會意向調查」2003、2004、2005、2006、2007，以及2009 年等一共 12 組相關的數據，涵括香港與台灣兩地民眾對貧富差距的態度，並且將其彙整成合併數據。

「主觀貧富差距」是本文首三項假設中的依變項，並且同時作為其他假設中的自變項。「主觀貧富差距」的量度方式是詢問受訪者這幾年來富人與窮人之間的差距嚴不嚴重。這是一個順序變項(ordinal variable)，其中 1＝很不嚴重，2＝不太嚴重，3＝嚴重，4＝很嚴重。

為了使本文的量度方式完整地掌握弱勢群體的概念內涵，本文以多元的指標來對此概念進行操作化。社會人口因素包括年齡、性別（0＝男性，1＝女性），教育程度（0＝小學與中學教育程度，1＝大專教育程度），並且納入職業的差異。本文將年長、女性、低教育程度及工人定義為弱勢群體。此外，生活於貧窮中的民眾也被視為弱勢群體。「貧窮」被編碼為虛擬變項（0＝不是，1＝是），並依據受訪者所答的每月家庭總收入而決定。受訪者的每月家庭總收入少於每月家庭收入中位數的一半時（香港為少於港幣 7,500 元、台灣為少於新台幣30,000 元），則被視為貧窮。「個人公平經驗」的量度方式是詢問受訪者目前的生活水準和其努力相比公不公平（1＝很不公平，2＝不公平，3＝還算公平，4＝公平，5＝很公平）。

「政府滿意度」（1＝很不滿意，2＝不滿意，3＝滿意，4＝很滿意），被選擇為對政府態度的指標。「立法機關信任度」（1＝很不信任，2＝不信任，3＝信任，4＝很信任），以及「司法體系公正性」（1＝很不公正，2＝不公正，3＝公正，4＝很公正）則被選擇為對政治制度態度的指標。

「政黨支持」是一個包含三項類別的名目變項(nominal variable)：(1)執政／親政府政黨，(2)反對黨，以及(3)無／其他政黨。台灣泛綠陣營的民進黨自 2000 年開始取得執政權，直到泛藍陣營的國民黨總統參選人馬英九於 2008 年贏得總統大選，因此在 2007 年或以前，本文將泛綠陣營政黨定義為執政／親政府政黨，泛藍陣營則定義為反對黨；在 2009 年，泛藍陣營政黨定義為執政／親政府政黨，而泛綠陣營則定義為反對黨。另一方面，因為香港的特首必須表明不是任何政黨的成員，因此香港並不存在執政黨。為了進行相關的比較，本文將香港的政黨分類為：(1)親政府政黨，包括民建聯、自由黨，以及其他建制派的政黨；(2)反對黨，包括民主黨、公民黨、社民連，以及其他泛民主派的政黨；不支持任何政黨的民眾，或所支持的政黨無法被分類為親政府政黨或反對黨者，則被定義為(3)無／其他政黨。

研究模型中也加入了調查地區與年份，以控制未觀察到的地區層面與年份層面的變項(unobserved country-year level variables)。調查地區被編碼成一個虛擬變項（0＝台灣，1＝香港），年份在假設 4、假設 5，以及假設 6（a 與 b）中也被編碼為一系列的虛擬變項。在首三項假設中，為了量度主觀貧富差距的趨勢，年份則被編碼為等距變項(interval variables)（調查年份減 2002）。

本文採用順序邏輯迴歸(ordinal logistic regression)來檢證假設 1 至假設 5，因為其依變項都是順序尺度，並且以多項邏輯迴歸(multinomial logistic regression)來處理其他關於主觀貧富差距對政黨支持影響的假設。如上所述，本文的分析是基於 12 筆調查的合併數據，而這些樣本

均來自不同的分層(stratum)（地區─年份）以簡單隨機抽樣(simple random sampling)抽出來。鑑於變項在層內的差異(variation within stratum)應比層與層之間的差異(variation between stratums)小，若假設樣本均來自同一個分層，並以簡單隨機抽樣抽出，再進行邏輯迴歸分析，迴歸的標準誤可能產生誤差(Treiman 2009)。因此，在下列的迴歸分析中，本文運用抽樣估計程序(survey estimation procedures)修正標準誤。

香港與台灣社會的主觀貧富差距及其趨勢

表 1 顯示了香港與台灣社會主觀貧富差距的順序邏輯迴歸結果。為了檢視主觀貧富差距的地區差異與趨勢，調查地區虛擬變項與年份在模型 1 中作爲自變項。在模型 1，調查地區虛擬變項的迴歸係數爲負數，且檢定結果達到統計上的顯著水準($p < .001$)，這表示長期有較高客觀貧富差距的香港，例如以基尼係數來量度，卻相對地比台灣有較低的主觀貧富差距。與台灣相較，香港民衆對貧富差距較少感受到「嚴重」而非「不太嚴重」的機會少達 62.8%（|exp (-.988)-1|）。相反地，台灣的客觀貧富差距上雖然相對地溫和，主觀貧富差距理應比香港低，但事實並非如此。上述結果因而否定了本文假設 1，即越不平等的社會（在本文中即指香港），民衆會感受到越嚴重的貧富差距。事實上，有研究經濟合作與發展組織(Organisation for Economic Co-operation and Development, OECD)國家主觀貧富差距的調查顯示，民衆的主觀貧富差距與客觀貧富差距往往不相稱，其中更可以區分爲高客觀貧富差距與低主觀貧富差距（如英語系國家與日本）、高客觀貧富差距與高主觀貧富差距（如南歐國家與波蘭）、低客觀貧富差距與高主觀貧富差距（如中歐國家與法國、奧地利），以及低客觀貧富差距與低主觀貧富差距（如德國與北歐國家）等四種國家分類，意味在客

表 1　主觀貧富差距的順序邏輯迴歸係數：港台兩地社會的差異

	模型 1	模型 2
香港	-.988***	-.797***
	(.040)	(.084)
年份	.034***	.060***
	(.010)	(.015)
香港×年份		-.052**
		(.020)
截距 1	-5.856	-5.760
截距 2	-2.731	-2.634
截距 3	-0.645	-0.548
Nagelkerke R^2	.034	.072
N	10,386	10,386

資料來源：「社會意向調查」2003 至 2007 年、2009 年。
註 1：括號內數字為標準誤差(standard error)，下文如是。為了比較表 1 與表 2 中模型間的差異，本文僅選擇了在表 1 與表 2 迴歸分析中使用的問題中均有完整答案的樣本。所以在表 1 與表 2 中所有模型的樣本數均一致。
註 2：年份＝調查年份減 2002
* $p < .05$, ** $p < .01$, *** $p < .001$

觀貧富差距以外尚有其他因素影響民眾對貧富差距的認知(Chapple et al. 2009: 4)，值得研究者進一步研究與重視。

　　在模型 1，年份與主觀貧富差距的嚴重程度呈正相關，且檢定結果達到統計上的顯著水準($p < .001$)。這表示兩地社會的主觀貧富差距的嚴重程度均逐年升高，本文在模型 2 中加入調查地區與年份的交互項(interaction)，此交互項的迴歸係數為 -.052，且檢定結果達到統計上的顯著水準($p < .01$)，這表示香港民眾主觀貧富差距嚴重程度的升幅與台灣有所差異，香港民眾主觀貧富差距嚴重程度的升幅在統計上低於台灣民眾。香港與台灣社會主觀貧富差距差異在過去七年間逐步擴大（參見圖 1），這與台灣的本地研究發現一致。舉例而言，根據台灣《天下雜誌》歷年的調查，在 2007 年時，有 85.2%的民眾認為貧富差

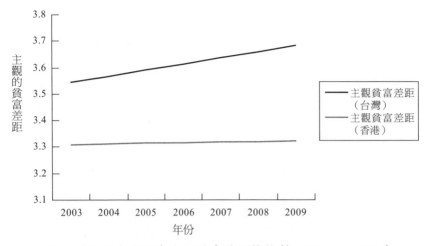

圖 1　香港與台灣民眾主觀貧富差距的趨勢：2003 至 2009 年

註：數據來自於本文附錄的迴歸係數。台灣 = 0，香港 = 1；年份：2003 = 1，2004 = 2，2005 = 3，2006 = 4，2007 = 5，2008 = 6，2009 = 7。

距比以前更嚴重，這個比例較 2002 年時的同類調查 61.9%更為大幅攀升（天下雜誌 2008）。詹火生等人(2010: 122)的研究亦發現，在 2009 年，民眾普遍對台灣的經濟感到不滿，特別是在「貧富差距」這個議題上，顯示出在民眾的認知中這個問題相當嚴重。

個人主觀貧富差距的差異

在表 2，模型加入了個人層面的解釋變項，包括年齡、性別、教育程度、貧窮虛擬變項、職業地位虛擬變項，以及個人公平經驗。在模型 3，值得注意的是，與並非處於貧窮中的民眾相較，貧窮民眾感到貧富差距較嚴重，其迴歸係數為 .198，且檢定結果達到統計上的顯著水準(p < .01)。這結果部分地支持了本文的假設 2，即弱勢群體會覺得貧富差距較嚴重。在同一個模型中，本文同時發現，自覺目前的生活水準和其努力比起來「很不公平」的民眾認為貧富差距「嚴重」而

表 2　主觀貧富差距的順序邏輯迴歸係數：個人差異

	模型 3	模型 4	模型 5	模型 6	模型 7	模型 8
香港	-.789***	-.764***	-.818***	-.845***	-.605***	-.706***
	(.087)	(.085)	(.086)	(.088)	(.150)	(.154)
年份	.062***	.062***	.061***	.061***	.062***	.061***
	(.015)	(.015)	(.015)	(.015)	(.015)	(.015)
香港×年份	-.037	-.050*	-.038	-.035	-.036	-.034
	(.020)	(.020)	(.020)	(.020)	(.020)	(.020)
年齡	.000	.000		.000	.000	.000
	(.002)	(.002)		(.002)	(.002)	(.002)
女性	.052	.065		.054	.052	.054
	(.042)	(.045)		(.042)	(.042)	(.042)
大專教育程度	-.037	-.107*		-.045	-.037	-.045
	(.046)	(.045)		(.047)	(.046)	(.047)
貧窮	.198**	.324***		.025	.202**	.034
	(.073)	(.071)		(.090)	(.073)	(.090)
香港×貧窮				.440***		.425**
				(.133)		(.135)
職業（失業）						
非勞動力人口	-.205*	-.362***		-.225*	-.202*	-.222*
	(.106)	(.102)		(.106)	(.105)	(.106)
管理階層與僱主	-.059	-.225*		-.072	-.054	-.068
	(.114)	(.110)		(.114)	(.113)	(.114)
專業人士	-.078	-.207*		-.090	-.076	-.088
	(.109)	(.106)		(.109)	(.109)	(.109)
文員	-.022	-.143		-.035	-.020	-.033
	(.114)	(.110)		(.114)	(.114)	(.114)
工人	.074	.000		.063	.074	.064
	(.108)	(.105)		(.108)	(.108)	(.109)
個人的公平經驗	-.405***		-.423***	-.406***	-.380***	-.388***
	(.021)		(.021)	(.021)	(.028)	(.028)
香港×個人的公平經驗					-.061	-.045
					(.042)	(.043)
截距 1	-7.062	-5.919	-7.092	-7.125	-6.991	-7.070
截距 2	-3.919	-2.792	-3.949	-3.981	-3.846	-3.925
截距 3	-1.775	-.694	-1.810	-1.835	-1.700	-1.777
Nagelkerke R^2	.120	.082	.117	.122	.121	.122
N	10,386	10,386	10,386	10,386	10,386	10,386

資料來源：「社會意向調查」2003 至 2007 年、2009 年。

* $p < .05$, ** $p < .01$, *** $p < .001$

非「不太嚴重」的機會，比自覺「很公平」的民眾多 80.2%（=|exp (-.405*4)-1|），且檢定結果達到統計上的顯著水準(p < .001)。這樣的結果支持了本文的假設 3，即有個人不公平經驗的民眾，感到貧富差距較嚴重。

在模型 3，非勞動力人口(non-labour force)的迴歸係數也為負數，且檢定結果達到統計上的顯著水準(p < .05)，這表示屬於非勞動力人口的民眾，如家務勞動者與學生，所感受到的貧富差距比失業者較不嚴重。舉例而言，屬於非勞動力人口的民眾感到貧富差距「嚴重」而非「不太嚴重」的機會，比失業者少 18.5%（=|exp (-.205)-1|）。這現象背後的原因可能頗為複雜，因而值得將來進一步地研究。例如，與失業者相較，由於相對有限的社會網絡與參考團體，家務勞動者與學生可能缺乏比較的對象，以及對現時勞動市場薪酬認知不足，因而未能確實地感到貧富差距的真正程度。

在模型 4，當個人公平經驗變項被移除後，教育程度與職業地位的迴歸係數達到統計上的顯著水準(p < .05)。與沒有受過大專教育以及失業的民眾相較，受過大專教育、職業為管理階層與僱主、專業人士的民眾越有可能認為貧富差距不太嚴重。此外，與模型 3 的發現一致，處於貧窮中的民眾較可能覺得貧富差距嚴重；而屬於非勞動力人口的民眾越有可能認為貧富差距不太嚴重。

在模型 5，當年齡、性別、教育程度、貧窮虛擬變項，以及職業地位虛擬變項都被移除後，個人公平經驗的檢定結果仍然達到統計上的顯著水準(p < .001)。舉例而言，與自覺目前的生活水準和其努力比起來「很公平」的民眾相較，自覺目前的生活水準和其努力比起來「很不公平」的民眾認為貧富差距「嚴重」而非「不太嚴重」的機會，比自覺公平的民眾多 81.6%（=|exp (-.423*4)-1|），且檢定結果達到統計上的顯著水準(p < .001)。與模型 3 相較，Nagelkerke R^2 僅微幅地降低（由 .120 下降至 .117），這表示個人公平經驗是理解主觀貧富差距非

常關鍵而不可忽視的變項。

此外，爲了要瞭解貧窮與主觀貧富差距之間的關係在香港與台灣兩地社會的差異，在模型 6，加入調查地區與貧窮的交互項。結果顯示當納入了此交互項後，此交互項的迴歸係數爲 .440，且檢定結果達到統計上的顯著水準($p < .001$)，這表示個人貧窮與主觀貧富差距之間的關係在香港比在台灣爲強。

在模型 7，本文加入調查地區與個人公平經驗的交互項，藉此瞭解個人公平經驗與主觀貧富差距之間的關係在香港與台灣兩地社會的差異。結果顯示檢定結果並未達到統計上的顯著水準，這表示個人公平經驗與主觀貧富差距之間的關係在香港與台灣兩地社會中沒有統計上顯著的差異。

最後，在模型 8，調查地區與貧窮的交互項，以及調查地區與個人公平經驗的交互項均被納入模型中。與先前的研究發現一致，調查地區與貧窮的交互項的迴歸係數仍達到統計上的顯著水準($p < .01$)，而調查地區與個人公平經驗的交互項的迴歸係數則未達到統計上的顯著水準。

主觀貧富差距對政治態度的影響

在此部分的討論中，主觀貧富差距被當成一個自變項。爲了檢視主觀貧富差距對政治態度的淨效應(net effect)，先前用於解釋主觀貧富差距的變項仍一併被納入。另外也加入了年份虛擬變項與調查地區虛擬變項，以控制未觀察到的年份層面與地區層面的變項。

表 3 顯示政府滿意度、立法機關信任度，以及司法體系公正性的順序邏輯迴歸結果。首先分別就香港與台灣進行迴歸分析，第 1 與第 2 欄分別顯示了分析的結果。本文的假設 4 在台灣獲得數據的支持，主觀貧富差距與政府滿意度呈負相關，且檢定結果達到統計上的顯著

表 3　順序邏輯迴歸係數：政府滿意度、立法機關信任度及司法體系公正性

	政府滿意度 [a]			立法機關信任度 [b]			司法體系公正性 [c]		
	香港	台灣	合併	香港	台灣	合併	香港	台灣	合併
主觀貧富差距	.103	-.666***	-.775***	.034	-.211	-.240	-.337*	-.593***	-.648***
	(.090)	(.073)	(.080)	(.123)	(.116)	(.133)	(.140)	(.094)	(.105)
香港×主觀貧富差距			.892***			.247			.342*
			(.112)			(.164)			(.153)
香港			-1.092**			.685			.820
			(.384)			(.586)			(.541)
年份 2005 (2003=0)	-.446***	-.724***	-.639***						
	(.112)	(.093)	(.070)						
年齡	-.004	-.004	-.004	-.023***	-.011	-.015***	.002	-.011*	-.006
	(.004)	(.004)	(.003)	(.007)	(.006)	(.005)	(.006)	(.005)	(.004)
女性	-.116	.022	-.015	.215	.317*	.281**	-.038	-.371**	-.232*
	(.109)	(.097)	(.072)	(.157)	(.143)	(.104)	(.169)	(.133)	(.101)
大專教育程度	.091	-.652***	-.363***	-.148	-.300*	-.260*	.953***	.244*	.450***
	(.126)	(.105)	(.077)	(.183)	(.152)	(.114)	(.241)	(.144)	(.117)
貧窮	-.148	.671***	.545***	.043	.470*	.371*	-.493	-.385*	-.372*
	(.216)	(.149)	(.127)	(.350)	(.227)	(.198)	(.295)	(.180)	(.151)
職業（失業）									
非勞動力人口	.352	-.086	.011	.684	.115	.311	-.173	-.044	-.068
	(.351)	(.247)	(.203)	(.421)	(.314)	(.251)	(.346)	(.286)	(.212)
管理階層與僱主	.605	-.203	.123	.311	-.236	.000	-.351	-.207	-.225
	(.387)	(.259)	(.214)	(.453)	(.332)	(.265)	(.502)	(.301)	(.247)
專業人士	.585	-.080	.170	.683	-.167	.163	-.194	.246	.113
	(.363)	(.253)	(.206)	(.421)	(.322)	(.252)	(.375)	(.288)	(.226)
文員	.339	-.298	-.121	.827	-.114	.220	-.173	.233	.058
	(.376)	(.271)	(.216)	(.453)	(.328)	(.264)	(.403)	(.322)	(.247)
工人	.450	.163	.267	1.147*	-.231	.255	-.377	.145	-.009
	(.361)	(.247)	(.206)	(.444)	(.314)	(.257)	(.356)	(.285)	(.221)
個人的公平經驗	-.067	.289***	.179***	.223*	.028	.089	.532***	.443***	.465***
	(.073)	(.048)	(.040)	(.095)	(.070)	(.056)	(.108)	(.066)	(.057)
截距 1	-3.795	-2.974	-3.494	-2.533	-1.789	-1.735	-3.207	-2.304	-2.244
截距 2	-1.173	-1.511	-1.887	.469	.098	.448	-.889	-.500	-.362
截距 3	1.741	.697	.789	4.550	2.376	3.760	3.671	2.407	3.544
Nagelkerke R^2	.027	.188	.312	.062	.039	.202	.133	.187	.341
N	1,467	1,713	3,180	709	823	1,532	720	919	1,639

資料來源：[a]「社會意向調查」2003 年與 2005 年、[b]「社會意向調查」2005 年、[c]「社會意向調查」2004 年。

* $p < .05$, ** $p < .01$, *** $p < .001$

水準(p < .001)。舉例而言，認爲貧富差距「嚴重」的民衆滿意政府的機會，比認爲貧富差距「不太嚴重」的民衆少48.6%（＝|exp (-.666)-1|）。然而在香港，主觀貧富差距與政府滿意度並未呈現統計上的顯著關係。第3欄中，合併了香港與台灣的數據，並且使用調查地區虛擬變項來控制未觀察到的地區層面的變項，進而加入調查地區與主觀貧富差距的交互項，以檢視主觀貧富差距與政府滿意度之間關係的可能地區差異。此交互項的檢定結果達到統計上的顯著水準(p < .001)，主觀貧富差距的迴歸係數爲 -.775，交互項的迴歸係數爲 .892，由此得知，主觀貧富差距與政府滿意度之間的關係在台灣是強過香港的。這結果和第1與第2欄的發現相一致，即只有在台灣的主觀貧富差距才與政府滿意度有統計上顯著的關聯性。

爲了檢定假設5，立法機關信任度與司法體系公正性被設定爲依變項。在立法機關信任度方面，第1與第2欄中主觀貧富差距的迴歸係數均未達到統計上的顯著水準，這表示在香港與台灣兩地，主觀貧富差距與立法機關信任度並無統計上的關聯性。因爲主觀貧富差距的迴歸係數在第1欄中爲正數，在第2欄中爲負數，這可能意味著香港與台灣兩地在主觀貧富差距與立法機關信任度的關係上有所不同。然而，第3欄中的結果卻否定了這樣的推測，調查地區與主觀貧富差距的交互項並未達到統計上的顯著水準，這表示主觀貧富差距與立法機關信任度的關係，在香港與台灣兩地並無統計上的顯著地區差異。

在司法體系公正性方面，第1與第2欄中均顯示主觀貧富差距與司法體系公正性呈現負相關，在香港，認爲貧富差距爲「嚴重」的民衆認爲司法體系公正的機會，比自覺貧富差距「不太嚴重」的民衆少28.6%（＝|exp (-.337)-1|），而在台灣則少 44.7%（＝|exp (-.593)-1|）。在第3欄中，交互項的迴歸係數爲 .342，檢定結果達到統計上的顯著水準(p < .05)。基於合併數據後主觀貧富差距的迴歸係數爲 -.648，台灣民衆主觀貧富差距的迴歸係數又大於香港民衆，故此，主觀貧富差

距與司法體系公正性之間的關係，在台灣是強過在香港的。簡言之，本文的發現僅部分地支持了假設 5，日益嚴重的主觀貧富差距僅使民眾對司法體系的公正性評價有負面的影響，而並不包含所有的政治制度。

　　表 4 顯示政黨支持的多項邏輯迴歸結果。執政／親政府政黨首先被當成對照組，第 1 欄顯示了各個自變項對支持反對黨或支持執政／親政府政黨的勝算比(odd ratio)的影響。本文的發現支持假設 6，香港與台灣兩地主觀貧富差距的迴歸係數均爲正數，檢定結果達到統計上的顯著水準($p < .001$)，越認爲貧富差距嚴重的民眾，越可能支持反對黨而非執政／親政府政黨。舉例而言，在香港，認爲貧富差距爲「嚴重」的民眾支持反對黨而非執政／親政府政黨的機會，比自覺貧富差距「不太嚴重」的民眾多 56.5%（ =|exp (.448)-1| ），在台灣則多 77.7%（ =|exp (.575)-1| ）。雖然台灣主觀貧富差距的迴歸係數大於香港，主觀貧富差距對政黨支持的影響方面並無統計上的顯著地區差異，因爲合併數據中調查地區與主觀貧富差距的交互項係數，並未達到統計上的顯著水準。

　　依據假設 6a 與假設 6b，本文假設日益嚴重的主觀貧富差距透過兩類途徑使民眾更支持反對黨而非執政／親政府政黨，一是降低對執政／親政府政黨的支持，另一是提升對反對黨的支持。爲了檢定上述假設，本文改以無／其他政黨作爲對照組。第 2 欄顯示了各個自變項對支持執政／親政府政黨或支持無／其他政黨的勝算比的影響。香港與台灣兩地的研究發現與假設 6a 一致，即相較於覺得主觀貧富差距嚴重程度較低的民眾，覺得主觀貧富差距嚴重程度較高的民眾較不支持執政／親政府政黨。香港與台灣兩地支持執政／親政府政黨的迴歸係數均爲負數，檢定結果達到統計上的顯著水準($p < .001$)。在香港，認爲貧富差距爲「嚴重」的民眾支持執政／親政府政黨而非無政黨支持或支持其他政黨的機會，比自覺貧富差距「不太嚴重」的民眾少 30.7%（ =|exp (-.367)-1| ），在台灣則少 25.9%（ =|exp (-.300)-1| ）。合併數據

表 4　多項邏輯迴歸係數：政黨支持

	香港			台灣			合併數據		
	反對黨 v.s. 執政黨／親政府	執政黨／親政府 v.s. 無／其他	反對黨 v.s. 無／其他	反對黨 v.s. 執政黨／親政府	執政黨／親政府 v.s. 無／其他	反對黨 v.s. 無／其他	反對黨 v.s. 執政黨／親政府	執政黨／親政府 v.s. 無／其他	反對黨 v.s. 無／其他
主觀貧富差距	.448***	-.367***	.081	.575***	-.300***	.274***	.569***	-.286***	.283***
	(.056)	(.079)	(.076)	(.055)	(.053)	(.056)	(.054)	(.052)	(.056)
香港×主觀貧富差距							-.137	-.089	-.226*
							(.077)	(.092)	(.091)
香港							.670*	1.118***	1.788***
							(.269)	(.320)	(.324)
年份 2004	-.041	-.649***	-.690***	-.063	-.458***	-.521***	-.056	-.515***	-.571***
	(.121)	(.176)	(.171)	(.114)	(.123)	(.117)	(.083)	(.099)	(.095)
年份 2005	.094	-.032	.062	.351**	-.707***	-.356**	.207*	-.462***	-.255**
	(.119)	(.194)	(.188)	(.121)	(.132)	(.119)	(.084)	(.103)	(.098)
年份 2006	.306*	-.619***	-.313	.308*	-.997***	-.689***	.296**	-.885***	-.589***
	(.124)	(.186)	(.177)	(.120)	(.127)	(.113)	(.086)	(.101)	(.093)
年份 2007	.002	-.565**	-.563*	.494***	-.959***	-.465***	.237**	-.762***	-.525***
	(.128)	(.185)	(.181)	(.124)	(.133)	(.118)	(.088)	(.103)	(.098)
年份 2009	.489***	-1.503***	-1.014***	-.874***	.028	-.846***	-.346***	-.475***	-.821***
	(.133)	(.180)	(.168)	(.113)	(.119)	(.121)	(.083)	(.099)	(.097)
年齡	-.012***	.001	-.010**	.004	.005	.010***	-.003	.005	.002
	(.003)	(.004)	(.004)	(.003)	(.003)	(.003)	(.002)	(.002)	(.002)
女性	.004	-.424***	-.421***	.229**	-.177*	.051	.098	-.222***	-.124*
	(.077)	(.106)	(.100)	(.075)	(.076)	(.070)	(.053)	(.060)	(.056)
大專教育程度	.233**	.125	.358**	.241**	.079	.320***	.253***	.062	.315***
	(.089)	(.123)	(.114)	(.080)	(.085)	(.077)	(.058)	(.068)	(.062)
貧窮	-.061	-.188	-.250	-.266*	-.321**	-.587***	-.170*	-.291***	-.461***
	(.144)	(.181)	(.175)	(.108)	(.102)	(.098)	(.084)	(.087)	(.084)
職業（失業）									
非勞動力人口	.134	.542*	.676**	-.085	-.032	-.118	.024	.106	.130
	(.201)	(.236)	(.224)	(.165)	(.168)	(.154)	(.124)	(.136)	(.129)
管理階層與僱主	.166	.073	.240	-.039	.027	-.012	.049	.021	.070
	(.221)	(.264)	(.250)	(.169)	(.174)	(.162)	(.132)	(.145)	(.139)
專業人士	.437*	.336	.773**	-.004	-.126	-.130	.166	-.027	.139
	(.210)	(.255)	(.240)	(.169)	(.173)	(.158)	(.129)	(.143)	(.134)
文員	.168	.197	.365	.121	-.336	-.215	.148	-.218	-.071
	(.217)	(.258)	(.243)	(.190)	(.195)	(.174)	(.139)	(.153)	(.143)
工人	.039	.216	.255	-.261	-.117	-.378*	-.146	-.066	-.213
	(.209)	(.246)	(.235)	(.162)	(.162)	(.150)	(.126)	(.135)	(.129)
個人的公平經驗	-.088*	.082	-.006	-.242***	.173***	-.069*	-.182***	.134***	-.048
	(.045)	(.062)	(.058)	(.033)	(.034)	(.031)	(.026)	(.029)	(.027)
截距	-0.737	2.136	1.399	-1.285	0.814	-0.471	-1.248	0.910	-0.338
Nagelkerke R^2		.088			.108			.109	
N		3,899			5,547			9,446	

資料來源：「社會意向調查」2003 至 2007 年、2009 年。

* $p < .05$, ** $p < .01$, *** $p < .001$

中調查地區與主觀貧富差距的交互項係數並未達到統計上的顯著水準，這表示主觀貧富差距與政黨支持的關係並無統計上的顯著地區差異。

第 3 欄顯示了各自變項對支持反對黨或支持無／其他政黨的勝算比的影響。假設 6b 僅在台灣獲得數據的支持，主觀貧富差距的迴歸係數檢定結果在台灣達到統計上的顯著水準（$p < .001$），然而在香港卻不顯著。舉例而言，在台灣，認為貧富差距為「嚴重」的民眾支持反對黨而非不支持任何政黨或支持其他政黨的機會，比自覺貧富差距「不太嚴重」的民眾多 31.5%（$=|exp(.274)-1|$）。合併數據中調查地區與主觀貧富差距的交互項為負數，且達到統計上的顯著水準（$p < .05$）。由於主觀貧富差距的迴歸係數為正數，這表示在台灣主觀貧富差距與政黨支持的關係是強過香港的。故此，日益嚴重的主觀貧富差距可能使民眾更支持反對黨而非執政／親政府政黨，然而在香港與台灣兩地的影響模式卻不盡相同。在台灣，日益嚴重的主觀貧富差距會減少對執政／親政府政黨的支持並增加對反對黨的支持；然而在香港，日益嚴重的主觀貧富差距僅會減少對執政／親政府政黨的支持。

港台兩地差異的討論

針對 2003 至 2009 年香港與台灣主觀貧富差距的研究顯示，兩地的主觀貧富差距有統計上顯著的差異。與預期不同，即便客觀的指標顯示過去十年香港的貧富差距遠比台灣嚴重，然而台灣民眾的主觀貧富差距卻高於香港民眾。其原因或許源於兩地社會以下的兩個差異：

首先，香港與台灣兩地社會在貧富差距經驗存在一定程度的差異。香港自 1980 年代起即經歷了較嚴重的貧富差距，1981 年的基尼係數為 .451，貧富差距的情勢逐步升高，至 2006 年已高達 .533（政府統計處 2007: 11）。近年的經濟危機不僅沒有改善貧富差距的問題，事實上反而擴大了貧富之間的收入差異。在相對貧窮的層面，根據社會福

利機構的統計，2010 年上半年香港貧窮人口高達 126 萬人，占總人口數的 18.1%，創歷史的新高(Ng 2010)。

相對地，在 1990 年代中期以前，台灣於取得傲人經濟成就的同時也能維持相對較輕微的貧富差距。然而，過去十年貧富差距卻逐漸惡化。1981 年的基尼係數為 .281，到 2001 年達到歷史新高的 .350，其後並維持在 .340 上下波動（行政院主計處 2009：表 4）。過去十年的經濟衰退，使得台灣民眾開始對貧富差距的議題更為敏感。一項 2009 年的調查指出，有超過 90%的受訪者同意（或非常同意）台灣社會的收入高低差太多，85.9%的受訪者認為台灣的窮人是在增加（傅仰止、杜素豪 2010: 142, 160）。香港與台灣兩地社會在貧富差距經驗上的差異可能導致民眾對量度貧富差距所持的標準有所不同。台灣社會過往較輕微貧富差距的長期經驗，可能使台灣民眾在評估貧富差距時比香港民眾採取更高的參照點。因此，即使台灣客觀的貧富差距仍低於香港，台灣民眾仍比香港民眾有較嚴重的主觀貧富差距。

另一個可能導致台灣民眾比香港民眾有較嚴重主觀貧富差距的差異，是兩地社會客觀貧富差距趨勢的不同。主觀貧富差距可能較受到客觀貧富差距趨勢，而非客觀貧富差距程度高低所影響。從 1990 至 2000 年代，台灣客觀的貧富差距惡化速度高過香港，舉例而言，香港的基尼係數從 1996 年的 .518 上升到 2006 年的 .533，上升幅度為 2.81%（政府統計處 2007: 14）；然而同期台灣的基尼係數卻從 1996 年的 .317上升到 2006 年的 .339，上升幅度為 6.94%（行政院主計處 2009：表 4）。快速增長的貧富差距可能意味著貧富差距的惡化趨勢不能在短期內有效地控制，甚至情況在未來會進一步地惡化，民眾便會認為這是一個嚴重的社會問題。另一方面，較緩慢而持續惡化的貧富差距可能帶給民眾一種貧富差距已經受到控制的錯覺，或者使民眾忽視貧富差距的惡化。因此台灣貧富差距惡化急速反而可能使民眾高估了客觀貧富差距的嚴重程度；至於香港，客觀貧富差距嚴重程度則可能相

對地被低估了。

　本文同時展示了香港與台灣兩地社會過去七年間主觀貧富差距的變化趨勢。台灣民眾的主觀貧富差距在統計上顯著地比香港民眾嚴重（圖1）。更有意思的是，2003至2009年間台灣客觀貧富差距相對地穩定，自2003年開始基尼係數一直在 .338 至 .345 間浮動（行政院主計處 2009：表4）。這排除了是因為台灣客觀貧富差距的惡化，導致擴大了香港與台灣兩地社會主觀貧富差距差異的可能性，並且進一步地帶出了一個有趣的問題：為何兩地間主觀貧富差距的差異會擴大？

　表2的結果或許能為我們提供一些暗示。調查地區與年份的交互項在所有包含個人公平經驗變項的模型中都未呈現統計上的顯著差異。然而當在模型4移除了個人公平經驗的變項，調查地區與年份的交互項檢定結果即達到統計上的顯著水準($p < .05$)。這表示個人公平經驗部分地解釋了為何香港與台灣兩地社會主觀貧富差距的差異漸漸擴大。根據「社會意向調查」的數據顯示，香港民眾個人公平經驗（變項為五分尺度，分數越低表示越不公平；反之，分數越高表示越公平）從2003年的 2.96 上升到2009年的 3.12；然而，台灣民眾個人公平經驗卻從2003年的 2.94 下降到2009年的 2.86。其與年份的相關係數在香港為 .077，檢定結果達到統計上的顯著水準($p < .001$)；在台灣為 -.028，達統計上的顯著水準($p < .05$)。

　除了個人公平經驗與主觀貧富差距呈負相關外（表示感覺越不公平，則感到貧富差距越嚴重），香港民眾日益上升的個人公平經驗（表示感覺越公平）也可能降低了社會上的主觀貧富差距。相反地，台灣民眾主觀貧富差距上升可能源於個人公平經驗的下降（表示感覺越不公平）。換句話說，香港與台灣兩地社會個人公平經驗的趨勢相異，可能擴大了兩地主觀貧富差距的差異。

　除此之外，本文發現香港與台灣兩地民眾對主觀貧富差距的政治態度回應不盡相同。在台灣，主觀貧富差距與政府滿意度呈負相關，

香港則沒有相關的發現。有人可能認為，這是因為香港長期處於一個貧富懸殊的社會之中，而台灣在近十多年貧富差距才逐漸惡化，所以香港民眾對貧富差距的容忍度比台灣民眾大，故較容忍政府未能解決貧富差距問題。無可否認，主觀貧富差距與當前貧富差距問題容忍度不是相同的概念，而當前貧富差距問題容忍度對政府滿意度可能有一定影響力。當民眾覺得貧富差距嚴重，但又不能容忍時才會遷怒政府；反之，如果民眾能夠容忍，政府滿意度理應不會下降。可惜本文使用的數據沒有對貧富差距問題容忍度的相關資料，未能比較港台兩地貧富差距問題容忍度的差異和驗證其與政府滿意度的關聯性。[3] 這猜想只好有待日後相關數據出現以作進一步考究。

本文亦發現，台灣民眾的主觀貧富差距與對反對黨的支持存在正相關，但是香港民眾的主觀貧富差距與對反對黨的支持並不存在統計上的關聯性，這可能源於香港與台灣的憲制設計不同。在台灣，自1996 年總統選舉開始，總統是透過人民一人一票直接選舉產生，至今曾經出現兩次的政黨輪替，反對黨分別在 2000 年和 2008 年總統選舉中勝出。因此，當民眾不滿執政黨對貧富不均的處理時，可以轉向支

---

3 因為本文使用的數據沒有對當前貧富差距問題容忍度的相關資料，故此本文分析模型不包括「當前貧富差距問題容忍度」這變項。我們相信，不會因為欠缺「當前貧富差距問題容忍度」，而在「主觀貧富差距」對政治態度影響的迴歸分析中出現偽關係(spurious relationship)問題。這是因為民眾先判斷當前貧富差距問題嚴重程度，再考慮是否容忍當前貧富差距問題，所以「當前貧富差距問題容忍度」是「主觀貧富差距」的結果而非原因。當民眾認為貧富差距越嚴重，他們越不能容忍當前貧富差距問題。迴歸分析所展示的是「主觀貧富差距」對政治態度的總影響力(total effect)，包含對政治態度的直接影響力(direct effect)和透過「當前貧富差距問題容忍度」的間接影響力(indirect effect)。欠缺這變項資料雖然導致我們不能分辨「主觀貧富差距」的直接影響力與間接影響力的大小，但因為本文研究重點是其總影響力，故可以接受此缺失。

持反對黨，冀望對執政黨政府造成壓力，或是助反對黨在總統選舉中勝出，藉此增加政府對貧富差距的關注度，以及改變現行相關政策。

與台灣的民選總統不同，香港的特首並非由普選產生，而由選舉委員會選出。現時選舉委員會成員只有 1,200 人，而且只有少部分的民眾可以參與選舉委員會選舉(Young and Cullen 2010)，[4]因此反對黨幾乎不可能擔任特首的職位。受限於「行政主導」(executive-led)的制度，立法會議員不能提出涉及公共開支的法律草案，而涉及政府政策法律草案必須得到行政長官的書面同意，反對黨透過立法會提案來影響相關政策權力有限。香港反對黨對減少貧富差距僅有非常小的影響力，這變相地降低了認為貧富差距較嚴重的香港民眾支持反對黨以改變現行相關政策的積極性。

總結

本文探究香港與台灣民眾整體主觀貧富差距的差異和變化趨勢、個人主觀貧富差距的差異，以及對政治態度的影響。研究發現兩地的主觀貧富差距有統計上顯著的差異，雖然客觀的指標顯示過去十年香港的貧富差距遠比台灣嚴重，但是台灣民眾的主觀貧富差距卻高於香港民眾。

在同一個社會中，民眾也會有不同程度的主觀貧富差距。本文顯示，當控制了調查地區與年份的影響，個人主觀貧富差距仍有統計上顯著的不同，其中個人公平經驗更是一個關鍵的重要因素，認為目前的生活水準和其努力比起來很不公平的民眾會認為貧富差距較嚴重。同樣地，相較於其他人，處於貧窮中的民眾也會認為貧富差距較嚴重。

---

4 雖然由人民直接選舉選出的立法會地區組別議員和區議會議員均自動成為選舉委員會成員，但只占整體選舉委員會的少數。

這進一步顯示，改善民衆的生活水準，確保民衆享有公平合理的收入，並且減少貧窮的人口，可能是遏制日益惡化的主觀貧富差距的有效方式。

本文顯示主觀貧富差距亦與政治態度相關。認爲貧富差距較嚴重的民衆較不支持執政／親政府政黨，以及較傾向質疑司法體系的公正性。這意味著對兩地的政府而言，關注如何藉由改善民衆的主觀貧富差距以爭取民衆的支持將是重要的工作。另一方面，台灣民衆的主觀貧富差距與對反對黨的支持存在正相關，顯示反對黨可能會利用貧富差距的議題來爭取未來選舉中民衆的支持。此外，本文發現主觀貧富差距與台灣民衆的政府滿意度呈負相關，香港則沒有相關的發現。

簡言之，在香港與台灣兩地社會中，民衆認爲貧富差距惡化並非只是因爲客觀的貧富差距程度眞的嚴重，而是有其他不同的因素影響了民衆對貧富差距的看法與感受。民衆的主觀貧富差距同樣影響他們對政府與政治制度的態度。因此，香港與台灣兩地的政府必須更爲關注這個議題，因爲貧富差距不僅是一個重要的社會問題，更是政府管治的困境所在。而這問題不可能僅倚賴改善客觀貧富差距而獲得解決，兩地政府尤其不能忽視民衆主觀貧富差距的重要性。

參考文獻

天下雜誌 (2008) 2008 年國情調查。天下雜誌，第 388 期。

行政院主計處 (2009) 98 年台灣地區家庭收支調查。台北：行政院主計處。

政府統計處 (2007) 主題性報告：香港的住戶收入分布。香港：政府統計處。

兪振華、蔡佳泓(2012)社會公平與經濟發展：台灣民衆的政策意向之初探，社會科學論叢 5(2): 136-172。

耿曙、張雅雯(2007)舊階級、新政治？階級分化、保護主義與台灣政黨的社會基礎。全球化時代的公民與國家暨台灣社會變遷基本調查第十次研討會。台北：中央研究院政治學研究所籌備處主辦、社會學研究所

協辦。11 月 10 日。

傅仰止、杜素豪編(2010)台灣社會變遷基本調查計畫第五期第五次調查計畫執行報告。台北：中央研究院社會學研究所。

詹火生等(2010)民眾對社會公平正義的看法，行政院研究發展考核委員會委託研究。台北：國家政策研究基金會。

Anderson, Christopher J., and Matthew M. Singer (2008) The Sensitive Left and the Impervious Right: Multilevel Models and the Politics of Inequality, Ideology, and Legitimacy in Europe. *Comparative Political Studies* 41 (4/5): 564-599.

Chapple, Simon, Michael Förster, and John P. Martin (2009) Inequality and Well-being in OECD Countries: What Do We Know?. The 3rd OECD World Forum on "Statistics, Knowledge and Policy" Charting Progress, Building Visions, Improving Life. Busan, Korea. 27-30 October.

Cusack, Thomas, Torben Iversen, and Philipp Rehm (2006) Risks at Work: The Demand and Supply Sides of Government Redistribution. *Oxford Review of Economic Policy* 22(3): 365-389.

Dubrow, Joshua Kjerulf, Kazimierz M. Slomczynski, and Irina Tomescu-Dubrow (2008) Effects of Democracy and Inequality on Soft Political Protest in Europe: Exploring the European Social Survey Data. *International Journal of Sociology* 38(3): 36-51.

Evans, Geoffrey (1997) Class Inequality and the Formation of Political Interests in Eastern Europe. *European Journal of Sociology* 38(2): 207-234.

Finseraas, Henning (2009) Income Inequality and Demand for Redistribution: A Multilevel Analysis of European Public Opinion. *Scandinavian Political Studies* 32(1): 94-119.

Galbraith, James K., and J. Travis Hale (2008) State Income Inequality and Presidential Election Turnout and Outcomes. *Social Science Quarterly* 89 (4): 887-901.

Gijsberts, Mérove (2002) The Legitimation of Income Inequality in State-socialist and Market Societies. *Acta Sociologica* 45(4): 269-285.

Hadler, Markus (2005) Why Do People Accept Different Income Ratios? *Acta Sociologica* 48(2): 131-154.

Haynes, Stephen E., and David Jacobs (1994) Macroeconomics, Economic

Stratification, and Partisanship: A Longitudinal Analysis of Contingent Shifts in Political Identification. *American Journal of Sociology* 100(1): 70-103.

Kelleher, Christine A., and Jennifer Wolak (2007) Explaining Public Confidence in the Branches of State Government. *Political Research Quarterly* 60(4): 707-721.

Keller, Tamás, Márton Medgyesi, and István György Tóth (2010) Analysing the Link between Measured and Perceived Income Inequality in European Countries. Research note no.8, European Commission, Directorate-General "Employment, Social Affairs and Equal Opportunities," Brussels: Unit E1-Social and Demographic Analysis, European Commission.

Kelley, Jonathan, and Krzysztof Zagorski (2005) Economic Change and the Legitimation of Inequality: The Transition from Socialism to the Free Market in Central-East Europe. *Research in Social Stratification and Mobility* 22: 319-364.

Kelly, Jonathan, and M. D. R. Evans (1993) The Legitimation of Inequality: Occupational Earnings in Nine Nations. *American Journal of Sociology* 99: 75-125.

Kluegel, James R., and Eliot R. Smith (1986) *Beliefs About Inequality: Americans' Views of What Is and What Ought to Be*. New York: Aldine de Gruyter.

Kreidl, Martin (2000) Perceptions of Poverty and Wealth in Western and Post-Communist Countries. *Social Justice Research* 13(2): 151-176.

Loveless, Matthew, and Stephen Whitefield (2011) Being Unequal and Seeing Inequality: Explaining the Political Significance of Social Inequality in New Market Democracies. *European Journal of Political Research* 50(2): 239-266.

Mishler, William, and Richard Rose (2001) What Are the Origins of Political Trust? Testing Institutional and Cultural Theories in Post-communist Societies. *Comparative Political Studies* 34(1): 30-62.

Nel, Philip (2008) *The Politics of Economic Inequality in Developing Countries*. New York: Palgrave Macmillan.

Ng, Yuk-hang (2010) Number of Hong Kongers in Poverty at Record High.

South China Morning Post, 4th October, p. 2.

Rahn, Wendy M., and Thomas J. Rudolph (2005) A Tale of Political Trust in American Cities. *Public Opinion Quarterly* 69(4): 530-560.

Rohrschneider, Robert, and Stephen Whitefield (2004) Support for Foreign Ownership and Integration in Eastern Europe: Economic Interests, Ideological Commitments, and Democratic Context. *Comparative Political Studies* 37(3): 313-339.

Singer, Matthew M., and Guillermo Rosas (2007) *Perceptions of Economic Inequality and Presidential Approval: Evidence from Argentina.* Center for Latin American Studies Working Paper No. 5. Miami: University of Miami, Center for Latin American Studies.

Solt, Frederick (2008) Economic Inequality and Democratic Political Engagement. *American Journal of Political Science* 52(1): 48-60.

Szirmai, Adam (1986) *Inequality Observed: A Study of Attitudes Towards Income Inequality.* Enschede: Febodruk.

Treiman, Donald J. (2009) Q*uantitative Data Analysis: Doing Social Research to Test Ideas.* San Francisco, CA: Jossey-Bass.

Tyler, Tom R., Kenneth A. Rasinski, and Kathleen M. McGraw (1985) The Influence of Perceived Injustice on the Endorsement of Political Leaders. *Journal of Applied Social Psychology* 15(8): 700-725.

Van Praag, Bernard (2010) *Well-being Inequality and Reference Groups: An Agenda for New Research.* The Institute for the Study of Labor Discussion Paper No. 4727. Amsterdam: University of Amsterdam.

Wilkinson, Richard G., and Kate E. Pickett (2009) Income Inequality and Social Dysfunction. *Annual Review of Sociology* 35: 493-511.

Wong, Timothy K. Y., Po-san Wan, and Kenneth W. K. Law (2009) Public Perceptions of Income Inequality in Hong Kong: Trends, Causes and Implications. *Journal of Contemporary China* 18(61): 657-673.

Wu, Xiaogang (2009) Income Inequality and Distributive Justice: A Comparative Analysis of Mainland China and Hong Kong. *The China Quarterly* 200: 1033-1052.

Young, Simon N. M., and Richard Cullen (2010) *Electing Hong Kong's Chief Executive.* Hong Kong: Hong Kong University Press.

附錄　主觀貧富差距的迴歸係數(Ordinary Least Squares)

	模型 1	模型 2
香港	-.289***	-.215***
	(.013)	(.028)
年份	.014**	.023***
	(.003)	(.004)
香港×年份		-.020**
		(.006)
截距	3.555	3.523
Adjusted R^2	.048	.049
N	10,384	10,384

* $p < .05$, ** $p < .01$, *** $p < .001$

10

香港「發展型」社會模式的終結和
社會政策的發展

施維恩　　王卓祺

香港中文大學社會工作學系

　　本文認為，香港的社會政策發展正處於分岔口。雖然香港政府似乎堅持以發展經濟為目標，但民主和社會發展的訴求亦不容忽視，因為繁榮的經濟已培育出強勢的公民社會。目前的形勢為香港政府提供了一個良機，不但可透過發展社會政策，增加管治威信，而且可透過包容性的社會福利，促進社會和諧。香港亞太研究所於 2010 年的實證調查顯示，香港市民認為社會和諧是社會發展的主要方向，其次就是經濟發展和民主自由。選擇社會和諧作為社會發展的主要目標的受訪者，在爭取個人利益或公眾利益的態度上，都傾向各讓一步，求同存異。本文的結論是，在制定社會政策的過程中，必須考慮社會和諧這個關鍵的因素。

關鍵詞：「發展型」社會模式、社會政策發展、社會和諧、香港

Demise of the Developmental State

Angela W. Y. Shik

Department of Social Work, The Chinese University of Hong Kong

Chack Kie Wong

Department of Social Work, The Chinese University of Hong Kong

This paper argues that Hong Kong is now at a crossroads in its journey of social-policy development. Although economic development still seems to be the Hong Kong government's unwavering objective, the demand for democracy and social development can no longer be ignored because of a strong civil society fostered by economic success. The current state of affairs provides a window of opportunity for the Hong Kong government to strengthen its legitimacy through the development of social policy and to promote social harmony through inclusivity in social welfare. Findings from the present empirical survey conducted by the Hong Kong Institute of Asia-Pacific Studies (HKIAPS) in 2010 demonstrate that Hong Kong people identified social harmony as the main direction for social development, closely followed by economic development and freedom and democracy. Respondents who chose social harmony as the main goal of social development were more likely to take a step back and find common ground when fighting for their own rights or the rights of society. This paper concludes that these findings reflect the crucial importance of taking social harmony into consideration in the social-policy development process.

Keywords: developmental state model, social policy development, social harmony, Hong Kong

前言

香港的社會政策發展正面臨重大考驗。貧富懸殊問題惡化，加上民主訴求日趨激烈，社會亟需要有效的社會政策以促進社會和諧和防止社會動盪。自 1966 年和 1967 年發生暴動之後，香港的殖民統治者在沒有民主參與的情況下推行社會政策以確保社會安定(Scott 1989)。Scott (1989)進一步指出，1970 年代實施用作鞏固教育、衛生、公共住屋以及社會福利的社會政策，可能是增強政府管治威信的最重要措施。儘管這些政策在福利方面大見其效，但我們不應將此舉解讀爲香港意圖發展成「福利型」的社會模式，因爲香港的相關政策取向一直以經濟發展爲先，即較傾向於「發展型」社會模式的理念。

根據Johnson (1982)的解述，發展型社會是由以經濟增長爲先的政府成員和國家官僚組成的聯盟。從本質上，發展型社會是政治權力和專業經濟知識的聯合，從而提供發展型社會重要的變革力量(Weiss 2000)。Leftwich (1995)指出了授予發展型社會變革力量或能力的關鍵因素，當中包括擁有相對自主性和決心的發展菁英、強大實幹且獨立的經濟官僚、服從性強的弱勢公民社會、對非國有的經濟權益的有效管理，以及控制公民權利的擴張同時保持合法性的能力和持續提供發展型社會的成效。基本而言，一個成功的發展型社會依賴於沒有自治權、不能挑戰發展菁英的弱勢社會(Leftwich 1995: 405)。

然而諷刺的是，發展型社會的成功卻可能爲自己埋下衰落的伏筆，因爲當一個國家逐漸達成經濟增長，社會便傾向由服從性強的弱勢聯盟而演變成一個公民主導的社會，而發展菁英必須讓位給新的自治體制和公衆利益(Barro 1997; Lijphart 1999)。

本文認爲香港現在正處於社會政策發展的分岔口。一方面，經濟發展似乎仍是香港政府的堅定目標，而社會發展並非優先處理的政策

議程。另一方面，繁榮的經濟培育出強勢的公民社會，民主和社會發展的需求均不容忽視。香港政府應否繼續被動地回應公民社會的需求，讓社會主導社會政策的發展方向，還是該採取更主動的角色去引導社會政策的發展方向？當前形勢為香港政府提供了一個機會，使其可以透過社會政策發展加強其管治威信，發展包容性的社會福利，促進社會和諧。

　　本文首先探討東亞發展型國家的情況，分析南韓、台灣和新加坡政府如何運用社會政策（尤其是指用來發展包容性福利的政策）以加強其管治威信和治理權力。本文接著描述由一群立場堅定的發展菁英管轄的殖民時代香港之發展形態，了解當時政府如何管治相對服從性比較強的弱勢公民社會。其後，本文提出當時政府採取的社會政策措施主要是用於維持勞動力穩定及盡量提升生產力，然而香港在 1980 和 1990 年代期間曾經歷了經濟繁榮期，公民的服從性相對減弱，而對個人權利和社會權利提出更多要求。這些進展是香港的發展型社會行將結束的先兆，因為到了這個後殖民時代，從前不受質疑的發展菁英亦不得不向公眾利益和日益增加的民主需求稍作讓步。

　　本文是奠基於香港亞太研究所在 2008 和 2010 年的兩項實證調查，結果顯示香港市民認為社會和諧是社會發展的主要方向，其次就是經濟發展和民主自由。選擇了社會和諧作為社會發展的主要目標的受訪者中，在對爭取個人利益或公眾利益的態度上都更傾向各讓一步，求同存異。本文的結論是這些調查結果反映了在社會政策的制定過程中，必須考慮社會和諧這個極重要的因素。調查結果也反映為了盡量減少社會衝突，政府在制定社會政策時需積極主動探尋共同點，而不是被動地回應公民的訴求。

東亞發展型政府

　　學者從分析東亞發展型社會的經驗中發現，導致發展型社會結束的兩個主要因素包括民主和經濟全球化(Pang 2000)。民主意味著政治權力的均衡，隨著發展型社會的成功，富裕的經濟很容易衍生出有主見的公民社會。因此，在發展型社會中，政府就難以長久地維持相對的獨立性。另一方面，在經濟全球化之下，本地資本家不再依賴國家增加財政補貼，因為他們能夠取得低息貸款，不必然是國家經濟發展的策略夥伴。發展型國家不得不採取較少干預的立場並且轉變為利用市場動力去作出自我監管，因此資本家在經濟決策上變得更有影響力。在東亞地區的發展型社會，如台灣、南韓和日本政府，最終都失去了控制經濟和社會的權力。新加坡可算是此定律的唯一例外。

　　Pereira (2008)指出新加坡成功維持發展型社會模式的兩個重要原因。其一，新加坡政府專門與跨國資本家合作，因而有效管理金融全球化的進度，也因為如此，國內資本家未能發展成一個自主強大、能挑戰發展菁英權威性的社會力量。其二，基於有效的管治，新加坡政府成功地塑造一個服從性較強的公民社會，因而能有效地管理民主化的進程。新加坡的工人階級能共享發展型國家的經濟成果，而工會則受國家的嚴密監管。換言之，經濟富裕並沒有帶來自治性強的中產階級，而國家仍能緊握社會運作。Pereira (2008)更指出，一個強大和有效的發展型社會可以透過一系列思想和經濟策略，建立一群忠心的勞動階層，從而有效地消除工人階級對抗國家的局面。其中一項策略就是發展社會福利以促進經濟增長(Tang 2000)。

　　以新加坡的房屋政策為例，房屋從來不是新加坡政府面對的問題，因為超過八成的新加坡公民均向政府購買公寓。然而，如果沒有以資產為本的社會政策，這種福利政策會增加國家福利開支的負擔

(Sherraden et al. 1995)。例如新加坡政府大規模實施中央公積金(Central Provident Fund)方案，公民必須將部分收入存入自己的中央公積金戶口。中央公積金戶口的儲蓄則可以用來支付各類社會服務，包括住屋和醫療等。理論上，新加坡政府協助公民儲蓄換取他們所需要的社會服務。新加坡的房屋擁有率高，很大程度證明了這種以資產為本的社會政策是有效的(McCarthy 2002; Sherraden et al. 1995)。

與新加坡持續的發展主義相反，東亞其他發展型社會（如南韓和台灣）則難以逃脫權力下放的命運。與新加坡資產為本的社會政策相比之下，東亞的福利發展可被視為福利發展主義，亦即在發展型社會的框架下發展社會福利。福利發展主義是指勞動力人口的教育和健康各方面都受政府干預和政策管理，藉以強化政府的管治威信，同時安撫勞動人口(Aspalter 2006; Kwon 2002; Tang 2000)。因此為了鞏固管治團隊的管治威信，福利的目標傾向針對與發展菁英關係密切的群體，制定以國家經濟增長為本的公共和社會政策。而民主化進程便是能令這些針對性福利政策轉變為包容性福利政策的渠道之一(Ahn and Lee 2005; Croissant 2004; Back 2005; Hill and Hwang 2005; Hort and Kuhnle 2000; Kwon 2002; Yasuhiro 2005)。

至於南韓的情況，Minns (2001)指出了南韓政府如何透過強勁的發展政策加強各階級的力量，成功將國家工業化，以及這些階級力量卻向政府提出各種訴求，干擾了國家的自主權，最終迫使國家結束發展政策。在民主化的進程下，南韓的全民健康保險政策便反映了民眾如何透過長期鬥爭，成功爭取南韓政府實施包容性的保險政策(Kwon 2002)。南韓在 1977 年推出針對五百名員工以上的大型企業的國民健康保險制度，彰顯了抗他性的發展型福利特色，在 1978 年這個保險制度擴展至公共部門的工人和私立學校教師。這項國民健康保險制度雖然在 1987 年迅速擴大至覆蓋 51.1%的人口，但農民和自僱人士還是被排除在外(Kwon 2002)。直到 1988 年總統大選，民主憲法下的競選才

迫使所有候選人聆聽被國民健康保險制度排斥的公民的不滿，包括當選的總統盧泰愚在內的所有候選人都承諾擴大醫療保險範圍至全民健康保險。即使在全民健康保險普及後，南韓的醫療制度仍然是分散的，因爲政府在全民健康保險的制度下設立了不同的資金，而這些資金從收取供款到報銷治療費用都是獨立管理的。在 1998 年，金大中政府最後決定將所有基金合併到全民健康保險計劃中(Kwon 2002)。自此以後，低收入者的保險費較以前少，而高收入者則需支付較高的保險費。

同樣地，台灣的中國國民黨在 1950 年代採取了工業化策略以鞏固政治權力(Tang 2000)。爲了進一步加強執政黨在台灣的管治威信，國民黨銳意動用資源提高人民的生活水平，特別爲公務員、軍人、教師和勞工等特定選民提供福利服務(Tang 2000)。在民主進步黨（民進黨）於 1986 年成立之前，國民黨的獨裁統治從未受到質疑。國民黨成功的經濟政策獲廣泛民意支持，因此在 1996 年的總統選舉最終都能險勝(Chu 1998)。然而，民進黨的成立標誌著台灣民主化進程的開始，從此社會福利被視爲贏取人民支持的工具。

在競爭激烈的民主化選舉中，無論是國民黨還是民進黨都作出社會福利的政策承諾(Aspalter 2002, 2006; Ku 2002; Wong 2005)。擴展老年收入保障（非發展型社會開支計劃）就是策略之一。在 1990 年代，各黨的地方政府首長開始處理老人貧窮問題，並承諾一旦當選就會在當選縣市建立普及的老年收入保障計劃，目的是改善老年收入保障制度只涵蓋私營部門僱員、公務員、學校教師的不足。即使是民選的國民黨主席李登輝，亦於 1997 年贊成將老年保障範圍擴展到低收入老人和農民的理念。老人年金於 2002 年由當年執政的民進黨陳水扁於第一任總統任期內（2000-2004 年）推出。隨著 2008 年台灣實施國民年金法，國民黨重奪政權，台灣成功進入全民老年收入保障的新時代。

民主化進程雖然是一個有效的方法，不但爲南韓帶來全民醫療保險，也爲台灣帶來全民老年收入保障，不過，社會政策的發展方向隨

之從國家主導轉爲社會主導。換言之，這些社會政策的出現有效削弱國家的發展政策及其相對的自主權。

殖民時代和發展型政策

香港近似東亞其他發展型社會，以發展型的社會模式帶來經濟繁榮。殖民地時代的香港(1842-1997)對經濟發展採取自由放任的態度，強調市場對經濟增長的重要性。在港督麥理浩掌權之前，政府幾乎毫不關心社會政策，尤其是社會福利的發展。儘管英國政府外交和聯邦事務部起草的《香港規劃書》(Hong Kong Planning Paper)提出大規模的社會改革建議，麥理浩似乎也是一個「不情願的改革者」(Yep and Lui 2010)。社會政策的實施深得民心，視經濟發展爲主要目標的菁英也因此鞏固了政治權力。

作爲一個強大的殖民政府，香港有四「不」特點：不負責任的政府、不自治、不具代表性的立法機關、不民主的制度(Wesley-Smith and Chen 1988)。這些特點，加上重視經濟發展，都與發展型社會模式非常吻合。港督和行政立法兩局的成員組成了確保經濟發展優先的發展菁英團隊。當時香港財政司夏鼎基爵士提出的「積極不干預政策」，反映他堅守自由市場的理念和儘量縮小公共部門規模的立場(Haddon-Cave 1984)。至於經濟不干預是否反映了自由放任爲主的政策，這點還是有待商榷，不過毫無疑問，發展型的菁英確保了大型銀行和大型貿易公司等「頂尖的發展型機構」的發展不受干預(Deyo 1989)。

在社會政策的制定方面，不干預政策在1970年代以前最爲明顯，主要用作支持經濟發展的一種方法。這與儒家思想中家庭有照顧成員義務的思想一致(Walker and Wong 2005)。因此，在港督麥理浩提出社會政策改革之前，照顧老幼都是家庭的責任。無力照顧自己的貧窮家庭，由志願機構照顧他們的需要。這些機構只提供基本社會服務，特

別是在醫療保健、房屋、教育等範疇。這種不干預政策在 1966 年至
1967 年的暴動後才有所改變，當時的港督麥理浩推出一系列社會改
革，藉此撫慰經歷動盪的民衆，並重建港人的信心。鄧廣良(Tang 2010)
把這些改革稱爲 1970 年代的「大爆炸」型擴展，因爲這些改革不但規
模大，而且是事後作出的被動反應。

　　麥理浩主要社會政策的貢獻是鞏固「四大支柱」：教育、衛生、
公共房屋以及社會福利(Jones 1990)，這些政策也是當今香港社會福利
政策的支柱。由於教育是經濟發展的工具之一，教育政策是第一個受
到政府關注的社會政策(Tang 2000)。免費小學教育於 1971 年推行，其
後在 1978 年拓展至初中，成爲一共九年的免費教育。醫療是另一個早
期受關注的政策範疇，1964 年《香港醫療服務的發展》白皮書公布的
調查結果中，有一半的受訪者無法支付公立診所的收費，有六成沒有
能力支付公立醫院的收費。有鑑於此，香港政府建立一個低成本的公
共醫療服務機構，形成了 1960 年代中期的全民醫療體系的基本結構雛
型。此政策雖然帶來低成本的全民醫療保險福利，但背後的經濟動機
大於社會動機，只是爲了提高勞動生產率和促進經濟增長(Wong 2008)。

　　同樣，麥理浩時代的公共房屋政策也有雄厚的經濟基礎。1960 年
代的文化大革命前夕，中國大陸的移民和難民大量湧入香港，迫使政
府重新考慮公共房屋政策，以安置「寮屋區」的居民。1972 年，麥理
浩宣布了一項爲 180 萬公民提供房屋的十年計劃；1973 年，成立法定
機構房屋委員會，負責爲政府規劃、建設和管理所有公共房屋計劃
(Wong 2008)。「廉租屋」確保工業生產所需的廉價勞工得到穩定的供
應，同時提供不錯的經濟環境，在其他因素保持不變的情況下，令工
人沒有藉口要求更高的工資(Castells et al. 1990; Wong 2008)。

　　麥理浩時代的社會福利政策發展包括 1971 年推出的社會援助計
劃，以及 1973 年實施全民養老及傷殘津貼。1965 年的社會福利白皮
書反映了這些福利政策促使人們先尋求來自家庭的援助，維護了儒家

家族思想和孝道傳統，若家庭支援不足，才會依靠社會福利的救助
(Chiu and Wong 2005; Tang 2000)。這些福利政策旨在爲窮人和老人紓
困，但未能構成一個能同時照顧富裕者的全面社會保障計劃(Wong
2008)。雖然這些福利政策都是促成完整社會保障援助計劃的積極措
施，但其實只是針對不斷轉變的社會需求的應急之計，經濟發展仍然
是主要目標。

香港殖民政府選擇實施剩餘福利模型，而不是採用英國的福利國
家模式，原因只有一個：經濟發展大於一切。在自由放任經濟的掩飾
下，社會政策被用作支持經濟發展和促進市場增長的策略工具。

1980 和 1990 年代初，香港大多數人都受惠於發展型社會經濟的
成功。然而，隨著發展型社會的模式日漸成熟，香港人不再唯唯諾諾，
而是開始發聲表達自己的意見，特別是有關民主的事項，從而削弱發
展型菁英的勢力。1995 年第一個也是唯一完全由選舉產生的立法會，
證實了港人對民主的訴求。

後殖民時代和發展型社會的終結

1997 年 7 月 1 日，香港主權回歸中華人民共和國，展開香港的後
殖民時代。雖然毫無疑問的，經濟增長仍是政府的優先政策，但公民
社會已不再軟弱，也不再甘於順從，因此發展型菁英難以抑制公民權
利。此外，1997 年亞洲經濟危機導致後殖民時代的香港經濟衰退，令
政府不再繼續只重視經濟發展。

儘管發展型社會終結的跡象明顯，鄧廣良(Tang 2000)仍然認爲在
行政長官董建華的領導下，後殖民的香港仍是朝發展主義的方向邁進。
他進一步認爲，新成立的香港特別行政區(Special Administrative
Region)朝著的方向是反福利主義，並視快速經濟增長爲社會發展的重
點。他認爲公屋私有化和發展代替全民醫療供款式的醫療制度，等於

社會福利有計劃地、有系統地退化的跡象。這些私有化的措施顯示，香港可能過渡到資本投資社會，其特點是政府政策以積累資本爲主導(Tang 2000)。

然而，從後殖民時代的社會政策發展來看，沒有跡象顯示後殖民政府要減少提供福利。實際上，社會政策被用作平息內亂和加強執政菁英權力的方法。例如，董建華倡議增建八萬五千間房屋以解決房屋問題，儘管最後因房地產商強烈反對而終止，卻印證了後殖民政府在福利方面的承諾。王卓祺(Wong 2008)則認爲香港是一個新自由主義的福利社會，公共服務和福利是嚴格根據個人的經濟狀況補助，只爲不幸的人服務，但同時由於對經濟增長有利，香港也提供了全民醫療和教育。迄今爲止，在民主化進程的背景下，加上社會經濟的改變，香港人對社會服務和福利的需求日增。

「綜合社會保障援助（綜援）計劃」以及「社會保障津貼」作爲福利政策的推出，支持這個新自由主義的福利社會模式的理論。綜援計劃旨在根據市民的經濟狀況，補助財政上無法養活自己的市民；社會保障津貼則是爲老人和嚴重殘障人士提供每月定額的津貼。在房屋政策方面，儘管 2002 年「居者有其屋計劃」被撤，政府仍爲低收入家庭和個人提供租住公屋。在醫療政策方面，香港一直維持全民醫療體系，並於 2008 年推出長者醫療劵試驗計劃，資助七十歲或以上的長者使用私營基層醫療服務。在教育政策方面，香港在 2007 年推出學前教育學劵計劃，資助綜援受助人的子女的學前教育；此外，在 2009 年，政府把九年免費基礎教育延長至十二年，涵蓋小學和中學教育。

總體而言，後殖民香港制定的社會政策符合政府對福利政策的承諾，尤其針對窮人、殘障人士和老人的福利。儘管香港在後殖民時代的頭八年來經濟低迷，但特區政府仍然致力發展社會政策(Wong 2008)。社會政策的發展似乎證明香港的發展型社會模式的終結：社會政策獲得政治的支持，或至少發揮了除支持經濟發展以外的功能。

然而，如何在財政上持續支持社會服務，問題仍未解決。王卓祺 (Wong 2008)指出了一個重要的事實，即是除了強制性公積金（強積金）和公屋（尤其是居者有其屋計劃），幾乎所有非供款的社會服務和福利均是全由政府資助。然而，社會服務的收費處於較低水平，尤其是公共醫療服務，難以支付成本。此外，強積金計劃基本上是一個沒有跨階級或跨代再分配功能的個人儲蓄計劃(Asher and Newman 2001)。另一個重要的因素是香港非常狹窄的課稅基礎，例如在 2005-2006 財政年度，3.4 萬名員工中只有 1.2 萬人支付薪俸稅(Financial Services and the Treasury Bureau 2006)。換言之，大多數使用社會服務的人都沒有在財政上支持福利制度的可持續性。縱使如此，使用社會服務的人和廣大市民還是一致認爲，政府有責任資助社會服務(Wong 2008)。因此，當發生爭議，例如誰有權使用社會服務，或社會服務的水平受到質疑，社會衝突可能一觸即發。

香港社會政策發展去向

殖民地時期的香港採用了發展型社會模式，成功促進了經濟增長和發展。然而，當只有少數特權階層享受經濟發展的成果，社會各階級之間的關係並不和諧，經濟增長也可能帶來社會衝突。此外，當公民社會認爲政府未能解決他們的需求，認爲政府將經濟發展放在福利政策之前，很可能發生社會動盪。

爲了解社會現況，以便促進社會政策的發展，香港亞太研究所在 2006 年開始進行兩年一度的香港市民對社會和諧的態度意見調查。每一項電話調查訪問了約一千名 18 歲或以上的香港居民。迄今進行的每一項調查的回應率接近五成。

2010 年的調查發現，大部分受訪者(60.4%)同意社會和諧是社會發展的主要方向，其次是經濟發展(21.8%)和自由民主(17.8%)。比較 2008

年和 2010 年的調查結果，資料出現重要的變化趨勢，包括選擇自由和民主的受訪者增加了 6.4%，選擇經濟發展的受訪者減少了 4.8%（見表1）。雖然研究結果反映輿論重點慢慢從經濟增長轉向民主化，社會和諧仍然是社會發展的首要重點。這項發現亦顯示，儘管最新一次（2010年）的結果顯示，較多香港市民認為自由和民主非常重要，但主流民意仍然認為在民主化的進程中，社會衝突應減至最低，因為社會和諧仍然是社會發展的最重要目標。換言之，香港政府不能繼續被動地回應公民社會的訴求，建立社會政策發展型的方向，因為社會不同的聲音可能要求不同的社會政策，從而可能導致社會衝突。

根據 2010 年受訪者對爭取權益的看法的資料（見表 2），14.8%的受訪者認為在爭取個人權益時，要堅持原則而不應該退讓，而 80.3%的人認為大家應該各讓一步，求同存異。受訪者被問及關於爭取社會公眾權益的看法時，趨勢也是相似的：22.9%認為在爭取公眾權益時應該堅持原則，不應該退讓；70.1%則認為應該各讓一步，求同存異。這些結果顯示，不管是個人權益或者社會公眾權益，在爭取權益的過程中，港人趨向求同存異。這些調查結果反映香港市民爭取自己的權益時，傾向於避免衝突和求同存異。

比較受訪者對爭取權益的態度和對社會發展目標的看法（見表3），我們發現選擇社會和諧為社會發展目標的受訪者，在爭取個人權益時最有可能採取各讓一步、求同存異的方式(90.4%)；選擇經濟發展的受訪者中則有 88.6%會選擇上述方式；而選擇民主和自由的受訪者中則有 62.4%會選擇上述方式。當受訪者被問及關於爭取公眾權益時的看法時，趨勢是相似的：選擇社會和諧作為社會發展目標的受訪者中，83.1%在爭取個人權益時最有可能採取各讓一步以求同存異；選擇經濟發展的受訪者中有 79%會選擇上述方式；選擇民主和自由的受訪者中有 45.8%。這些調查結果反映了選擇民主和自由作為社會發展目標的受訪者在爭取個人和社會公共權益時，尋求共同點的可能性最小。

表 1　受訪者對社會發展方向的選擇(%)

	2008 年	2010 年
民主自由	11.4	17.8
經濟發展	26.6	21.8
社會和諧	62.0	60.4
N	974	978
χ^2	18.543***	

* $p < .05$, ** $p < .01$, *** $p < .001$

表 2　受訪者對爭取權益的看法：2010 年(%)

	個人權益	公眾權益
要堅持原則，不應該退讓	14.8	22.9
大家應該各讓一步，求同存異	80.3	70.1
其他：兩者皆不是／視乎爭取的是甚麼	1.2	1.5
不知道／好難講	3.7	5.5
總計	1,005	1,005

表 3　爭取權益態度與對社會發展目標的看法(%)

	民主和自由	經濟發展	社會和諧
爭取個人權益			
堅持原則不應該退讓	37.6	11.4	9.6
各讓一步求同存異	62.4	88.6	90.4
n	170	201	560
χ^2	82.316***		
爭取社會公眾權益			
堅持原則不應該退讓	54.2	21.0	16.9
各讓一步求同存異	45.8	79.0	83.1
n	166	195	550
χ^2	97.415***		

* $p < .05$, ** $p < .01$, *** $p < .001$

這些發現還反映，如果香港政府允許民主化進程引導社會政策的發展方向，由於選擇民主和自由作爲社會發展目標的市民最不可能各讓一步以求同存異，香港政府面臨的社會衝突可能上升。

當受訪者爲影響社會和諧的因素排序時，在 2006 年、2008 年和 2010 年貧富懸殊都排在第一位，而選擇的受訪者人數更逐年遞增（見表 4）。市民與大財團矛盾也連續三年排名高位，在 2006 年和 2008 年排名第二，在 2010 年排名第三。研究結果明確警示，除非政府拉近貧富的差距，並制定社會政策解決市民和大財團之間的矛盾，否則難以維護社會和諧。此外，更多人認爲政治紛爭是影響社會和諧的因素，反映政府和港人在有關政策發展方向上意見分歧。

總括而言，研究結果反映香港人極重視社會和諧作爲社會發展的目標，而且在爭取個人和社會權益時，大多數人願意各讓一步以求同存異。此外，2010 年的最新民意調查結果清楚反映，貧富懸殊是影響社會和諧的主因，政治紛爭排名第二，市民與大財團矛盾排名第三。

這些發現爲香港的社會政策發展方向提供了多項建議。首先，由於貧富懸殊一直被視爲影響社會和諧的主因，當務之急是推行解決貧富懸殊的社會政策。同時，2008 年和 2010 年的調查結果顯示，選擇

表 4　受訪者評估影響社會和諧的因素的次序變化

	2006 年		2008 年			2010 年		
	平均值	排列	平均值	排列	較上次+/-	平均值	排列	較上次+/-
貧富懸殊	3.71	1	3.77	1	+0.06	3.84	1	+0.07
政治紛爭	3.50	3	3.29	5	-0.21	3.75	2	+0.46
市民與大財團矛盾	3.51	2	3.50	2	-0.01	3.67	3	+0.17
官民矛盾	3.21	6	3.18	7	-0.03	3.62	4	+0.44
社會缺乏包容	3.24	5	3.33	4	+0.09	3.40	5	+0.07
家庭糾紛	3.30	4	3.42	3	+0.12	3.39	6	-0.03
僱傭矛盾	3.20	7	3.24	6	+0.04	3.15	7	-0.09

註：分數的尺度爲 1 至 5，1＝完全不嚴重、2＝不嚴重、3＝一半半、4＝嚴重、5＝非常嚴重。

民主和自由作為社會發展的主要目標的人數增加，選擇社會和諧的人數則減少。此外，比起選擇社會和諧作為社會發展的主要目標的市民，選擇民主和自由的市民採取退後一步以求同存異的可能性較低。因此，如果未能透過社會政策的制定解決貧富懸殊，很可能會出現社會衝突。

其次，政治紛爭在影響社會和諧的因素之中仍然排名很高，顯示香港政府和市民的意見有明顯的分歧。換言之，香港政府正在失去管治威信，政府和市民之間的裂痕正在擴大。新加坡的經驗顯示，恢復政府管治威信的方法之一是主動積極發展社會政策，透過普及福利滿足全體公民的需要，而非被動地回應公民提出的訴求。

結論

香港是否正邁向發展型社會模式的終結，進入新自由主義的福利型模式，即是要經濟發展讓步予社會福利發展？還是香港堅決把經濟發展放在首位，堅持發展型社會的模式？無論如何，目前的情況已為香港政府提供了不少機會，可以透過積極主動發展社會政策，提高政府的管治威信。可以肯定的是，隨著香港過去幾十年的經濟成就，市民已不再唯唯諾諾，所以香港的社會政策必須兼顧經濟發展和民主自由的需要，同時也要維持社會的和諧。

從南韓和台灣等東亞發展型社會可見，當發展型社會模式邁向終結時，必會帶來包容性的福利政策，如南韓的全民醫療保險和台灣的全民老年收入保障。這些例子中的包容性社會福利是民主化進程的結果，社會政策不是由國家推行，而是由公民運動發動的。相比之下，新加坡制定資產為本的社會政策（如中央公積金），透過有效管理社會的階級關係而一直維持強大的發展型社會模式。新加坡政府積極實施社會政策以鞏固政府的管治威信，並促進和諧的社會階級關係。

香港是否會像新加坡那樣，堅持發展型社會模式，還是像南韓和

台灣那樣，讓發展型社會模式自行邁向終結？無論如何，可以肯定的是，社會政策不可只爲了支持經濟發展。跟其他東亞的發展型國家一樣，香港政府也須顧及民間對社會政策的需要。香港的社會政策發展是否會跟隨南韓和台灣的步伐，要透過民間運動、社會不安，才能制定包容性的福利政策？還是政府會把握這個機會，趁大多數港人仍重視社會和諧、願意求同存異的時機，積極主動發展以資產爲本的社會政策，可以促進階級關係的和諧，並鞏固政府的管治威信？答案尚待分曉。

參考文獻

Ahn, S.-H., and S.-C, Lee (2005) The Development of South Korea Welfare Regime. Pp. 165-186 in *East Asian Welfare Regimes in Transition: From Confucianism to Globalization*, edited by A. Walker and C. K. Wong. Bristol: Policy Press.

Asher, M., and D. Newman (2001) Hong Kong and Singapore: Two Approaches to the Provision of Pensions in Asia. *Journal of Pensions Management* 7 (2): 155-166.

Aspalter, C. (2002) *Democratization and Welfare State Development in Taiwan*. Aldershot: Ashgate.

——(2006) The East Asian Welfare Model. *International Journal of Social Welfare* 15: 290-301.

Back, S.-W. (2005) Does China Follow "the East Asian Development Model?" *Journal of Contemporary Asia* 35(4): 485-498.

Barro, R. (1997) *Getting it Right: Markets and Choices in a Free Society*. Cambridge, MA: MIT Press.

Castells, M., L. Goh, and R. Y.-W. Kwok (1990) *The Shek Kip Mei Syndrome: Economic Development and Public Housing in Hong Kong and Singapore*. London: Pion.

Chiu, S., and V. Wong (2005) Hong Kong: From Familistic to Confucian

Welfare. Pp. 73-94 in *East Asian Welfare Regimes in Transition: From Confucianism to Globalization*, edited by A. Walker and C. K. Wong. Bristol: Policy Press.

Chu, Y. H. (1998) Labor and Democratization in South Korea and Taiwan. *Journal of Contemporary Asia* 28(2): 185-202.

Croissant, A. (2004) Changing Welfare Regimes in East and Southeast Asia: Crisis, Change and Challenge. *Social Policy and Administration* 38(5): 504-524.

Deyo, F. C. (1989) *Beneath the Miracle: Labor Subordination in the New Asian Industrialism*. Berkeley: University of California Press.

Financial Services and the Treasury Bureau (2006) *Broadening the Tax Base, Ensuring Our Future Prosperity: Consultation Document*. Hong Kong: Government of the Hong Kong SAR.

Haddon-Cave, P. (1984) Introduction--The Making of Some Aspects of Public Policy in Hong Kong. Pp. xii-xiii in *The Business Environment in Hong Kong*, edited by D. G. Lethbridge. Hong Kong: Oxford University Press.

Hill, M., and Y.-S Hwang (2005) Taiwan: What Kind of Social Policy Regime? Pp. 145-164 in *East Asian Welfare Regimes in Transition: From Confucianism to Globalization*, edited by A. Walker and C. K. Wong. Bristol: Policy Press.

Hort, S. E., and S. Kuhnle (2000) The Coming of East and South-East Welfare States. *Journal of European Social Policy* 10(2): 162-184.

Johnson, C. A. (1982) *MTTI and Japanese Miracle: The Growth of Industrial Policy, 1925-1975*. Stanford, CA: Stanford University Press.

——(1999) The Developmental State: Odyssey of a Concept. Pp. 32-60 in *The Developmental State*, edited by M. Woo-Cumings. Cornell, CA: Cornell University Press.

Jones, C. (1990) *Promoting Prosperity: The Hong Kong Way of Social Policy*. Hong Kong: Chinese University Press.

Ku, Y. W. (2002) Towards a Taiwanese Welfare State: Demographic Change, Politics and Social Policy. Pp. 143-167 in *Discovering the Welfare State in East Asia*, edited by C. Aspalter. Westport: Praeger.

Kwon, H.-J. (2002) The Korean Welfare State: Development and Reform

Aagenda. Pp. 63-80 in *Discovering the Welfare State in East Asia*, edited by C. Aspalter. Westport: Praeger.

Leftwich, A. (1995) Bringing Politics Back In: Towards a Model of the Developmental State. *Journal of Developmental Studies* 31(3): 400-427.

Lijphart, Arend (1999) *Patterns of Democracy: Government Forms and Performances in Thirty-Six Countries*. New Haven: Yale University Press.

Lo Cheng, S. (1990) *Public Budgeting in Hong Kong: An Incremental Decision-Making Approach*. Hong Kong: Writers' and Publishers' Cooperative.

McCarthy, D., O. S. Mitchell, and J. Piggott (2002) Asset Rich and Cash Poor: Retirement Provision and Housing Policy in Singapore. *Journal of Pension Economics and Finance* 1 (3): 197-222.

Minns, J. (2001) Of Miracles and Models: The Rise and Decline of the Developmental State in South Korea. *Third World Quarterly* 22(6): 1025-1043.

Pang, E.-S. (2000) The Financial Crisis of 1997-98 and the End of the Asian Development State. *Contemporary Southeast Asia* 22(3): 570-593.

Pereira, A. (2008) Whither the Developmental State? Explaining Singapore's Continued Developmentalism. *Third World Quarterly* 29(6): 1189-1203.

Pierson, P. (1994) *Dismantling the State Welfare? Reagan, Thatcher, and the Politics of Retrenchment*. New York: Cambridge University Press.

Scott, I. (1989) *Political Change and the Crisis of Legitimacy in Hong Kong*. Honolulu: University of Hawaii Press.

Sherraden, M., S. Nair, S. Vasoo, and N. T. Liang (1995) Social Policy Based on Assets: The Impact of Singapore's Central Provident Fund. *Asian Journal of Political Science* 3(2): 112-133.

Tang. K. L. (2000) *Social Welfare Development in East Asia*. New York: Palgrave.

——(2010) Hong Kong's Social Welfare Development (1945-1997): Promises of a Developmental Colonial State. *Proceedings from the Sixth International Symposium and Lecture on Social Policy: Social Policy Innovation in the Era of Social Transformation*. Hangzhou, China: Zhejiang University Press.

Walker, A., and C. K. Wong (2005) *East Asian Welfare Regimes in Transition:*

From Confucianism to Globalization. Bristol: Policy Press.

Weiss, L. (2000) Developmental States in Transition: Adapting, Dismantling, Innovating, Not Normalizing. *The Pacific Review* 13(1): 21-55.

Wesley-Smith, P., and A. H. Y. Chen (1988) *The Basic Law and Hong Kong's Future*. Singapore: Butterworths.

Wong, J. (2005) Democracy, Development and Health in Taiwan. Pp. 50-72 in *Transforming the Developmental Welfare State in East Asia*, edited by H. J. Kwon. New York: Palgrave Macmillan.

Wong, C. K. (2008) Squaring the Welfare Circle in Hong Kong: Lessons for Governance in Social Policy. *Asian Survey* 48(2): 323-342.

Yasuhiro, K. (2005) Welfare States in East Asia: Similar Conditions, Different Past and Divided Future. Paper presented at the 2nd East Asian Policy Conference of the University of Kent, U.K.

Yep, R., and T. L. Lui (2010) Revisting the Golden Era of Maclehose and the Dynamics of Social Reforms. *China Information* 24(3): 249-272.

11

ECFA 之後的中國效應：兩岸貿易對台灣貧富差距與階級政治的影響

林宗弘

中央研究院社會學研究所

　　兩岸經貿關係的擴張對台灣的貧富差距與階級政治有何影響？本文運用 2010-2012 年的民意調查，研究發現在簽訂兩岸貿易協定之後的三年間，台灣的貧富差距與階級投票行為有顯著變化。在所得分配方面，經常往來中國的企業主收入顯著高於其他階級的民眾，過去三年所得持續增加，新中產階級與非技術工人之所得則持續減少。其次，相對於資方與新中產階級，農工階級較少前往中國。對兩岸經貿影響的主觀認知方面，資方與中產階級高學歷者多認為自己的家庭經濟因此獲益，但自雇者（包括農民）與勞工階級則傾向認為自己的家庭受害，並認為兩岸經貿往來會造成貧富差距擴大。最後，對兩岸貿易的主觀認知左右了民眾的政治態度，認為兩岸貿易導致貧富差距擴大者較支持泛綠，從兩岸貿易中獲得利益者則較支持泛藍。上述發現證實兩岸經貿關係的擴張在不同階級以及產業部門間的利益分配不均，導致台灣民眾貧富差距擴大，影響了各階級選民對藍綠兩黨的支持程度。

關鍵詞：階級政治、選舉行為、貿易、收入分配、兩岸關係

---

* 本文原名為〈兩岸貿易與台灣的階級政治〉，發表於中央研究院社會學研究所舉辦之「中國效應」在台灣小型研討會，2011 年 4 月 23 日；本文引用的理論文獻與模型與胡克威、林宗弘的論文〈愛恨 ECFA：兩岸貿易與台灣的階級政治〉類似，該文發表於「2011 台灣—香港社會學與社會意向」研討會，2011 年 3 月 11 日。本文對前幾次研討會論文最主要的修訂，來自新數據的整合與時間變量的效果。筆者感謝兩次研討會上胡克威、蕭新煌、吳乃德、吳介民、陳志柔與張茂桂等人的意見，羅傑茗與楊芷瑜等助理的協助，以及兩位匿名審查人的建議，依此進行了相當幅度的修訂，但文中錯誤一概由筆者自行負責。

China Impacts After the ECFA: Cross-Strait Trade, Income Inequality, and Class Politics in Taiwan

Thung-hong Lin

Institute of Sociology, Academia Sinica

In this article, I investigate the impacts of cross-strait trade on income inequality and Taiwanese voters' political behavior. According to time-series macroeconomic data, I find strong associations between the trade dependence on China and poverty rate in Taiwan. On the individual level, a class analysis of national surveys conducted in 2010-12 shows that the winners of cross-strait trade are the capitalists and new middle classes. The deterioration of class inequality affected the political attitudes and voting behaviors of the members of different classes. The capitalists and new middle classes subjectively believed that open trade benefited their family economy. In contrast, the workers and self-employed believed that expanding trade with China damaged their family economy and increased the gap between the rich and the poor. The different attitudes of cross-strait trade connected with voting behavior: Supporters of trade, mostly capitalists and new middle classes, preferred to sustain the pan-blue camp; while those opposing trade, mostly the working class and self-employed, preferred to support the pan-green camp.

Keywords: class politics, voting behavior, trade, income distribution, cross-strait relationship

前言

　　全球化下的貿易擴張，對參與貿易國家之階級不平等的影響為何？對台灣社會來說這不只是個理論問題，而是有本土脈絡的政治經濟爭議。過去的 20 年間，台灣對中國大陸的貿易依賴度(Trade Dependency Ratio)由 1990 年的 4%提高到 2010 年約 23%（行政院大陸委員會2011）。在同一時期，台灣的階級結構經歷了劇烈的後工業轉型，服務業占總就業人口的比重由 1980 年的四成提高到 2011 年的六成，自營作業者與農民的比重則大幅下滑（林宗弘 2009）。某些研究認為，兩岸經貿往來的衝擊，使得台灣各階級之間的失業率與貧窮率惡化，貧富差距也逐漸擴大（林宗弘、胡克威 2011）。2008 年國民黨執政後，在 2010 年 6 月與中國大陸簽訂了兩岸經濟合作架構協議（Economic Cooperation Framework Agreement，以下簡稱ECFA），給予社會科學社群一個難得的機會，得以追蹤在這個貿易協定簽訂之後，台灣民眾的所得分配與政治傾向之變化。

　　筆者試圖從過去三年來個體層次的社會調查數據，來描繪兩岸貿易對台灣貧富差距與階級政治的整體影響。本文第二節回顧了有關自由貿易對所得分配與階級政治之影響的文獻，整理成可以加以證實或證偽的經驗命題，並描述了近 20 年間的兩岸總體經濟與社會數據的變化趨勢。其次，本文使用中央研究院社會學研究所 2010 年的社會意向調查、以及 2011 年 2 月與 2012 年 2 月的「中國效應」調查資料庫合併之後的數據庫，來驗證兩岸貿易與台灣社會中階級不平等的關係。

　　本文研究發現，在 ECFA 簽訂之後的三年期間，台灣各階級民眾由兩岸貿易獲利或受害，可能已經導致了所得分化的後果，統計估計結果顯示雖然台灣民眾的平均每月所得仍有增長，資方的所得持續提升，而非技術工人（與一部分新中產階級）的所得卻隨時間下滑。其

次，本文發現台灣各階級民眾對兩岸貿易的看法有重大差異，勞工階級與自營作業者（包括農民）主觀認為兩岸經貿關係擴大可能使自己的家庭經濟受害，並且比較擔心兩岸經貿往來導致貧富差距擴大；資方與管理階層則主觀認為自己的家庭已經由兩岸經貿關係中獲益，對貧富差距感受微弱。此外，對兩岸經貿往來的認知影響了台灣各階級選民的政治行為，近三年來三次社會調查的受訪者中，認為兩岸經貿有益者──多數是資方與中產階級，傾向支持主張兩岸經貿擴張的國民黨；認為兩岸經貿將導致貧富差距擴大者──主要是工農階級，傾向支持民進黨，而且新中產階級仍逐漸轉向支持國民黨。與過去的階級投票研究的發現類似（胡克威等人 2010；林宗弘、胡克威 2011），本文以更充分的描述與推論統計為證據，顯示兩岸貿易的長期擴張，已經影響了台灣社會階級的所得不平等與投票行為。

貿易、所得分配與階級政治：
以兩岸貿易與台灣為例

貿易與階級不平等或階級政治的關係看似重大，卻由於社會階層化與國際關係兩個學門的關注不同，其發展相對有限。一方面，在社會階層化研究文獻中，階級與所得分配雖然是個傳統議題，但是在學門內對階級或階層分析爭論不休之下，針對跨國貿易或全球化對社會階級的衝擊研究較少，非常欠缺實證的證據 (Goldthorpe 2002)。另一方面，在國際關係或國際經濟學文獻中，雖然已經累積了不少有關生產要素與貿易之分配效果的推論，對階級的經驗分類與實證分析仍相當粗糙(Babb 2005)，而且往往不是文獻裡引起爭議的重點(Lake 2009)。本文以台灣簽訂 ECFA 之後三年間的追蹤數據為例，希望能結合社會階層化研究、國際貿易及階級政治分析，以適當的數據與研究方法來呈現開放貿易對階級不平等與階級政治的衝擊。

貿易與階級政治的文獻回顧

　　兩岸貿易擴張對各產業或各階級民眾收入、對貿易政策的態度與政治行為的影響為何？就對外貿易的所得效果而言，經濟學中以經典的 Heckscher-Ohlin 理論與 Stolper-Samuelson 理論（或合稱為 HO-SS 理論）對後來的文獻影響最深。HO-SS 理論認為生產要素的相對稟賦決定了國際貿易開放後的利益分配與所得效果，以兩國開放貿易但假設生產要素無法在國際間流動的最簡化模型來看，若是該產業部門或生產者所使用之生產要素，與貿易對手國比較之下相對豐富，則該產業或生產者將由於此一競爭優勢，而在同類產品出口數量擴張之下獲得更多利益，反之，若是該產業部門或生產者所使用之生產要素在國內相對稀少，而在貿易對手國相對豐富，則該產業或生產者將由於貿易對手國的競爭優勢，而在同類產品進口數量擴大之衝擊下受害。HO-SS 理論至今仍是經濟學者研究貿易對不同產業或不同階級就業者之所得效果的基礎(Wood 1994)。

　　在開放貿易政治(Open Economy Politics; OEP)的相關文獻中，Rogowski (1989)曾根據資本、土地與勞動力三種生產要素的相對稀少程度，建構了一個三大主要階級——資產階級（或稱之為資本所有者）、地主（或稱之為土地所有者或農民）與勞工階級（或稱之為勞動力所有者）對貿易政策反應的模型。簡單地說，跨國貿易會影響上述各階級的利益與風險，因此各個階級會依據勞動力、資本與土地稀少程度構成政治結盟。擁有稀少生產要素之階級，由於預期自己會在貿易開放中受損，會在政治立場上採取保護主義策略，而擁有豐富生產要素的階級，由於預期自己會在貿易開放中獲益，會在政治立場上支持自由貿易政策。Rogowski (1989)使用了英國十八世紀穀物法以及其他歷史案例，說明不同階級在不同時期影響貿易政策決策的合縱連橫。

　　近年來，全球貿易擴張對高科技產業或者技術工人的影響開始受

到重視(Atkinson 2008)。例如，Hiscox (2002)對前述階級政治與貿易利益理論提出了三點修正：首先，如許多經濟學者已經指出的，後工業國家裡技術工人的工資持續上升(Wood 1994)，加強其對貿易政治的影響力。與土地、資本及勞動力的擁有者一樣，管理權威與技術所有者——新中產階級——應該被納入貿易利益與階級政治的模型。其次，前述簡化的HO-SS理論主要關注生產要素無法跨國移動下的自由貿易效果，然而各階級（各種生產要素所有者）的跨國流動性，例如資本與人才的流動，也會影響他們的貿易利益，若跨國流動性提高可以增強一個階級之成員對個別國家、或其他流動性較低之階級成員的議價能力，將使跨國要素流動性低的階級傾向保護主義，而跨國要素流動性高的階級傾向放寬跨國流動與自由貿易。此外，由於要素稀少性與流動性各不相同，各產業間的貿易利益衝突很容易割裂各個階級與黨派的政治立場(Milner 1997)。

開放貿易政治領域也開始運用跨國數據來進行量化研究，例如Mayda 與 Rodrik (2005)的研究發現在出口部門工作以及流動性強的受雇者較反對保護主義，但是並沒有連結到選舉行為；Milner 與 Judkins (2004)對 25 個已開發國家在 1945 年至 1998 年間不同黨派的貿易政策進行分析，發現由於傳統階級分裂(class cleavage)的影響，各國的左派與右派確實採取了不同的貿易政策立場，以工農階級為其主要社會基礎的左派，通常支持保護主義政策，而以資方或企業管理階層為其主要社會基礎的右派，通常較支持自由貿易政策（最近類似的研究成果見 Burgoon 2012）。Hellwig 與 Samuels (2007)則使用多國政黨競爭的選舉結果來分析，研究結果發現在越開放的經濟體，選民越不會將經濟衰退與導致政黨輪替的投票行為掛勾。然而，國際關係學者通常使用跨國的政治菁英來代表左右派或者階級政治立場，亦即使用國會對貿易政策表決之資料，或是使用加總層級的政黨得票率，卻很少運用個體層次的社會調查，來分析各國不同階級的選民是否在乎貿易政策

（林宗弘、胡克威 2011）。

理論推論與經驗假設

依據上述的理論回顧，筆者將國際貿易理論對兩岸貿易擴張之後果的理論推論與經驗假設簡單列於表 1。首先，兩岸經貿的情況與許多歐洲與第三世界貿易的分析類似(Atkinson 2008)，在經濟起飛之後的 1980 年代開始，台灣的資本與技術供給就相對豐富、土地與勞動力供給相對稀少，而中國大陸則剛好相反，在改革開放之後農業部門的土地與勞動力都相對豐富，而資本與技術人才相對稀少；從 HO-SS 理論來看，兩岸開放貿易過程中，台灣的資方與技術所有者將會獲益，農工階級與自雇者將會受害。[1] 即使放寬了生產要素跨國流動的限制，我們仍然可以合理假設資方與新中產階級（管理權威與技術的所有者，擁有與其人身不可分割的工作經驗與人力資本）有較高的跨國流動性，因此得到類似的理論命題：資方與新中產階級會在兩岸經貿開放中獲益。

表 1　貿易的所得分配效果與政治結盟理論對兩岸貿易的分析

理論假設	對台灣的影響	對中國的影響
HO-SS貿易理論	資本與技術擁有者獲益 自雇者、農民與工人受害	擴大利用土地與勞動力 台資壓抑中國本土資本
開放政治經濟理論	農民、工人、自雇者採保護主義 資方與新中產階級採開放貿易	私有外資出口部門採開放貿易 國有內需部門採保護主義
政黨或政治傾向	資方與新中產階級傾藍 農工階級與自雇者傾綠	私有外資部門傾向政治自由 國有內需部門傾向政府權威

註：修改自林宗弘 (2012)。

1　最近，兩岸廠商的數據研究證實同一公司裡台灣與中國大陸受雇者有工資均等化的現象，以及用中國大陸受雇者替代台灣受雇者的效果，參見 Liou 與 Yang (2012)、Liu 與 Tsou (2012)。

其次，既然理論上預期兩岸經貿往來擴張將會使台灣一方的資本與技術所有者獲益，農民與工人受害，從是否開放貿易而形成的階級政治結盟理論來看，資方與新中產階級作為受益者應該會支持自由貿易，而農民與工人或本土的自雇者將傾向保護主義；兩個可能存在的階級結盟陣營——資方與新中產階級為支持開放貿易之一方，與工農自雇者為批判兩岸政策之另一方，主觀上對自己是否獲益以及對貧富差距的關注也將會有所不同。

最後，台灣的兩個主要政治陣營，以國民黨為主的泛藍陣營與以民進黨為主的泛綠陣營，彼此之間雖然沒有類似歐洲國家那樣清楚的左派或右派意識形態區分，但由於對兩岸貿易的政治立場大不相同，也有可能造成其支持者階級基礎的變遷，並且導致貿易的階級政治（胡克威等人 2010；林宗弘、胡克威 2011）。簡言之，在其他影響投票行為的因素得到控制的情況下，我們可以合理假設兩岸貿易的推動者與獲益者，更可能在選舉中支持國民黨，而在兩岸經貿往來中受害或抱持批判態度者，更可能在選舉中支持民進黨(Schubert and Braig 2011)。

如表 1 的右半部所示，理論上我們可以得到兩岸貿易擴張——或者廣義來說，歐美先進資本主義國家與中國大陸此一巨型的發展中國家貿易，對中國大陸各階級民眾所得分配與政治傾向的影響，例如國內的資本與技術擁有者——主要是改革開放以前建立的國有企業與事業單位的職工，將會因為開放貿易而遭受進口產品與市場競爭的衝擊，而農民與私營企業的工人應該會因為開放貿易而逐漸受惠，至少有一部分先進入工廠工作的新興工人與中產階級會成功地脫離貧困，這也確實部分符合過去三十年來，對中國經濟發展經驗的觀察與數據分析的結果（林宗弘、吳曉剛 2010；Naughton 2007）。然而，在中共的威權統治下，各階級民眾不可能伸張其權益與利益，有關政治行為的命題難以驗證。

如前所述，在貿易政策的階級政治分析方面，由於各國的貿易政

策通常透過國會利益團體遊說來運作，國際關係學者很少使用個體層次的數據來驗證他們的觀點，而研究階級政治的社會學者則專注於國內福利政策、所得分配與階級意識的關係，很少探討貿易政策對階級投票的影響，因此，本文是少數以同一國家連續進行同一主題、多次橫斷面的社會調查資料，來驗證貿易政策所得效果與階級投票行為關聯性的研究，2010 年 ECFA 之爭遍及整個台灣社會，也給了研究者獨一無二的機會來探討貿易政策與階級分化的議題。[2]

案例描述：兩岸經貿與台灣所得分配

除了驗證一般理論之外，本研究涉及台灣社會關注的政治經濟議題。近年來，台灣學術界或財經官員支持兩岸貿易開放的論點，往往引伸自 1960 年代的「滴落」(Trickle-Down)理論，此一觀點認為在經濟發展初期，開放貿易帶動經濟成長的利益將會向下滴落，使中下階級雨露均霑(Aghion and Bolton 1997)。HO-SS 理論的分析顯示，在 1980 年代以前，與當時主要貿易對手美國、歐洲或日本等先進國家相比，外銷導向經濟起飛時期的台灣（以及亞洲其他新興工業國家），相對豐沛的生產要素是勞動力，當歐美各國對勞力密集產品的需求持續成長時，開放貿易使得台灣多數貧困農民也能在工業化過程中轉換為產業工人(Tsai 1997)，而且經濟成長率與實質工資成長率並駕齊驅（林宗

---

2 ECFA 正式會議的推動與簽署都在 2010 年的上半年，自 1 月 26 日起到 6 月 29 日協定簽署為止，兩岸由海峽交流基金會（海基會）與海峽兩岸關係協會（海協會）推動了三次工作會議進行協議本文的磋商，期間執政的國民黨透過總統府、行政院與立法院溝通，並且由新聞局與陸委會發動了支持ECFA的宣傳攻勢，民進黨則由黨主席蔡英文指揮了數次大規模反對 ECFA 的遊行示威，並在 4 月 25 日與馬英九總統進行了史上首次非選舉期間的朝野電視政策辯論會，使得ECFA成為台灣近年來少見、影響重大的公共政策議題（林宗弘、胡克威 2011）。

弘等人 2011）。在這種貿易條件下，貿易成長的利益不僅集中在少數資方或新中產階級，也可能嘉惠勞工階級，並且提供階級流動的機會（謝國雄 1989；蘇國賢 2008），在客觀或主觀階級分類之下的中產階級比重不斷增加（蕭新煌 1989；許嘉猷 1994）。從經驗數據來看，台灣急速的經濟成長過程，並未導致所得分配迅速惡化，看似符合滴落理論的預期（林宗弘 2007, 2012；Fei et al. 1979）。[3]

　　HO-SS 理論在學術界並非毫無爭論，過去對台灣「成長且平等」的解釋也有待考驗，近年來仍然堅持滴落理論者，卻無視於台灣在全球資本主義體系中各項生產要素之相對貿易條件的變化。在 1990 年代之後，與中國大陸這個新興的貿易對手相比，台灣相對豐沛的生產要素是資本與技術，因此，資本與技術相對密集的外銷產業或資產階級與新中產階級會從兩岸貿易中得益，但外銷部門的資本與技術所有者，始終是整個社會裡就業人口的少數，內需部門的白領、藍領工人與農民仍是多數，這導致 ECFA 等自由貿易政策的利益分配非常集中於少數資方與新中產階級，無法達到早期經濟起飛的所得分配平均化效果，其可能的後果之一，便是貧富差距擴大與藍綠階級政治的發展（林宗弘 2012）。

　　除了一般貿易理論可以解釋的階級利益分配效果之外，另一個值得注意的新興學術議題，是與此相關的跨國集團企業內移轉訂價(price transferring)對台灣 GDP 與所得分配的可能影響(Palan et al. 2010)。在台灣資本外移造成「台灣接單、中國生產、歐美買單」的三角貿易關係裡，中國大陸企業加值稅率高於台灣企業營業稅率，台灣的母公司

3　對台灣所得分配為何維持平均的解釋有兩種，第一種看法認為台灣是違反 Kuznets 理論的特例 (Fei et al. 1979)，第二種看法認為台灣所得分配仍有些微惡化，但農業部門人口大幅減少與民主化壓低了貧富差距，仍符合 Kuznets 理論（林宗弘 2007）。顯然，對台灣經濟成長與所得分配經驗的研究並不完整，須對台灣的歷史數據進行更深入的統計分析。

經常以子公司積欠的應收帳款，將中國子公司部分營收移轉到台灣一方的母公司帳上，獲得避稅利益，同時虛增了台灣的 GDP 成長率，然後將資金再投資於中國大陸的子公司，並列入台灣母公司的資本折舊沖銷。這些帳面上的營收成長，通常會提高台灣股東與高層經理人的收益，卻與台灣真正的國內所得或消費、以及勞工的工資無關，因此，兩岸經貿的利益輸送，有可能透過這種具體的企業制度安排影響了所得分配。

從經驗數據來看，本文探討的是 ECFA 簽訂之後三年間，對台灣社會造成的所得分配與階級政治效應，然而，兩岸經貿往來擴張並非始於 ECFA，過去約二十年來兩岸經貿交流迅速擴張，從總體經濟與社會數據的趨勢來看，相當吻合上述貿易利益分配與階級政治理論的推論。

首先，我們可以用兩岸在三級產業就業人口比重上的變化，來觀察資本、技術與勞動這三種生產要素相對豐富或稀少的程度。由於服務業人口也包括相當比例的金融與技術人力，就業結構的後工業化通常被當成資本與技術豐富性的指標之一(Bell 1976)，反之，高比重的農業人口顯示了剩餘勞力的豐富性(Lewis 1954)。圖 1 顯示了 1993 年以來，台灣與中國大陸的農業與服務業人口占就業人口的比重，以百分之百減去兩者就可以得到工業人口的比重（兩岸目前大約都占三成多）；在 1990 年代，中國大陸仍有五成以上的農業就業人口，顯示中國大陸農業人口中可能潛藏大量剩餘勞動力，在同時台灣農業人口占就業人口比重跌破 10%，許多勞力密集產業甚至宣稱出現缺工的情況。台灣服務業人口也在 1990 年代超過就業人口的五成，顯示資本與技術相對密集的產業有擴張現象。雖然兩岸就業結構差距正在縮減，平均所得差距也在逼近，但是在未來 20 年之內不太可能達到相同比重。上述的數據顯示，兩岸之間的經貿往來確實建立在台灣一方資本與技術，以及中國大陸一方勞動的生產要素相對豐富性的基礎上。

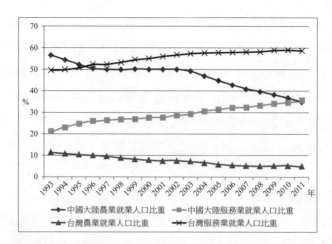

圖1　中國大陸與台灣就業人口中農業與服務業人口的比重，1993-2011年

資料來源：中華人民共和國國家統計局(2012) 2011年中國統計年鑑，表4-3，下載於中國國家統計局網站 http://www.stats.gov.cn/tjsj/ndsj/2012/indexch.htm；台灣數據2000年之前採行業別第六次修訂之分類標準；2001年以後以第八次修正之行業分類標準計算之。中華民國統計資訊網，總體統計資料庫 http://61.60.106.82/pxweb/Dialog/statfile9L.asp

　　其次，我們可以透過總體經濟與社會數據的變化來觀察兩岸貿易的衝擊。本文蒐集了1992年到2009年之間的總體經濟數據（見附錄1），包括估計兩岸經貿關係的兩個變量——台灣對中國大陸的貿易依賴度、台灣對中國大陸投資占對外投資之比率；在受到影響的社會變量方面，我們可以觀察台灣的失業率、貧窮率與基尼係數等（台灣的失業率從1976年之後有連續數據，但貧窮率有缺失數據，1992-2009年期間的官方貧窮率計算基準相同，後來有改變）。

　　我們由文獻中所獲得的理論推論是兩岸經貿往來擴大將會導致台灣的工資停滯甚至下滑，亦即台灣的薪資占GDP比率，與台灣對中貿易依賴度或對中投資比率負相關。圖2顯示：從1992年到2009年間，赴中投資占台灣對外投資比率由21%升高到67%以上，同期台灣的實質薪資停滯甚至倒退，經常性薪資所得占GDP的比率則由46%下滑到

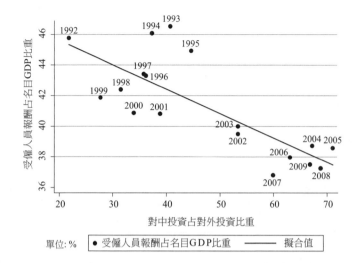

圖 2　對中國投資占對外投資比重與台灣受雇者薪資占GDP比重的負相關

資料來源：行政院主計處，轉引自中華民國統計資訊網 http://61.60.106.82/pxweb/Dialog/
statfile9L.asp，經濟部投資審議委員會，〈華僑及外國人投資、對外投資、對中國大陸
投資統計月報〉，http://www.moeaic.gov.tw/system_external/ctlr?PRO=PublicationLoad&
id=103。

37%，其相關性為 -.79，薪資占 GDP 比率與對中貿易依賴度的相關性
則為 -.92。其次，由於勞力密集產業資本外移、高科技產業缺乏工會
組織，台灣產業工會組織率由 1992 年的 28.3%下降到 2009 年的
15.4%，資本外移與工會組織率的下降，也可能是壓低受薪者實質工資
成長率的因素之一（林宗弘 2012；Scruggs and Lange 2002）。

　　實質工資成長率減緩未必會造成貧窮率或貧富差距上升，因此我
們必須衡量兩岸經貿關係對失業率、貧窮率與基尼係數的影響。圖 3
顯示了台灣失業率與對中國投資比率的高度正相關(.88)，失業率與對
中貿易依賴度的相關性更達到 .95，顯示資本外移與貿易可能造成勞力
密集產業工人失業，基尼係數則主要受到失業率影響而增加。圖 4 顯
示台灣的貧窮率也與兩岸貿易擴張有關，兩岸貿易越暢旺，台灣落入
貧窮線以下的家庭百分比就越高，而且貿易依賴度與貧窮率的線性關

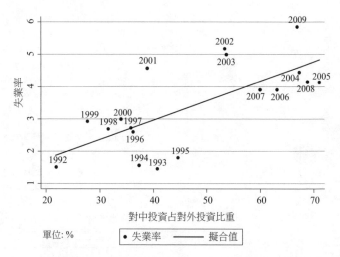

圖3　台灣對中國大陸投資占對外投資比重與台灣失業率的高度正相關

資料來源：行政院主計處，轉引自中華民國統計資訊網http://61.60.106.82/pxweb/Dialog/statfile9L.asp。

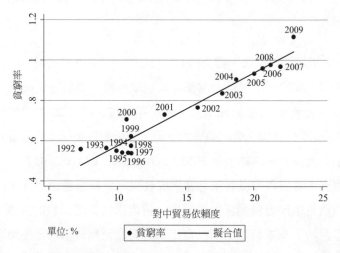

圖4　台灣對中國大陸貿易依賴度與台灣貧窮率的高度正相關

資料來源：經濟部統計處，轉引自中華民國統計資訊網http://61.60.106.82/pxweb/Dialog/statfile9L.asp，國際貿易局，〈中華民國進出口貿易統計〉http://cus93.trade.gov.tw/fsci/。

係比其他數據之間的相關性更顯著（林宗弘 2012）。

　　雖然我們暫時無法控制兩岸匯率、利率、物價等左右總體經濟數據的重大因素，而且眾所週知，由於嚴重的內生性問題與遺漏變項問題始終存在，總體時間序列數據需要小心推論。至少從描述社會現象的角度來看，台灣總體數據裡的相關性，大致沒有違反 HO-SS 理論所提出的經驗命題，要用上述數據推翻開放貿易對所得分配效果之論證，並不容易。不可諱言地，兩岸經貿整合似乎已經造成失業率、貧富差距與貧困人口擴大的效果。[4]

　　我們需要更嚴謹的研究設計與品質更佳的個人層次數據，才能檢驗貿易對個人貧富差距與政治行為的影響。表 1 提供了本研究對貿易開放對屬於不同階級位置之人群的所得分配、貿易政策偏好與投票行為的經驗命題（林宗弘 2012），以下則以個體層次數據，來檢驗上述的理論命題。

數據來源與測量方式

　　筆者用了連續三年的社會調查數據來驗證兩岸經貿往來對各階級民眾收入的影響。本文的數據來自三次電話調查，第一次是「社會意向調查」資料庫（傅仰止、伊慶春 1998），這是台灣相當具有權威性的電話抽樣調查，2010 年 6 月的調查共獲得 1,242 個有效樣本，調查

4　前述的總體數據必須面對許多方法論上的質疑。首先，本文分析資料的時間序列太短，樣本數只有 18 個點，扣除自迴歸項就只剩下 17 個點，樣本數不足以支持過度推論。其次，時間序列數據往往必須控制各種時間趨勢，雖然筆者加入時間作為控制變量之後仍無法得到顯著的統計結果，加總層次數據的趨勢有可能只是巧合、或者有其他總體層次之遺漏變量作祟。最後，加總層次的數據有時會與個體層次的數據趨勢不符，這就是所謂的區位謬誤(ecological fallacy)，雖然有學者指出區位謬誤的影響力有限，我們仍須謹慎看待(King 1997)。

時間正好是在兩岸經貿自由化的ECFA協議簽訂前夕；第二次是在2011年2月份，由中央研究院社會學研究所張茂桂與吳乃德等學者主持，委託遠見雜誌民調中心主持的「中國效應」電話民意調查，獲得了1,217個20歲以上台灣成人的有效樣本；第三次則是在2012年2月份所進行的第二波「中國效應」電話民意調查，共獲得1,194個有效樣本。感謝楊文山所主持的「社會意向調查」，以及由張茂桂與吳乃德等主持的「中國效應」調查，給了我們獨特的機會去追蹤民眾對兩岸經貿往來的主觀認知。筆者將三次數據合併為一個檔案，以同樣或類似的方式來處理自變量與應變量，因此得到了3,633位台灣20歲以上民眾的基本資料。

在上述的3,633位受訪者中，已婚者大約有71.2%，女性占了51.5%，平均年齡為46.9歲，教育年限平均則為12.7年，也就是比高中職畢業略高一些。與採取面訪的「台灣社會變遷基本調查」（以下簡稱「變遷調查」）相比（林宗弘2009），除了受訪者年齡與教育程度偏高之外，其他統計分布尚稱合理，而各變量之間的簡單相關係數也大致符合預期。可惜的是，願意回答每月所得的受訪者只有3,012人、回應政黨支持相關問題者只有3,124人，影響了少數幾個統計模型的樣本數。此一2010-2012年合併數據的重要變量敘述統計與簡單相關係數，請見本文附錄2與附錄3。

主要自變量與控制變量

本文主要的自變量是階級，而階級分類在社會學史上有重大爭論(Blau and Duncan 1967; Erikson and Goldthorpe 1992; Wright 1997)。筆者曾嘗試由Goldthorpe等人發展出來的新韋伯學派(Neo-Weberian)分類法，以及由Wright (1985)所發展出來的新馬克思主義階級分析法(Neo-Marxist class analysis)，可將階級位置分為六到十二類（許嘉猷1994；林宗弘2009）。在斟酌了分類的效度與統計顯著性之後，本文採取了

簡化的新馬克思主義階級分類，將台灣民眾的階級位置分為資本家／雇主（內文稱為資方）、自營作業者（含自耕農）、非技術工人與新中產階級（合併了技術工人或專家、經理人與專業經理人等三類）以及非勞動力，其具體劃分的過程見表 2。上述四類階級位置與非勞動力在整個樣本中的比重，分別為資本家／雇主 5.2%、自營作業者 9.7%、非技術工人約 28%、新中產階級 21.7%與非勞動力 35.4%，相當符合其他研究中的階級結構（林宗弘 2009；林宗弘、胡克威 2011）。這四大階級分類有助於本文分析各階級的貿易政策傾向，又不至於分類過細。受訪者個人的教育程度，也是分析新中產階級所得與政治態度時的重要參考變量。[5]

其他主要控制變量包括族群，本文延續台灣族群研究的主流分類方案（張茂桂 1993；吳乃德 1997；王甫昌 2008；吳重禮、崔曉倩 2010），依據受訪者自行回報父親的省籍與母語等，將民眾的族群身分區分為福佬族群、客家族群、外省族群與原住民族／其他等四大類。在「變遷調查」數據中，上述四大族群的比重分別為 73.4%、11%、12.7%與 2.8%。由於原住民族與其他跨國移民人口在樣本中太少，易

表 2　本研究中簡化的新馬克思主義階級分類法與操作變項

階級分類標準		資本（問題：是否自己經營事業）	
		有	無
管理權威與技術（有無管理他人）	有	資本家／雇主	新中產階級（ISCO＜第 4 類）
	無	自營作業者（含自耕農）	非技術工人

5　本文以非勞動力作為所有模型當中其他階級的對照組，主要理由是非勞動力當中仍有選民或少數潛在的赴中國大陸投資或工作者，若刪除非勞動力這個對照組，卻會流失35%的樣本。因此，筆者需權衡保留非勞動力的損失與樣本流失的損失，若保留非勞動力仍然可以看出各階級的差異，則以減少樣本流失為本文的模型估計原則。

導致其虛擬變量的統計結果不甚顯著，但為求論證謹慎，筆者仍將如實回報統計分析的結果。值得注意的是，蔡明璋與張晉芬曾發現族群與家庭連帶可能影響台灣民眾到中國大陸工作的意願(Tsai and Chang 2010)。

另一個主要的自變量是時間。本文使用了2010年、2011年與2012年的合併數據，可以用來估計時間變化，筆者將時間 t 定為 2010 年 = 0，2011 年 = 1，2012 年 = 2，影響所得與政治態度的社會因素，特別是虛擬變量，可以與連續的時間變量構成交互項，用來測量不同階級、或族群的變化趨勢。

其他控制人口特徵變量，例如性別、年齡、年齡的平方項與婚姻狀況，雖然也涉及到一些重要的理論爭論，但本文主要關注貿易自由化的政策實施之後對不同階級收入分配與政治態度的影響，其他變量的理論意涵仍有待探討。除了性別、婚姻狀況、階級、族群、教育程度與時間等不會在短期內隨所得或政治意見改變的自變量之外，值得注意的是從自變量到幾個政治經濟變量之間的中介變量。

主要的中介變量

本文亦處理了從客觀的經濟因素或社會因素到主觀政策認知，以及造成投票行為的一連串中介變量，其中又可以分為外生的中介變量與內生的中介變量。外生的中介變量是指那些不太受到各政黨在兩岸經貿政策辯論所影響的中介變量，第一個外生中介變量是個人往來中國的次數（一年之內 0-4 次[含以上]），這個變量是用來測量受訪者在兩岸經貿中的活躍程度，往來中國次數越多則顯示其職業在兩岸之間流動性越高——可用來測量要素流動性。在過去三年受訪者的回應當中，一年內前往中國的平均次數有 0.4 次，但高度集中在少數人的多次往返，過去的研究已經發現，這個變量應該與受訪者收入正相關、也會影響其政治行為（林宗弘、胡克威 2011）。

　　本文另一個重要的外生中介變量是統獨立場。如過去研究所指出的，台灣的國家認同主要受到族群身分的影響（王甫昌 2008），筆者認爲多數選民的統獨立場早在選民對兩岸經貿政策的立場或主觀感受之前決定，而且主要是前者影響後者，例如民眾若支持統一更可能支持兩岸經貿往來。本文用來測量統獨立場的問題是「關於台灣和大陸的關係，請問您的看法比較偏向儘快統一、儘快宣佈獨立還是維持現狀？」該題原始答項爲六類，在合併類似的答項之後，本文使用的是傾向獨立與其他兩大類，其中傾向獨立者的比重爲 24.14%，與陸委會等其他調查單位的數據非常相近。在控制了國內階級分配與國家認同因素對投票行爲的作用之後，我們才能釐清貿易政策對選民的影響。

　　除了往來中國的次數與統獨立場之外，我們必須找出媒介客觀所得分配與政治行爲之間的主觀感受指標，然而，這些指標可能具有內生性問題，也就是受到政黨宣傳與投票行爲的反向影響。本文以兩個問題作爲所得分配與政治行爲之間心理機制的測量，第一個是受訪者對兩岸經貿往來是否使其獲益的判斷，在 2010 年的問卷題目是「請問您認爲兩岸簽定 ECFA，對於您家庭的經濟狀況是好的影響、不好的影響或者沒有影響？」，其答項爲三分法。2011 年與 2012 年的兩次「中國效應」調查進行時 ECFA 已經簽訂，因此問卷題目修訂爲「請問您認爲兩岸經貿往來，對於您家庭的經濟狀況是好的影響、不好的影響或者沒有影響？」，其答項爲五分法。爲求數據合併順利與簡化模型，筆者將答項改爲三分法——好的影響爲 +1、沒影響或無意見 = 0，不好的影響爲 -1。

　　另外一個問題是受訪者對貧富差距的主觀判斷，在 2010 年的問卷題目是「請問您認爲兩岸簽定 ECFA，對於台灣的貧富差距是會擴大、縮小或者沒有影響？」，答項爲三分法。2011 年與 2012 年的調查修改爲「請問您認爲兩岸經貿往來，對於台灣的貧富差距是會擴大、縮小或者沒有影響？」，答項也是五分法，在全部改爲三分法之後可以發

現，從 2010 年到 2012 年，絕大多數受訪者認為貧富差距擴大，僅有
6 %的受訪者認為貧富差距縮小。

有內生性疑慮的中介變量，指的是由於受訪者支持某一政黨，因
此支持該政黨的貿易政策，例如因為支持國民黨而贊成兩岸自由貿易。
幸運的是，由於本文的主題在於台灣各階級（或族群）選民對貿易政
策的看法，以及該階級是否透過貿易政策界定自身主觀的階級利益與
投票行為，即使貿易政策與政黨認同有潛在的內生性問題，也不會危
及本文對台灣出現階級之貿易政治的主要論證。

主要的應變量

本文主要的應變量有經濟與政治兩方面，用所得來測量 ECFA 之
後的經濟分配後果，操作化的連續變量是受訪者個人每月所得的對數，
依據HO-SS 的理論命題，若各階級的所得分配隨時間惡化，則階級位
置之統計差異、與階級乘以時間的交互作用的統計係數將可以顯示這
種變遷。

除了所得分配惡化之外，兩岸貿易也對台灣民眾的政治行為帶來
衝擊。林宗弘及胡克威(2011)根據「社會意向調查」2010 年 6 月調查
資料庫的分析，發現台灣民眾對 ECFA 有巨大歧見，中下階級認為兩
岸經貿關係擴大將使貧富差距擴大，因而反對ECFA；資方與管理階層
則認為兩岸經貿關係擴大將使經濟成長，因而支持ECFA。其次，對兩
岸經貿往來的認知影響了台灣各階級選民的政治行為，認為兩岸經貿
有益於台灣經濟者，多數是資方與新中產階級，傾向國民黨能夠代表
他們的階級利益；認為兩岸經貿將導致貧富差距擴大者，主要是工農
與中下階級，傾向民進黨才能代表他們的階級利益，基本上驗證了表
1 所列出的貿易利益與階級政治理論。事隔兩年之後，「中國效應」
調查也顯示類似結果（林宗弘 2012）。

根據過去對台灣民眾投票行為的研究成果，筆者認為台灣民眾的

投票行為被兩大社會因素與三個政治經濟議題所左右：兩大社會因素是指族群因素（張茂桂 1993；王甫昌 2008；Yang 2007）與階級因素（吳乃德 1997；胡克威等 2010；Hsiao 1989; Wu 1996），三個政治經濟議題是指國內經濟分配議題（稅收、失業與福利等）、國家認同議題（統獨）與兩岸貿易利益分配議題（例如 ECFA）(Tsai and Chang 2010)。由於階級位置與族群身分不會因為受訪者政策意見或政治立場而有所變動，本文將這兩個社會因素視為一連串因果鍊當中最優先的自變項，亦即階級與族群這兩個社會因素，透過國家認同與貿易利益，影響了受訪者在泛藍與泛綠之間的政治立場（林宗弘、胡克威 2011）。

最後，本文測量台灣民眾政治行為的應變量，就是選民的投票行為。在 2010 年的「社會意向調查」中，受訪者被問到「請問您認為目前最會替您的階級爭取利益的是哪一個政黨？」，答項只有國民黨與民進黨兩個選項。在 2011 年與 2012 年的調查中，追問的是 2010 年五都選舉或上一次地方選舉，以及 2012 年總統大選的投票行為，儘管兩組問題並不是完全一致，但仍能有效顯示受訪者的政治傾向，因此本文以此作為台灣選民的政治行為指標。為求數據整合方便與模型簡化，本文將支持或投票給國民黨候選人（五都與總統選舉）賦值為 1，支持或投給綠營候選人以及未投票者為 0，可以發現國民黨的支持率約為四成。

統計模型與估計結果

ECFA 之後的所得分配

本文的第一項工作是檢驗 HO-SS 的貿易分配命題，也就是與中國大陸貿易往來越開放，是否會導致各階級之間貧富差距擴大。模型 1-1 與模型 1-2 都以受訪者所回報的每月所得對數作為應變量，自變量則包括階級位置、時間、階級與時間的交互項、族群、年齡、年齡的平

方項、性別、婚姻狀態、教育程度等，兩個模型的差異在於模型 1-2 多估計了時間與階級的交互作用，使其 R^2 由模型 1-1 的 .274 有效提高到 .299。

表 3 呈現每月所得的多元線性迴歸(ordinary least squares, OLS)估

表 3　台灣民眾每月所得之估計結果，2010-2012

	每月所得 模型(1-1) OLS		每月所得 模型(1-2) OLS	
	β	t 值	β	t 值
非技術工人	0.8259***	(13.46)	1.2946***	(16.00)
新中產階級	1.0112***	(15.06)	1.5084***	(16.60)
自營作業者	0.8207***	(10.17)	1.1822***	(9.92)
資本家／雇主	1.2995***	(12.73)	1.7375***	(10.55)
時間(t = 0, 1, 2)	0.1590***	(6.13)	0.5924***	(11.92)
非技術工人×時間			-0.6055***	(-9.16)
新中產階級×時間			-0.6055***	(-8.65)
自營作業者×時間			-0.4826***	(-5.01)
資本家／雇主×時間			-0.5235***	(-4.72)
客家族群	-0.0298	(-0.45)	-0.0248	(-0.38)
外省族群	0.1532*	(2.38)	0.1553*	(2.46)
原住民等	0.1826	(1.30)	0.1906	(1.38)
年齡	0.0174	(1.78)	0.0119	(1.23)
年齡 ^{2}	-0.0001	(-0.98)	-0.0000	(-0.51)
教育年限	0.1066***	(14.85)	0.1024***	(14.46)
女性	-0.1253**	(-2.88)	-0.1026*	(-2.39)
已婚	0.2987***	(5.51)	0.3026***	(5.66)
往來中國	0.1327***	(5.93)	0.1286***	(5.83)
常數項	7.2185***	(29.51)	7.0939***	(29.41)
N	3,012		3,012	
R^2	.2744		.2991	
$Adj\ R^2$	.2710		.2948	

* $p < .05$, ** $p < .01$, *** $p < .001$

計結果，模型 1-1 顯示台灣民眾的所得差異仍有大部分來自傳統的社會不平等因素，包括階級、教育程度、性別與婚姻狀態等，其中所得在各階級之間的分配高低順序為資本家、新中產階級、自營作業者與非技術工人，符合過去二十年來類似統計數據的估計結果（林宗弘2009）。外省族群與年資較高者也有統計優勢，時間連續變量的正向係數則顯示台灣民眾在過去三年間的平均每月所得對數其實仍略有上升。

模型 1-2 則顯示階級位置與時間的交互作用，時間與時間×階級之交互作用的效果必須加總才能解釋各階級所得的發展趨勢，可以發現非技術工人與新中產階級的時間與交互項淨效應為負值，而資本家與自營作業者的時間與交互項淨效應為正值，顯示在過去三年之內，非技術工人的每月所得下降最為嚴重，新中產階級的所得優勢也有所削減，雇主與自營作業者的所得則有所提升。比較特別的結果是，在控制了階級等變量之後，用來測量要素流動性的往返中國次數對每月所得對數造成非常顯著的正面影響，顯示去中國大陸次數越多，每月所得越高，接下來的統計模型將釐清這段時間裡誰去了中國大陸。

外生中介變量：去中國次數與統獨立場

本文用 OLS 迴歸模型來估計影響受訪者個人每年前往中國大陸的次數，應變量為 1-4 次（含以上）；主要自變量為階級、時間以及階級×時間的交互作用，控制變量包括了族群身分、教育年限、年齡、年齡的平方項以及婚姻狀態等。其統計結果列為表 4 左側的模型 2 一欄。

如模型 2 所示，在未與時間交互作用時，可能具備台幹與台商身分的新中產階級與資本家最常往返中國，此外高教育者、外省族群與男性較可能去中國大陸。再加入階級與時間的交互作用之後，可以發現雇主往返中國的次數上升但統計效果不顯著，新中產階級往返中國

表 4　兩岸流動性較高與民眾支持台獨特徵之估計結果，2010-2012

	往返中國次數 模型(2) OLS		支持台獨 模型(3) Logit	
	β	t 值	β	z 值
非技術工人	-0.0634	(-1.02)	0.0976	(0.58)
新中產階級	0.1948**	(2.80)	0.0850	(0.44)
自營作業者	-0.0180	(-0.20)	0.5088*	(2.21)
資本家／雇主	0.3742**	(2.98)	0.2170	(0.64)
時間(t = 0, 1, 2)	-0.1287***	(-4.04)	0.2564**	(3.03)
非技術工人×時間	0.0023	(0.05)	-0.0955	(-0.77)
新中產階級×時間	-0.1075*	(-2.13)	-0.1534	(-1.13)
自營作業者×時間	0.0320	(0.45)	-0.1953	(-1.11)
資本家／雇主×時間	0.0164	(0.20)	-0.0812	(-0.37)
客家族群	0.0005	(0.01)	-0.4718***	(-3.44)
外省族群	0.1571***	(3.36)	-1.1633***	(-7.12)
原住民等	0.0908	(0.97)	-0.2314	(-0.96)
年齡	0.0271***	(3.90)	-0.0183	(-1.00)
年齡 ²	-0.0001*	(-2.12)	0.0001	(0.79)
教育年限	0.0509***	(10.32)	-0.0037	(-0.28)
女性	-0.0765*	(-2.41)	-0.0717	(-0.87)
已婚	0.0169	(0.42)	-0.0803	(-0.76)
往來中國			-0.1779***	(-3.52)
常數項	-1.0577***	(-6.04)	-0.5575	(-1.22)
N	3,629		3,629	
R^2	.0838			
Adj R²	.0794			
Log likelihood			-1941.4686	
Pseudo R^2			.0320	

* $p < .05$, ** $p < .01$, *** $p < .001$

次數卻在三年內大幅下降。整體而言，數據顯示資方與新中產階級更可能往來中國大陸，在兩岸貿易中獲益，然而新中產階級也就是台幹的跨國流動性與所得優勢，在過去三年有下滑的趨勢。

上述模型的結果可以解釋兩岸經貿往來在個體層次上對所得分配產生的效果，亦即台灣各階級民眾之間所得分配本來就很不公平，資本與技術擁有者的優勢仍在提升（林宗弘 2009），參與兩岸貿易的企業主與新中產階級所得又遠高過其他人，導致各階級之間的所得分配持續惡化，這跟利用 1992-2009 年之間的總體數據分析結論一致。簡言之，兩岸經貿關係擴張可能使得勞資之間、技術工人與非技術工人之間的所得分配變得更加不平等。

另一個外生中介變量——國家認同——之統計模型結果列於表 4 右側的模型 3。在統獨立場上，應變項問題是受訪者對統獨的意見，包括立即獨立、稍後獨立、維持現狀、稍後統一與立即統一等選項，筆者簡化了受訪者的回應，將立即獨立與稍後獨立列入「支持台獨」（= 1）一類，並使用適合估計二分變項的 Logit 迴歸模型來分析，結果發現台灣選民的國家認同（是否傾向支持台獨）主要受族群身分因素所引導，與階級或婚姻等因素大致無關；另一方面，自營作業者（其中約一半是農民）以及較少前往中國大陸者往往更傾向台獨；這些結果還算符合過去的研究發現與台灣社會上一般人的常識（吳乃德 1997；胡克威等人 2010）。值得注意的是，由時間連續變量的正面顯著效果得知，與中共對 ECFA 等經濟整合的政治預期效果相反，過去三年之內台灣民眾支持台獨的比重正在隨時間上升。

內生中介變量：主觀貿易獲益與貧富差距焦慮

表 5 左側模型 4 的統計模型，應變量是受訪者自行評估其家庭是否因兩岸貿易關係擴張而受益或受害，答項簡化為三分位的 likert scale，自認受益者為 +1，自認受害者為 -1，自認不受影響或無意見者

爲 0，因此以適合估計多重等距變項的順序性邏輯迴歸(ordered logit regression)模型估計，會得到兩個截距項。模型分析的迴歸係數結果顯示，雖然企業主與新中產階級相對認爲自己的家庭從兩岸經貿中獲益，但統計結果不如預期顯著，而與預期相符的是，經常前往中國大陸者

表5　台灣各階級民衆對貿易獲利與貧富差距擔憂程度之估計結果，2010-2012

	兩岸經貿使家庭獲益 模型(4) Ordered Logit		兩岸經貿擴大貧富差距 模型(5) Ordered Logit	
	β	z 值	β	z 值
非技術工人	-0.0551	(-0.64)	0.2004*	(2.09)
新中產階級	0.1345	(1.37)	0.1215	(1.13)
自營作業者	-0.1392	(-1.17)	0.0945	(0.73)
資本家／雇主	0.2069	(1.33)	0.0511	(0.30)
時間(t = 0, 1, 2)	-0.2253***	(-5.64)	0.1490***	(3.44)
客家族群	0.2994**	(2.92)	-0.1516	(-1.36)
外省族群	0.5934***	(5.94)	-0.5609***	(-5.54)
原住民等	0.1874	(0.98)	-0.5911**	(-2.98)
年齡	-0.0156	(-1.09)	-0.0048	(-0.32)
年齡 ^{2}	0.0002	(1.33)	-0.0001	(-0.97)
教育年限	0.0822***	(7.85)	0.0198	(1.83)
女性	0.0108	(0.16)	-0.1893**	(-2.60)
已婚	-0.0000	(-0.00)	0.1029	(1.15)
往來中國	0.2166***	(5.84)	-0.0154	(-0.42)
支持台獨	-1.3927***	(-17.69)	1.1233***	(11.62)
常數項 cut1	-0.7121*	(-1.96)	-2.0962***	(-5.24)
常數項 cut2	1.2731***	(3.50)	-0.5536	(-1.39)
N	3,629		3,629	
Log likelihood	-3619.0323		-3072.2046	
Pseudo R^2	.0811		.0563	

* $p < .05$, ** $p < .01$, *** $p < .001$

與高教育程度者，多半認為自己從兩岸經貿中獲益，也就是說階級位置的效果主要顯現於要素流動性，經常往來兩岸者往往是貿易的直接獲益者。

此外，值得注意的是外省族群與客家族群背景者對家庭從貿易中獲益也傾向正面回應，而主張台獨者則多半主觀認為自己在兩岸經貿中受害。與蔡明璋及張晉芬的發現類似(Tsai and Chang 2010)，除了經常往來中國大陸者與高教育程度者之外，受訪者對自己的家庭是否在兩岸經貿中獲益的主觀判斷，還是相當程度上受國家認同與族群身分所影響。有趣的是在模型 4 的連續時間變量 t，其統計係數為顯著負向，顯示在過去三年來，全體受訪者對兩岸經貿往來使自己家庭獲益的主觀認知，正在逐年下滑。

表 5 右側模型 5 的統計模型，應變量是受訪者主觀認為兩岸經貿往來會導致貧富差距擴大或縮小，答項為三分位的 likert scale，認為會使貧富差距擴大者為 +1，認為貧富差距會縮小者為 -1，認為對貧富差距沒影響或無意見者為 0，進行順序性邏輯迴歸分析同樣會得到兩個截距項。模型分析的迴歸係數顯示，比起其他階級位置者，非技術工人顯著地認為兩岸經貿往來會使貧富差距擴大，而外省族群與原住民族傾向認為會使貧富差距縮小或不變，而主張台獨者則認為會造成貧富差距擴大。與前一個問題的統計結果類似，除了非技術工人之外，受訪者對自己的家庭是否在兩岸經貿中獲益的主觀判斷，還是相當程度上受國家認同與族群身分影響。與前一個模型也類似的是，模型 5 的連續時間變量統計係數顯著為正向，顯示過去三年來，全體受訪者對兩岸經貿往來導致貧富分化的主觀認知逐年上升。

從貿易利益到階級投票

我們的最終應變量是選民的階級投票行為，投給泛藍或國民黨候選人為 1，其餘則為 0。表 6 呈現了兩個對國民黨投票的邏輯迴歸模

型，模型 6-1 僅加入階級位置、族群身分這兩大自變量與教育等控制
變量，可以發現外省族群與原住民、女性與高教育者主要支持泛藍，
這些都與過去的統計結果類似，較為顯著的新現象是階級投票，亦即
非技術工人與自營作業者似乎較支持泛綠，或者說較少在選舉中支持

表 6　台灣民眾階級、貿易意見與投票行為之估計結果，2010-2012

	支持泛藍 模型(6-1) Logit		支持泛藍 模型(6-2) Logit	
	β	z 值	β	z 值
非技術工人	-0.2203*	(-2.01)	-0.1777	(-1.54)
新中產階級	-0.1467	(-1.21)	-0.1650	(-1.29)
自營作業者	-0.3429*	(-2.18)	-0.3127	(-1.87)
資本家／雇主	-0.2546	(-1.36)	-0.3497	(-1.78)
時間(t = 0, 1, 2)	0.4597***	(9.81)	0.6075***	(11.80)
客家族群	0.3963**	(3.14)	0.3116*	(2.32)
外省族群	1.1203***	(9.39)	0.9448***	(7.54)
原住民等	0.8719***	(3.50)	0.7783**	(2.95)
年齡	0.0132	(0.72)	0.0199	(1.03)
年齡²	-0.0000	(-0.00)	-0.0001	(-0.48)
教育年限	0.0660***	(4.95)	0.0404**	(2.87)
女性	0.3093***	(3.71)	0.2990***	(3.39)
已婚	0.0414	(0.39)	0.0380	(0.34)
往來中國	0.0384	(0.92)	-0.0231	(-0.52)
支持台獨	-1.4228***	(-13.28)	-0.9294***	(-8.11)
家庭獲益			0.8631***	(13.44)
貧富差距			-0.4614***	(-7.53)
常數項	-2.3304***	(-5.01)	-2.2001***	(-4.53)
N	3,122		3,122	
Log likelihood	-1843.4357		-1686.0892	
Pseudo R^2	.1235		.1983	

* $p < .05$, ** $p < .01$, *** $p < .001$

國民黨（胡克威等人 2010）。此外，在 2010 年到 2012 年間，所有選民投票給國民黨的機率有所提升，這與 2010 年五都選舉以及 2012 年總統選舉的投票率及國民黨得票率變化一致，也反映了 2012 年總統選舉的特殊性，模型 6-1 的統計與游盈隆(2012)針對此次選舉的分析結果相當類似。

　　模型 6-2 加入了受訪者主觀評估家庭利弊與貧富差距這兩個自變量，此時階級位置的效果大致消失，選民對自己的家庭是否在兩岸經貿往來中獲益，以及是否擔心兩岸經貿導致貧富差距惡化，對投票傾向產生很大的影響，擔心兩岸貿易導致貧富差距擴大者更少支持泛藍陣營，而認為自己的家庭在兩岸經貿中獲益者則更多支持國民黨。此外，這兩個中介變量取代了階級影響政黨偏好的直接效果，顯示台灣的階級投票現象可能在相當程度上反映的是各個階級人群對兩岸貿易政策的偏好與認知。

　　回顧模型 1 至模型 6 的結果，大致符合表 1 的分析：兩岸經貿往來可能已經導致資本與技術所有者獲益，非技術工人與較少往來兩岸的一部分新中產階級受害；國家認同的議題則主要受族群身分所影響，外省族群較不支持台灣獨立；對兩岸貿易的意見則同時受到階級位置與族群身分的雙重影響，中下階級擔心失業者認為自己會因為兩岸經貿擴大而受害，並且認為兩岸經貿導致貧富差距擴大，外省族群、高教育者與資方則普遍認為自己會從中受益。

　　綜上所述，在最近三年針對兩岸關係的社會調查中，本文發現台灣階級分化與兩岸貿易利益分配的關係越來越密切，也就是說，民眾認為兩岸貿易擴張導致台灣貧富差距的惡化，使得中下階級如農民、工人與自營作業者倒向主張台灣獨立與貿易管制政策的綠營。由於易受貿易負面衝擊的勞工與農民，在地理上集中在南部縣市，從兩岸貿易中獲益的資方與管理階層集中於台北與新竹等北部縣市，階級分化可能是造成「北藍南綠」地緣政治的主要原因之一。

討論與結論

本文系統性地回顧了經濟學與國際貿易之階級政治研究中的理論命題，例如 HO-SS 理論認為較先進經濟體與發展中國家開放貿易的分配效果，將使先進經濟體的資本與技術擁有者獲益、農民與非技術工人受害，這種所得重分配的效果也會影響各階級民眾對貿易政策的主觀判斷，從而反對或支持自由貿易政策，並且導致雙方形成階級結盟或造就各階級民眾不同的投票行為。

ECFA 的政策爭論使得學者開始關注兩岸貿易的政治經濟後果，2010-2012 這三年來，「社會意向調查」與「中國效應」的調查結果基本上應證了 HO-SS 理論與開放政治經濟學的分析，顯示兩岸經貿關係擴大可能導致貧富差距的惡化，在兩岸貿易中的獲益者主要是台灣對中國大陸投資的出口產業、資方與技術所有者，潛在的受害者可能是自雇者、農民與非技術工人。其次，由於兩岸貿易的利益分配不均，貿易利益分配的受益者會傾向支持 ECFA 等自由貿易政策，而受害者則傾向支持保護主義；在台灣的政治脈絡中，兩岸貿易的受益者如資方與管理者，在投票時更傾向支持主張促進兩岸經貿往來的泛藍陣營，而受害的中下階層更傾向支持主張管制兩岸貿易的泛綠陣營（林宗弘、胡克威 2011）。

如歷次主計處勞動力統計、「變遷調查」（林宗弘 2009）所示，在兩岸貿易中獲得利益的產業、家庭或就業人口可能是整體民眾中的少數。就這三年的相關調查而言，在就業人口裡新中產階級約占 22%，雇主則約占 5%，其中回答經常往來中國者或者是高教育水準者，在台灣民眾當中都是少數，亦即這些人可能集中在所得前五分之一的家庭，反之受害者可能集中於所得最低五分之一的家庭，兩岸經貿往來的好處與損失，可能因此導致五分位所得組貧富差距倍率的惡化。總之，

多數台灣民眾很難感受到自己的就業安全與家庭收入從兩岸貿易中獲益，反而有不少農工階級民眾更擔心兩岸貿易衝擊，使他們面對失業或虧損的風險，因此改變了他們對兩岸貿易後果的主觀認知。

除了估計兩岸經貿對貧富差距的影響之外，本文也證實貿易政策可能是中介台灣民眾階級投票的重要因素之一。在台灣的選舉研究中，階級政治一直是個比較邊緣的議題。近期研究也顯示台灣政治版圖的重組不是來自僵化的族群投票，而更可能來自階級投票的變化，這也暗示後者的些微變動——主要是新中產階級的搖擺與工農階級的轉向，才是導致藍綠兩個陣營在激烈的地方或總統選戰中勝出的關鍵（胡克威等人 2010），政治社會學者應該把傳統的階級議題帶回來。台灣的階級投票現象，並非來自傳統的工會組織或左派政黨組織根植於勞工社區的選舉機器，而可能來自於兩大政黨在兩岸貿易政策上的差異（林宗弘、胡克威 2011）。

此外，本文也意外地發現，在 ECFA 簽訂的三年之後，台灣民眾支持台獨的比重略有上升、對自己的家庭在兩岸貿易中獲得利益的主觀認知下滑、對兩岸貿易導致貧富差距惡化變得更為擔憂。最後值得一提的是，台商的移轉訂價對台灣 GDP 與所得分配的可能影響。有關全球租稅天堂與移轉訂價的分析仍在起步階段，然而這個現象可能已經扭曲了先進經濟體（包括台灣）GDP 的統計數據，在台灣與中國大陸這兩個貿易對手經濟規模相差甚大的情況下，國內生產面與要素面經濟數據的偏誤可能更嚴重，這些趨勢值得學界與決策者重視。

上述社會調查數據所呈現的貿易與所得分配之關係有相當現實的政策含意。一方面，台灣與中國大陸的貿易擴張導致各階級之間貧富差距擴大，過去的總體數據卻顯示，與歐美日等先進國家的貿易擴張可能對台灣的經濟成長與分配更為有利（林宗弘 2012），依據以上的研究結果，筆者建議台灣的貿易政策應該有所調整，與中國大陸的經貿關係雖然重要，卻不應該成為優先偏好的政策方向。另一方面，台

灣民眾對兩岸貿易的觀感，與近年來歐美各國頻頻發生的反全球化社
會運動（例如占領華爾街）之觀點十分類似，兩者或許都是對全球貿
易擴張之階級利益分配效果的政治反應，過去近三十年來全球化下社
會不平等的趨勢與後果，值得深思(Milanovic 2005; Stiglitz 2012)。

參考文獻

中華人民共和國國家統計局(2012) 2011 年中國統計年鑑。http://www.stats.
　　gov.cn/tjsj/ndsj/2012/indexch.htm，取用日期 2012 年 3 月 2 日。
中華民國統計資訊網。http://61.60.106.82/pxweb/Dialog/statfile9L.asp，取
　　用日期：2011 年 5 月 30 日。
王甫昌(2008)族群政治議題在台灣民主轉型中的角色。台灣民主季刊 5(2):
　　89-140。
行政院大陸委員會(2011)台灣對中國大陸貿易占我外貿之比重。http://www.
　　mac.gov.tw/public/Attachment/12149433186.pdf，取用日期：2011 年 02
　　月 26 日。
行政院勞工委員會，99 年版勞動統計年報。http://www.cla.gov.tw/cgi-bin/
　　siteMaker/SM_theme?page=450f96e9，取用日期：2011 年 5 月 30 日。
行政院勞工委員會，勞動統計月報。http://www.cla.gov.tw/cgi-bin/
　　siteMaker/SM_theme?page=450f96e9，取用日期：2011 年 5 月 30 日。
吳乃德(1997)檳榔和脫鞋，西裝及皮鞋：台灣階級流動的族群差異及原
　　因。台灣社會學研究 1: 137-167。
吳重禮、崔曉倩(2010)族群、賦權與選舉評價——2004 年與 2008 年總統
　　選舉省籍差異的實證分析。台灣民主季刊 7(4): 137-182。
——(2007)民主與威權的制度績效：亞洲四小龍政治經濟發展的量化分
　　析。台灣政治學刊 11(1): 3-67。
林宗弘(2009)台灣的後工業化：階級結構的轉型與社會不平等，
　　1992-2007。台灣社會學刊 43: 93-158。
——(2012)新興市場對台灣失業與所得分配的衝擊。見群策會編，國家經
　　濟發展研討會論文集，頁 106-121。新北市：群策會。
林宗弘、吳曉剛(2010)中國的制度變遷、階級結構轉型和收入不平等：

1978-2005。社會 30(6): 1-40。

林宗弘、胡克威(2011)愛恨ECFA：兩岸貿易與台灣的階級政治。思與言49(3): 95-134。

林宗弘、洪敬舒、李健鴻、王兆慶、張烽益(2011)崩世代：財團化、貧窮化與少子女化的危機。台北：台灣勞工陣線。

胡克威、林宗弘、黃善國(2010)階級政治的復興？台灣的民主轉型與階級投票，1992-2004。2010 年台灣社會學會年會。台北：輔仁大學、台灣社會學會。

國際貿易局，中華民國進出口貿易統計。http://cus93.trade.gov.tw/fsci/，取用日期：2011 年 6 月 2 日。

張茂桂編(1993)族群關係和國家認同。台北：業強。

許嘉猷(1994)階級結構與階級意識比較研究論文集。台北：中央研究院歐美研究所。

游盈隆(2012)天人交戰：2012 台灣總統選民的抉擇。台北：允晨。

傅仰止、伊慶春(1998)中央研究院社會學研究所規劃式集體合作計畫書：社會意向調查。http://www.ios.sinica.edu.tw/si/index2.php? p=t2，取用日期：2011 年 2 月 26 日。

經濟部投資審議委員會，華僑及外國人投資、對外投資、對中國大陸投資統計月報。http://www.moeaic.gov.tw/system_external/ctlr? PRO= PublicationLoad&id=103，取用日期：2011 年 6 月 2 日。

謝國雄(1989)黑手變頭家：台灣製造業中的階級流動。台灣社會研究季刊2(2): 11-54。

蕭新煌編(1989)變遷中台灣社會的中產階級。台北：巨流。

蘇國賢(2008)台灣的所得分配與社會流動之長期趨勢。見王宏仁、李廣均、龔宜君主編，跨戒：流動與堅持的台灣社會，頁187-216。台北：群學。

Aghion, Philippe, and Patrick Bolton (1997) A Theory of Trickle-Down Growth and Development. *TheReview of Economic Studies* 64(2): 151-172.

Atkinson, A. B. (2008) *The Changing Distribution of Earnings in OECD Countries*. New York: Oxford University Press.

Babb, Sarah (2005) The Social Consequences of Structural Adjustment: Recent Evidence and Current Debates. *Annual Review of Sociology* 31: 199-222.

Bell, Daniel (1976) *The Coming of Post-Industrial Society: A Venture in Social*

Forecasting. New York: Basic Books.

Blau, Peter M., and Otis Dudley Duncan (1967) *The American Occupational Structure*. New York: Wiley.

Burgoon, Brian (2012) Partisan Embedding of Liberalism: How Trade, Investment, and Immigration Affect Party Support for the Welfare State. *Comparative Political Studies* 45(5): 606-635.

Erikson, Robert, and John H. Goldthorpe (1992) *The Constant Flux: A Study of Class Mobility in Industrial Societies*. Oxford: Clarendon Press.

Fei, John C. H., Gustav Ranis, and Shirley W. Y. Kuo (1979) *Growth with Equity: The Taiwan Case*. New York: Oxford University Press.

Goldthorpe, John H. (2002) Globalisation and Social Class. *West European Politics* 25(3): 1-28.

Hellwig, Timothy, and David Samuels (2007) Voting in Open Economies: The Electoral Consequences of Globalization. *Comparative Political Studies* 40 (3): 283-306

Hiscox, Michael J. (2002) *International Trade & Political Conflict: Commerce, Coalitions, and Mobility*. Princeton, NJ: Princeton University Press.

Hsiao, Hsin-Huang Michael (1989) The Middle Classes in Taiwan: Origins, Formation and Significance. Pp. 151-166 in *Taiwan: A Newly Industrialized State*, edited by Hsin-Huang M. Hsiao. Taipei: Department of Sociology, National Taiwan University.

King, Gary (1997) *A Solution to the Ecological Inference Problem: Reconstructing Individual Behavior from Aggregate Data*. Princeton: Princeton University Press.

Lake, David A. (2009) Open Economy Politics: A Critical Review. *The Review of International Organizations* 4(3): 219-244.

Lewis, W. Arthur (1954) Economic Development with Unlimited Supplies of Labor. *Manchester School of Economic and Social Studies* 22: 139-191.

Liou, Ming Huan, and Chih-hai Yang (2012) Factor Price Equalization in Small-North and Large-South Countries: Evidence from Taiwan and China. Working paper.

Liu, Jin-Tan, and Meng-Wen Tsou (2012) The Impact of Foreign Direct Investment in China on Employment Adjustments in Taiwan: Evidence from Matched Employer-Employee Data. Working paper.

Mayda, Anna Maria, and Dani Rodrik (2005) Why Are Some People (and Countries) more Protectionist than Others? *European Economic Review* 49 (6): 1393-1430.

Milanovic, Branko (2005) *Worlds Apart: Measuring International and Global Inequality*. Princeton, NJ: Princeton University Press.

Milner, Helen V. (1997) *Interests, Institutions, and Information: Domestic Politics and International Relations*. Princeton, NJ: Princeton University Press.

Milner, Helen V., and Benjamin Judkins (2004) Partisanship, Trade Policy, and Globalization: Is There a Left-Right Divide on Trade Policy? *International Studies Quarterly* 48(1): 95-119.

Naughton, Barry (2007) *The Chinese Economy: Transitions and Growth*. Cambridge, MA: MIT Press.

Palan, Ronen, Richard Murphy, and Christian Chavagneux (2010) *Tax Havens: How Globalization Really Works*. Ithaca, NY: Cornell University Press.

Rogowski, Ronald (1989) *Commerce and Coalition: How Trade Affects Domestic Political Alignments*. Princeton, NJ: Princeton University Press.

Schubert, Gunter, and Stefan Braig (2011) How to Face an Embracing China? The DPP's Identity Politics and Cross-Strait Relations during and after the Chen Shui-bian Era. Pp. 72-94 in *Taiwanese Identity in the 21st Century: Domestic, Regional and Global Perspectives*, edited by Gunter Schubert and Jens Damm. London: Routledge.

Scruggs, Lyle, and Peter Lange (2002) Where Have All the Members Gone? Globalization, Institutions, and Union Density. *The Journal of Politics* 64 (1): 126-153.

Stiglitz, J. E. (2012) *The Price of Inequality: How Today's Divided Society Endangers Our Future*. New York: W. W. Norton & Company.

Tsai, Ming-Chang, and Chin-fen Chang (2010) China-Bound for Jobs? The Influences of Social Connections and Ethnic Politics in Taiwan. *The China Quarterly* 203: 639-655.

Tsai, Ruey-Ming (1997) Leaving the Farmland: Class Structure Transformation and Social Mobility in Taiwan. Pp. 15-55 in *Taiwanese Society in 1990s:*

Taiwan Social Change Survey Symposium Series II (part 1), edited by Ly-Yun Chang, Yu-Hsia Lu, and Fu-Chang Wang. Taipei: Institute of Sociology, Academia Sinica.

Wood, Adrian (1994) *North-South Trade, Employment and Inequality: Changing Fortunes in a Skill-Driven World*. Oxford: Oxford University Press.

Wright, Erik Olin (1997) *Class Counts*. London: Verso.

——(1985) *Classes*. London: Verso.

Wu, Nai-Teh (1996) Class Identity without Class Consciousness? Working Class Orientations in Taiwan. Pp. 77-102 in *Putting Class in Its Place: Worker Identity in East Asia*, edited by Elizabeth J. Perry. Berkeley: University of California at Berkeley, Institute of East Asian Studies.

Yang, David D. (2007) Classing Ethnicity: Class, Ethnicity, and the Mass Politics of Taiwan's Democratic Transition. *World Politics* 59(4): 503-538.

附錄 1 1992-2009 年台灣總體經濟數據

年度	實質平均薪資(a)	失業率%(a)	貧窮率%(a)	基尼係數(a)	對中貿易依賴度(b)	對中投資比重(b)	社會福利占歲出%(a)	工會組織率%(c)	勞動生產力指數(a)	勞動參與率%(a)
1992	36,524	1.51	.558222	.312	4.747834	21.77578	8.64572	28.3	48.5	59.34
1993	38,202	1.45	.564287	.315	5.935706	40.70681	8.299169	28.5	50.36	58.82
1994	38,955	1.56	.550212	.318	6.535135	37.30862	8.679702	27.4	52.23	58.96
1995	39,505	1.79	.540637	.317	7.640284	44.60798	12.13392	25.4	56.17	58.71
1996	39,748	2.6	.540345	.317	7.713468	36.21118	15.72862	23.6	59.28	58.44
1997	41,311	2.72	.538069	.32	8.17778	35.81211	15.70088	23	62.55	58.33
1998	41,880	2.69	.575771	.324	8.177258	31.54824	14.19089	22.1	66.06	58.04
1999	43,037	2.92	.62254	.325	8.611753	27.70538	13.68057	22.5	70.23	57.93
2000	43,564	2.99	.705659	.326	9.924128	33.92859	16.93153	20.9	74.34	57.68
2001	43,672	4.57	.730181	.35	10.7282	38.79911	17.47463	20.9	77.09	57.23
2002	43,310	5.17	.764388	.345	13.11809	53.3803	15.08697	20.3	83.4	57.34
2003	43,992	4.99	.83526	.343	15.86803	53.65733	15.65121	19.5	88.71	57.34
2004	43,928	4.44	.904651	.338	19.33183	67.23461	15.48107	19.6	92.57	57.66
2005	43,419	4.13	.932815	.34	20.93155	71.03432	15.60918	19.7	96.27	57.78
2006	43,493	3.91	.959478	.339	23.41149	63.08643	16.72381	18.1	100	57.92
2007	43,629	3.91	.968363	.34	26.01174	59.92928	16.25217	17.4	106.79	58.25
2008	42,152	4.14	.97663	.341	26.33356	68.78728	15.70825	15.8	105.68	58.28
2009	40,371	5.85	1.115646	.345	22.92308	66.84094	15.74372	15.4	106.34	57.9

資料來源：(a) 中華民國統計資訊網 http://61.60.106.82/pxweb/Dialog/statfile9L.asp。
(b) 經濟部統計處，轉引自中華民國統計資訊網 http://61.60.106.82/pxweb/Dialog/statfile9L.asp；國際貿易局，〈中華民國進出口貿易統計〉http://cus93.trade.gov.tw/fsci/；經濟部投資審議委員會，〈華僑及外國人投資、對外投資、對中國大陸投資統計月報〉，http://www.moeaic.gov.tw/system_external/ctlr? PRO=PublicationLoad&id=103。
(c) 行政院勞委會，〈勞動統計年報〉，〈勞動統計月報〉，http://www.cla.gov.tw/cgi-bin/siteMaker/SM_theme? page=450f96e9。

附錄 2　2010-2012 年中研院「社會意向調查」與「中國效應」民意調查合併數據之敘述統計

變數名稱	N	平均值	標準差	最小值	最大值
每月所得	3,014	10.2373	1.3472	2.3026	12.3239
來往中國	3,633	0.3988	0.9522	0	4
支持台獨	3,633	0.2414	0.4280	0	1
家庭獲益	3,633	0.0479	0.7697	-1	1
貧富差距	3,633	0.5043	0.7052	-1	1
支持泛藍	3,124	0.4014	0.4903	0	1
階級位置					
非勞動人口	3,633	0.3543	0.4784	0	1
非技術工人	3,633	0.2797	0.4489	0	1
新中產階級	3,633	0.2169	0.4122	0	1
自營作業者	3,633	0.0974	0.2966	0	1
資本家／雇主	3,633	0.0517	0.2215	0	1
族群身分（父）					
福佬族群	3,633	0.7344	0.4417	0	1
客家族群	3,633	0.1101	0.3131	0	1
外省族群	3,633	0.1272	0.3332	0	1
原住民等	3,633	0.0284	0.1660	0	1
教育年限	3,633	12.7008	3.8377	0	18
女性	3,633	0.5150	0.4998	0	1
年齡	3,629	46.9237	14.0238	20	93
已婚	3,633	0.7115	0.4531	0	1
時間	3,633	0.9967	0.8156	0	2

附錄 3　2010-2012 年中研院「社會意向調查」與「中國效應」民意調查合併數據之簡單相關係數矩陣

	每月所得	來往中國	支持台獨	家庭獲益	貧富差距	支持泛藍
來往中國	.1496*					
支持台獨	-.0069	-.0762*				
家庭獲益	.1048*	.1479*	-.3193*			
貧富差距	.0282	-.0335*	.2078*	-.2870*		
支持泛藍	.1041*	.0476*	-.2631*	.3493*	-.2604*	
非勞動人口	-.3627*	-.0232	-.0144	-.0214	-.0914*	.0580*
非技術工人	.0276	-.0923*	.0068	-.0324	.0606*	-.0497*
新中產階級	.2498*	.0805*	-.0300	.0931*	.0309	.0318
自營作業者	.0122	-.0109	.0467*	-.0615*	.0099	-.0596*
資本家／雇主	.1477*	.1018*	.0105	.021	.0039	-.0058
福佬族群	-.027	-.0590*	.1281*	-.1472*	.1216*	-.1945*
客家族群	-.0259	-.0023	-.0443*	.0478*	-.0171	.021
外省族群	.0670*	.0892*	-.1265*	.1555*	-.1265*	.2132*
原住民等	-.0156	-.0176	-.0033	-.0106	-.0375*	.0428*
教育年限	.3504*	.1144*	-.0130	.1676*	.0824*	.0897*
女性	-.1201*	-.0777*	-.0137	-.0140	-.0371*	.0613*
年齡	-.1007*	.1013*	-.0374*	-.0300	-.1406*	.0579*
已婚	.1133*	.0619*	-.0213	-.0196	-.0177	.0365*
時間	.1930*	-.1008*	.0654*	-.0940*	.0345*	.1588*

$* \ p < .05$

作者簡介

（依作者姓氏筆畫排序）

丁國輝(Kwok-fai Ting) 畢業於香港中文大學及北卡羅來納大學教堂山分校，現任香港中文大學社會學系教授及中國家庭研究中心主任。研究興趣包括：婚姻與家庭、社會分層及統計方法，目前的主要研究項目是香港、北京和上海三地的家庭變遷比較。曾擔任 *Journal of Marriage and Family* 編委(2003-2009)。

于德林(Te-Lin Yu) 現任中央研究院社會學研究所專任研究助理。

尹寶珊(Po-san Wan) 現任香港中文大學香港亞太研究所研究統籌員，近著包括 *Gambling Economy and Society: The Macao Miracle*（合著，2013）、《從社經指標看香港社會變遷》（合編，2012）、《解讀臺港社會意向》（合編，2011），文章亦見於 *Asian Perspective*、*International Journal of Social Welfare*、*International Political Science Review*、*Japanese Journal of Political Science*、*Journal of Contemporary China*、*Public Administration and Development*、*Social Indicators Research* 等學術期刊。

王卓祺(Chack Kie Wong) 現任香港中文大學社會工作學系教授、香港亞太研究所副所長，亦擔任香港特別行政區政府中央政策組顧問。研究專長包括：社會政策比較研究、貧窮線及社會保障、公民身分及社會權利、主觀福利及管治指標研究、中國福利及醫療改革。著作包括編著《東亞國家和地區福利制度》、《兩岸三地社會政策》、《中國城市健康照顧改革》（英），《轉型中的東亞福利體系》（英）等專書，以及一百多篇學術期刊著作及專業論文。

伊慶春(Chin-Chun Yi) 現任中央研究院社會學研究所研究員、國際社會學會(ISA)執行委員會委員、台灣人口學會監事。曾主持多項研究計

畫，包括：台灣社會意向調查、華人婦女家庭地位、台灣青少年成長歷程等。目前亦擔任 *Journal of Comparative Family Studies*、*International Sociology*、*Sociological Inquiry*、《中華民國住宅學報》等編輯委員。曾任世界社會學社(ISA)家庭研究委員會(RC06)理事和副主席。研究興趣為家庭社會學、婦女角色、都市社會學。

林宗弘(Thung-hong Lin)　現任中央研究院社會學研究所助研究員。研究重心包括：兩岸三地華人社會的貧富差距、社會流動與階級意識的變化趨勢、台資企業集團在海峽兩岸的生產體制與其政治影響、災難社會學——尤其是國家政策與社會階層化如何影響民眾的脆弱性(vulnerability)與復原力(resilience)，此外對比較政治經濟學與量化模型的教學與運用有深厚興趣。

施維恩(Angela W. Y. Shik)　現任香港中文大學社會工作學系助理教授。研究專長為傳統與現代的社會和諧觀。

范綱華(Gang-Hua Fan)　美國德州大學奧斯汀分校社會學博士，現任世新大學社會心理學系助理教授。研究專長為健康與疾病社會學、社會心理學、社會人口學。主要研究興趣包括：宗教信仰與心理健康、自我概念在生命歷程中的成長與發展、社會階層化與身心健康不平等。

馬麗莊(Joyce L. C. Ma)　現任香港中文大學社會工作學系教授暨系主任。研究專長為家庭治療、兒童和青少年心理健康，近期研究興趣包括：多家庭小組與專注力過度活躍症患病兒童、厭食症和家庭研究。

陳志柔(Chih-Jou Jay Chen)　現任中央研究院社會學研究所副研究員、國立清華大學社會學研究所合聘副教授、國立台灣大學社會學系兼任副教授。

黃子為(Kevin T. W. Wong)　現任香港中文大學香港亞太研究所研究協調員。研究興趣包括：民主研究、選舉研究、階級政治、民意調查和量化研究方法。

葉國豪(Jackson K. H. Yeh)　現爲香港大學社會學系博士候選人。曾任國立清華大學當代中國研究中心研究助理、香港中文大學香港亞太研究所社會與政治發展研究中心計畫協調員。研究興趣包括：公共領域、社會運動、量化研究方法和民意研究。

鄭慧婷(Nicole W. T. Cheung)　現任香港中文大學社會學系助理教授。主要研究方向包括：越軌行爲社會學、青少年違法行爲與精神健康、藥物濫用和賭博成癮。近期著作刊登於 *Youth & Society*、*Journal of Gambling Studies*、*Sociological Perspectives*、*Substance Use & Misuse*。鄭博士亦是香港特別行政區政府禁毒處禁毒常務委員會戒毒治療及康復小組委員會成員，以及青年事務委員會成員。

蕭新煌(Hsin-Huang Michael Hsiao)　現任中央研究院社會學研究所特聘研究員兼所長暨亞太區域研究專題中心合聘特聘研究員、台灣大學社會學系教授、中山大學社會學系教授、中央大學客家學院講座教授、台灣第三部門學會理事長。近期將出版的專書有 *Chinese Middle Classes in Taiwan, Hong Kong, Macau and Urban China* 與 *Democracy or Alternative Political Systems in Asia: After the Strongmen*。

賴樂媽(Lauren L. Y. Lai)　香港中文大學社會學文學碩士，現就讀於香港中文大學社會工作學系社會科學（社會工作）課程。

瞿海源(Hei-yuan Chiu)　曾爲中央研究院民族學研究所、社會學研究所研究員，國立台灣大學社會學系教授，2013 年 4 月正式退休。在學術研究工作外，長期參與社會及政治改革工作，曾擔任澄社社長(1990-1992, 1999-2001)、知識界反政治迫害聯盟召集人(1991)、社區理事會理事長(1994-1996, 2009-2012)。現任民間司法改革基金會董事長、台灣廢除死刑推動聯盟理事長。

饒雨涵(Yu-Han Jao)　現爲美國西北大學社會學博士班學生。研究領域包括：社會階層與社會不平等、家庭社會學、勞動市場。近期研究檢視東亞社會中勞動市場與家庭的性別議題，以及台灣經濟不平等的趨勢。

Contents

國家圖書館出版品預行編目資料

面對挑戰：臺灣與香港之比較 / 楊文山, 尹寶珊主編.
-- 初版. -- 臺北市：中研院社研所, 民 102.07
面；　公分. -- (中央研究院社會學研究所專書；第 9
號)
ISBN 978-986-03-7283-0（精裝）. --
ISBN 978-986-03-7282-3（平裝）

1.文化　2.社會　3.比較研究　4.文集　5.臺灣
6.香港特別行政區

541.207　　　　　　　　　　　　　　102012456

專書第九號

面對挑戰：台灣與香港之比較

主　　編　楊文山　尹寶珊

編　　輯　謝麗玲　張碩庭

出 版 者　中央研究院社會學研究所

發 行 者　中央研究院社會學研究所

　　　　　台北市南港區研究院路二段 128 號

排　　版　龍虎電腦排版股份有限公司

　　　　　新北市中和區建一路 7 號 2 樓

印　　刷　文盛彩藝事業有限公司

　　　　　台北市和平西路 1 段 150 號 4 樓之 2

初　　版　中華民國一○二年七月

定　　價　精裝 350 元・平裝 300 元

　　　GPN 1010201247　ISBN 978-986-03-7283-0（精裝）

　　　GPN 1010201248　ISBN 978-986-03-7282-3（平裝）

FACING CHALLENGES
A Comparison of Taiwan and Hong Kong

Edited by | Wen-shan Yang
Po-san Wan

INSTITUTE OF SOCIOLOGY
ACADEMIA SINICA, TAIPEI, 2013